CAROL BOTWIN

Männer, die nicht treu sein können

Warum sie so sind
und wie Frauen mit ihnen leben,
ohne zu leiden

Aus dem Amerikanischen
von Astrid Werner
und Gudrun Erler

HOFFMANN
UND
CAMPE

Die Originalausgabe erschien 1988 unter dem Titel
»Men Who Can't Be Faithful« bei Warner Books, New York
Copyright © 1988 by Copestone Press, Inc.

CIP-Titelaufnahme der Deutschen Bibliothek

Botwin, Carol:
Männer, die nicht treu sein können: warum sie so sind
und wie Frauen mit ihnen leben können, ohne zu leiden /
Carol Botwin. Aus d. Amerikan. von Astrid Werner und Gudrun Erler. –
1. Aufl. – Hamburg: Hoffmann u. Campe, 1989
Einheitssacht.: Men who can't be faithful ⟨dt.⟩
ISBN 3-455-08326-9

Copyright © 1989 der deutschen Übersetzung
by Hoffmann und Campe Verlag, Hamburg
und Wilhelm Heyne Verlag GmbH & Co. KG, München
Copyright © 1989 der deutschen Ausgabe
by Wilhelm Heyne Verlag GmbH & Co. KG, München
Umschlaggestaltung: Rambo, Rambo, van de Sand
Satz: Dörlemannsatz, Lemförde
Druck- und Bindearbeiten: Franz Spiegel Buch GmbH, Ulm
Printed in Germany

Für Alexandra und Will und Danielle,
für Gail und für Lyn

Carol Botwin hat sich in den Vereinigten Staaten mit mehreren Sachbüchern zum Thema Sexualität, Liebe und Partnerschaft einen Namen gemacht. Besonders erfolgreich waren »Sex in der Ehe« und »Die Liebeskrise«. Sie hat zahlreiche Artikel u. a. in »The New York Times Magazine«, »Ladies Home Journal« und »Cosmopolitan« veröffentlicht, veranstaltet Seminare und Workshops und ist Mitbegründerin eines Instituts für Partnerschaftstraining.

INHALT

1

UNTREUE MÄNNER:
ES WERDEN IMMER MEHR

Es war schon bald nach meiner Scheidung, daß ich den Mann traf, den ich Len nennen möchte. Ich war auf eine Weise unbedarft, wie es Geschiedene nach einer langen Ehe oft sind. Meine Erfahrung mit Männern war auf meinen Ehemann, der trotz unserer Probleme im Grunde ein vertrauenswürdiger und treuer Mann war, einige flüchtige Bekanntschaften in der Schulzeit und ein paar Verehrer vor meiner Ehe beschränkt. Jemanden wie Len hatte ich nie zuvor getroffen.

Die Umstände, unter denen wir uns kennenlernten, wären für mich heute ein erstes Warnsignal. Ich traf ihn auf der Weihnachtsfeier eines Vereins, in dem ich Mitglied war. Ich war mit einer Freundin gekommen, er mit einer Frau, die ich bereits seit Jahren kannte. Ich fand ihn sehr attraktiv. Er hatte ein markantes Gesicht, volles Haar, das gerade anfing, grau zu werden, und einen großen, schlanken Körper. Wir unterhielten uns. Ich merkte, daß auch er interessiert war. Ich flirtete, allerdings mit Vorbehalten. Schließlich war er mit einer anderen Frau gekommen, und ich hatte nicht vor, mich zwischen die beiden zu drängen. Als es Zeit war, sich zum Essen zu setzen, mußten die beiden kurz weg, er sagte aber, daß sie bald wieder da seien und daß er später, wenn das Orchester spiele, mit mir tanzen wolle.

Wie es der Zufall wollte, verließ ich die Feier, noch bevor die Musik anfing. Ein anderer Mann, der an meinem Tisch saß, hatte mich zu einem Drink in ein Lokal ganz in der Nähe eingeladen. Ich dachte, warum nicht, und es war mir klar, daß ich, wenn ich einfach so wegging, Len wahrscheinlich nie wiedersehen würde.

Doch das war ein Irrtum. Zwei Tage später rief er an. Er hatte meine Nummer im Telefonbuch gefunden. »Ich habe oft an Sie gedacht«, sagte er.

»Was ist mit Lenore?« fragte ich. So hieß die Frau, mit der er auf der Feier gewesen war.

»Oh, das ist nichts Ernsthaftes. Wir sind nur befreundet, und das schon seit Jahren. Immer wenn Lenore einen Begleiter braucht, ruft sie mich an. Und immer wenn ich zu irgendeinem Anlaß nicht allein kommen kann, mache ich es genauso. So helfen wir uns gegenseitig aus. Mit Romantik hat das nichts zu tun«, versicherte er mir.

Ich hatte damals keinen Grund, an seinen Worten zu zweifeln. Und so fingen wir an, miteinander auszugehen. Er gab sich selbstbewußt und geizte nicht mit Komplimenten. Er liebe meinen Sinn für Stil, sagte er, und er finde es wunderbar, daß er mit mir über ernsthafte Dinge reden könne und ich ihn auf eine Art verstehen würde wie niemand sonst. Bei unserem dritten Treffen fragte er mich, ob ich an etwas interessiert sei, das er »eine Beziehung« nannte. Ich nahm an, er meinte mehr, als nur miteinander zu schlafen.

»Etwas anderes kommt für mich überhaupt nicht in Frage«, erklärte ich ihm. »Wenn ich mich längere Zeit mit einem Mann treffe, dann bedeutet das für mich, daß ich eine echte Beziehung mit ihm habe. Sollte es dazu nicht kommen, dann wäre die Sache für mich beendet.« Ich zögerte. Im Grunde schien es mir noch zu früh für solche Fragen. Aber wo er das Thema nun einmal aufgebracht hatte, beschloß ich, direkt zurückzufragen.

»Und du? Bist du an einer Beziehung interessiert?« Len versicherte mir, daß er es sei, natürlich. Ich dachte, wie wunderbar, und nahm an, daß alles in bester Ordnung sei. Wir hatten eine Menge Spaß zusammen und überhaupt sehr viel gemeinsam. Es stellte sich heraus, daß wir beide im selben Stadtteil von New York aufgewachsen waren. Wir schwelgten in Erinnerungen – zwei einfache Kinder aus einem der unzähligen namenlosen Viertel, die sich ihren Weg in die glanzvolleren Kreise Manhattans gebahnt hatten.

Unser Problem bestand darin, daß wir zwar dasselbe sagten,

aber unterschiedliche Dinge damit meinten. Für Len und mich hatte der Begriff »Beziehung« nicht dieselbe Bedeutung. Ich verstand darunter, mich nur noch mit Len zu treffen, um herauszufinden, welchen Weg unser Verhältnis nehmen sollte. Obwohl ich gerade eine mißglückte Ehe hinter mich gebracht hatte, war ich doch nicht grundsätzlich gegen diese Institution und konnte mir durchaus vorstellen, später wieder zu heiraten. Len verband, wie ich bald feststellen mußte, mit unserer »Beziehung« ganz andere Vorstellungen. Er sah sie als eine von vielen in seinem Leben an.

Anfangs trafen wir uns etwa zweimal die Woche und verabredeten uns schon immer gleich für das nächste Mal. Nach vier Wochen »Beziehung« hörte Len jedoch auf zu fragen, wann wir uns wiedersehen würden. Aber er rief immer noch täglich an und machte dann am Telefon einen neuen Termin mit mir aus.

Trotz seiner täglichen Anrufe, und obwohl er mir nach wie vor wunderbare Dinge sagte, wenn wir zusammen waren, wollte er mich plötzlich nur noch einmal in der Woche sehen – im allgemeinen am Freitagabend. Natürlich fragte ich mich, was er mit seinen Samstagen und auch mit den anderen Abenden in der Woche anfing. Auch wenn ich nicht völlig unerfahren war, so war ich am Anfang doch ziemlich naiv. Len kam im Gespräch immer wieder auf seine Freunde zu sprechen, die alle weiblichen Geschlechts zu sein schienen. Mein Mißtrauen war geweckt. Er kannte schrecklich viele Frauen. Ich stellte mir vor, daß es unter ihnen wahrscheinlich einige Ex-Geliebte gab, aber war das alles? Oder hatte er auch jetzt noch neben mir andere Affären? Gab es Frauen, von denen er mir möglicherweise gar nicht erzählte, weil er mit ihnen auch etwas hatte?

Ich war verwirrt, schließlich verhielt sich Len auf seine Weise immer noch so, als sei allein ich seine Freundin. Seine täglichen Anrufe, seine Schmeicheleien und seine Aufmerksamkeiten waren für mich nicht anders zu verstehen. Und doch hatte er auf einmal weniger Zeit für mich.

Aus meiner Unsicherheit wurde Angst, aber auch Ärger. Das war ich von Männern nicht gewohnt. Selbst wenn meine Erfahrungen begrenzt waren, so glaubte ich doch zu wissen, daß Männer einen entweder mochten und dann auch möglichst oft sehen wollten, oder die Sache kam nicht wirklich ins Laufen, und sie hörten auf anzurufen. Oder ich hatte von mir aus weitere Verabredungen abgesagt. Was da jetzt vor sich ging, konnte ich nicht ganz verstehen.

Ich entschied, daß es so nicht weitergehen konnte, und bei unserem nächsten, wieder ziemlich romantisch inszenierten Abendessen fragte ich ihn: »Len, triffst du dich außer mit mir noch mit einer anderen?«

Er zögerte keine Sekunde. »Es gibt da noch jemanden«, sagte er, »aber im Moment sehen wir uns nicht.«

In meinem Wunsch, beruhigt zu werden, fühlte ich mich fürs erste erleichtert. Er hatte gesagt, daß er sich mit keiner anderen traf. Aber dann wurde mir klar, daß ich eine Antwort bekommen hatte, wie sie doppelbödiger nicht sein konnte. Was sollte das denn heißen: »Da gibt es noch jemanden, aber zur Zeit sehen wir uns nicht«?

Len rief nun zwar nicht mehr jeden Tag an, wie er es früher getan hatte, aber er fing an mir ausgesprochen gefühlvolle kleine Briefe zu schreiben. Sie beruhigten mich und ließen mich weiter an der Angel zappeln. So schrieb er mir zum Beispiel, wie wunderbar, wie warm und nahe er sich mir gefühlt habe, als wir die Nacht zuvor zusammengewesen waren. Jeder, der das las, mußte doch annehmen, daß es sich bei unserer Beziehung um eine ernsthafte Romanze handelte.

Trotzdem konnten seine Briefe mich nicht ganz beruhigen, und ich fühlte mich zunehmend unwohl in dieser Situation, obwohl es nach wie vor sehr schön war, wenn wir uns trafen.

Mittlerweile kam es vor, daß wir uns manchmal eine ganze Woche nicht sahen, auch wenn er wieder öfter anrief. Dann trafen wir uns ab und zu zum Mittagessen oder auf einen Drink, nicht mehr aber abends. Ich blieb unschlüssig, auch wenn ich mehr und mehr das Vertrauen verlor.

Eines Abends dann nahm mich Len mit in ein Broadway-Stück, in dem einer seiner weiblichen »Freunde« spielte. Und obwohl er fast die ganze Vorstellung über seinen Arm um mich gelegt hielt, wurde ich den Gedanken nicht los, daß sie möglicherweise die Frau war, mit der er sich traf, wenn er für mich keine Zeit hatte. Nach der Vorstellung aßen wir in einer größeren Runde noch eine Kleinigkeit, und als wir das Restaurant verließen, blieb Len für ein paar Minuten zurück, um mit ihr zu reden. Schließlich fuhren wir zusammengepfercht in einem Taxi nach Hause, und ich konnte es kaum glauben: Len ließ mich bei meiner Wohnung aussteigen und fuhr ganz selbstverständlich mit den anderen weiter!

Allmählich wurde ich wütend, und als er mir bei unserem nächsten Telefongespräch erzählte, daß er übers Wochenende mit einem »Freund« wegfahren wolle, fragte ich ihn: »Len, sag mir die Wahrheit. Triffst du dich mit einer anderen?«

»Ich treffe mich mit niemandem«, sagte er.

»Das würde ja wohl heißen, daß du auch mich nicht triffst«, sagte ich. Er antwortete nicht.

»Ich ruf dich am Montag an«, sagte er dann leichthin und legte auf.

Kurze Zeit danach mußte ich mich einer schweren Operation unterziehen. Len rief mich, sobald es möglich war, an, um sich zu erkundigen, wie es mir ging. Er schien aufrichtig betroffen und besuchte mich regelmäßig. Trotzdem wurde mir immer klarer, wie unwohl ich mich in dieser Beziehung fühlte. Sie war schlecht für mich, und ich mußte mich erholen. So konnte es nicht weitergehen. Zwei Wochen nachdem ich das Krankenhaus verlassen hatte, rief ich Len an und lud ihn zum Mittagessen ein. Während des Essens sagte ich ihm, daß ich unsere »Beziehung« beenden wolle. Ich sei sicher, daß er neben mir noch andere Frauen habe.

»Bestimmt hast du in deinem Leben schon viele Male ein Gespräch wie dieses geführt«, sagte ich. Sein Lächeln war wie ein Eingeständnis, daß ich recht hatte. Er bestand aber darauf, daß wir »Freunde« bleiben sollten. Ich lehnte ab.

Später, zu Weihnachten, erhielt ich noch einmal eine Karte von ihm: »Jetzt, nach all der Zeit, wo die Narben verheilt und der Ärger verflogen sein dürfte, könnten wir doch Freunde sein.«

Ich habe auf die Karte nie geantwortet.

Monate danach lernte ich eine Frau kennen, die, wie sich

herausstellte, auch schon mit Len zu tun gehabt hatte. (Im Laufe der Jahre habe ich einige seiner Ex-Geliebten getroffen.) Damals war ich mir noch nicht des wirklichen Ausmaßes von Lens Frauenkonsum bewußt. Sie weihte mich ein. Sie war viel länger mit ihm zusammengewesen, über drei Jahre, ich hingegen nur etwas mehr als sechs Monate.

Als sie über ihn sprach, wurde mir klar, daß sie immer noch nicht ganz über die Sache hinweggekommen war, obwohl seither schon Jahre vergangen waren. Sie erzählte mir von Lens Gewohnheit, Frauen an Straßenecken, in Museen, einfach überall anzumachen. Er hatte sie ständig belogen. Einmal hatte er ihr sogar Filzläuse vermacht, die er sich bei einer anderen Frau geholt hatte, und dann behauptet, er habe sie sich, absurderweise, am Strand eingefangen.

Viele Jahre vergingen, bis mir Len vor einiger Zeit zufällig wieder über den Weg lief. Ich war mit meinem zweiten Mann unterwegs. Da die Sache nun doch schon sehr weit zurücklag, hatte ich genügend Abstand gewonnen, um mit ihm umgehen zu können, ja ihn durchaus neutral einzuschätzen. Er war kein durch und durch schlechter Kerl, er war immer noch witzig und charmant und konnte tatsächlich auch ein treuer Freund sein. Jahrelang hatte er sich um eine kranke Ex-Freundin gekümmert und war ihr eine emotionale Stütze gewesen.

Len hatte ganz unterschiedliche Gesichter, wie so viele der Männer, die nicht treu sein können. Doch auch wenn sehr oft ein klares und eindeutiges Urteil über sie schwerfällt, so ist doch eines sicher: Für eine *Frau* sind sie schlecht.

Len war zwar der erste der Männer dieser Art, dem ich nach meiner gescheiterten Ehe begegnete, er sollte jedoch nicht der letzte sein. Der zweite war Dan, der mich von Anfang an betrog, schon von dem Tag an, an dem wir uns auf einer Wahlkampfveranstaltung kennenlernten. Er kam gleich auf mich zu, und kaum zwei Minuten nachdem wir uns vorgestellt worden waren, bat er mich, mit ihm anschließend zu Abend zu essen. Ich sagte, ich hätte bereits eine Einladung zu einer Dinnerparty, doch er ließ nicht locker und wollte mitkommen. Das sei unmöglich, erklärte ich ihm, die Leute seien nicht auf einen weiteren Gast eingestellt.

Daraufhin drängte mich Dan, ihn nach der Party auf einen Drink zu treffen. Er war ein sehr gutaussehender, gut gekleideter, sprachgewandter Mann mit einer gewissen Vornehmheit. Ich fand, er war es wert, ihn näher kennenzulernen, und so erklärte ich mich mit dem späten Drink einverstanden. Damit begann ein Verhältnis, das neun Monate dauern sollte. Erst viel später, nachdem die Affäre längst beendet war, fand ich heraus, daß er noch auf derselben Veranstaltung, während ich bei meiner Dinnerparty war, mit einer anderen Frau angebändelt und sie überredet hatte, mit ihm nach Hause zu gehen. Er hatte mit ihr geschlafen, während ich mit meinen Freunden zu Abend aß, und sich dann von ihr verabschiedet, um mich zur verabredeten Zeit treffen zu können.

Anders als Len wollte mich Dan oft und ständig sehen. Von Anfang an waren wir jedes Wochenende bis sonntags abends zusammen und sahen uns auch während der Woche. Später sollte sich jedoch herausstellen, daß er sich selbst oft sonntags noch, nachdem ich gegangen war, mit anderen Frauen traf und er es, obwohl wir so häufig zusammen waren, immer wieder schaffte, auf all den Vernissagen und Cocktailpartys, die er besuchte, andere Frauen abzuschleppen. Er ging dann ein-, zwei- oder dreimal mit ihnen ins Bett und ließ sie anschließend fallen. Mich betrachtete er als seine »Hauptfrau«, und auf seine Art war er mir treu. Die anderen Frauen, die er zu brauchen schien wie die Luft zum Atmen, waren für ihn Eintagsfliegen, mit denen er sich höchstens ein paarmal traf.

Ich war die ganze Zeit über mißtrauisch. Die Erfahrung mit Len hatte mich sensibilisiert. Auch Dan lebte in einer Welt voller Frauen. Überall fanden sich Fotos von Ex-Geliebten mit liebevollen Widmungen. Wenn wir zusammen durch die Stadt gingen, trafen wir immer wieder Frauen, die er kannte. Und oft erzählte er von dieser und jener alten Freundin. Der Augenblick der Wahrheit kam schließlich, als ich eines Tages in sein Arbeitszimmer ging, um zu telefonieren, und seinen Kalender offen daliegen sah. In jeder Woche, an zwei oder drei Tagen, waren Initialen mit Nullen daneben eingetragen. Ich konnte nicht anders. Neugierig blätterte ich weiter zurück. Die Initialen und Nullen erschienen regelmäßig, jede Woche. Ich nahm an, die Nullen bedeuteten, wie oft er mit den jeweiligen Frauen geschlafen hatte. Manchmal war da eine Null, manchmal waren es zwei, dann wieder drei oder ein Ausrufezeichen. Ich war mir nicht sicher, aber mein Instinkt sagte mir, daß es sich um ein Punktesystem in Sachen Sex handeln mußte.

Als ich zurück ins Wohnzimmer kam, wo Dan auf mich wartete, merkte er sofort, daß etwas nicht stimmte. Er fragte mich, was passiert sei, und ich konfrontierte ihn mit dem, was ich gesehen hatte. Er stritt nichts ab. Ich hatte recht, es handelte sich um eine Auflistung seiner Eroberungen.

Als ich mit Dan Schluß machte, war mir klar, daß meine Erfahrungen mit ihm und mit Len keine isolierten Ereignisse waren oder gar Ausnahmen von der Regel – die Welt heute ist voll von Männern, die nicht treu sein können.

Wie groß das Ausmaß an Untreue in unserer Zeit tatsächlich ist, wieviel Leid Frauen dadurch erfahren, ist mir, je mehr ich mich beruflich mit diesem Thema beschäftigt habe, über die Jahre hinweg immer bewußter geworden. In meinen früheren Büchern habe ich die männliche Untreue bereits angesprochen, besonders in »Die Liebeskrise«, aber auch in »Sex in der Ehe«. Unter den Briefen, die ich von Lesern dieser Bücher erhielt, waren viele mit leidvollen Geschichten über untreue Partner. Durch meine Seminare und Workshops für Partnerschaftstraining habe ich viele verzweifelte Frauen kennengelernt, die unter untreuen Ehemännern und Freunden zu leiden haben. Wieder und wieder bin ich mit dem wachsenden Ausmaß männlicher Untreue konfrontiert worden und mit der Hölle, durch die viele der betroffenen Frauen gehen. Ein großer Teil von denen, die mir schreiben, sind tief verletzt, völlig durcheinander und durch die Untreue ihrer Partner oft bis ins Innerste erschüttert.

Sehr viele Frauen suchen verzweifelt nach Antworten. Sie wissen nicht, wie sie mit untreuen Männern umgehen sollen. Die »Männer, die nicht treu sein können« sollen diesen Frauen eine Antwort auf die Frage geben, warum ein Mann fremdgeht. Das Buch soll ihnen zeigen, was sie tun können, wenn Untreue ihr Leben erschüttert.

Ich flechte immer wieder Fallbeispiele aus meiner direkten beruflichen Praxis und persönlichen Erfahrung in die Darstellung ein, stütze mich auf die Vielzahl der Briefe, die mir geschrieben wurden, und natürlich habe ich die einschlägigen wissenschaftlichen Berichte und Untersuchungen und die gegenwärtig mir am tauglichsten erscheinenden Denkmodelle von Klinikern im Bereich der Ehetherapie in meine Überlegungen mit eingearbeitet. Äußerst wichtig und besonders aufschlußreich für dieses Buch waren meine Intensivinterviews mit sechsundsiebzig Männern und Frauen, die mir berichteten, wie es ist, zu betrügen und betrogen zu werden.

Natürlich ist das Stereotyp des Mannes, der betrügt, in unserer Gesellschaft der Ehemann, und so handelt dieses Buch von ihm und richtet sich an die Frau, die mit seiner Untreue zurechtkommen muß. Aber untreue Männer müssen nicht unbedingt verheiratet sein, und so richte ich mich ebenfalls an die unverheirateten Frauen. Untreue unter Singles ist ein vernachlässigtes Thema und darüber hinaus nur schwer zu erfassen. Deshalb gibt es für diesen Bereich auch kaum Statistiken, aber die Klagen unverheirateter Frauen und die klinischen Fälle aus Therapeutenpraxen sprechen eine eindeutige Sprache. Es gibt eine Fülle von ledigen Männern, die untreu sind.

Die außereheliche Aktivität von Ehemännern ist besser dokumentiert. 1948 schockierte Alfred Kinsey die Welt, als er schrieb, daß die Hälfte aller amerikanischen Ehemänner untreu sind. Spätere Untersuchungen weisen darauf hin, daß diese Zahl noch gestiegen ist. Bernard Green stellte bei seinen 750 Fallgeschichten verheirateter Männer fest, daß 60 Prozent von ihnen schon einen Seitensprung gemacht hatten. Shere Hite, die das Sexualleben von insgesamt 7239 Männern durchleuchtete, kam zu dem Schluß, daß 72 Prozent der Männer, die länger als zwei Jahre verheiratet waren, schon fremdgegangen waren.

Jugend und Einkommen scheinen mit vermehrter Untreue in Beziehung zu stehen. Die Ehemänner von heute haben bereits nach kürzerer Zeit als früher Affären, und wenn das jährliche Einkommen 60 000 Dollar überschreitet, steigt die Untreue auf schlagende 70 Prozent an.

70 Prozent der Männer unter vierzig, die in einer nationalen Untersuchung an 4066 Männern von Dr. Anthony Pietropinto und Jacqueline Simenauer befragt wurden, gaben an, davon auszugehen, daß sie irgendwann einmal eine außereheliche Beziehung haben würden.

Viele Untersuchungen zeigen eine starke Korrelation zwischen freizügiger Einstellung zum Sex, die Männer bereits hatten, als sie noch ledig waren, und späterer Untreue in der Ehe. Diese Tatsache, vor allem vor dem Hintergrund der allgemeinen Lockerung der Sexualmoral, die auch heute noch fortschreitet, und die angesprochenen Ergebnisse aus obigen Untersuchungen lassen den sicheren Schluß zu, daß Kinseys 50-Prozent-Vorstellung längst überholt ist.

Für mich sehr glaubhaft sind die Zahlen von Dr. Paul Gebhard, einem der Mitautoren des Kinsey-Reports, der heute schätzt, daß 60 Prozent der Ehemänner fremdgehen, und die von Wardell Pomeroy, einem anderen Mitautor des Kinsey-Reports, der von 60 bis 65 Prozent spricht.

Das bedeutet, daß die meisten Frauen – bei uns in den Vereinigten Staaten mindestens 35 Millionen – irgendwann erkennen müssen, daß sie von ihren Ehemännern sexuell betrogen werden – manche von ihnen wiederholt. Die Untersuchungen weisen darüber hinaus darauf hin, daß die Zahl der außerehelichen Partnerinnen für Männer über die Jahre hinweg angestiegen ist.

Die Zahlen besagen natürlich noch nichts über die zusätzlichen Millionen und Abermillionen unverheirateter Frauen, die genau wie ihre verheirateten Gechlechtsgenossinnen unter Männern zu leiden haben, die nicht treu sein können.

Einige Hinweise auf das Ausmaß von Untreue in der Welt der Unverheirateten können der Studie »Singles: The New Americans« von Jacqueline Simenauer und David Carroll entnommen werden. Einer von vier – und dabei mehr als zweimal soviel männliche wie weibliche Singles – zogen nicht-monogamen Sex der Treue vor. Simenauer und Carroll fanden heraus, daß Frauen, auch wenn sie Singles sind, weit weniger Sexualpartner haben als Männer – ein bis neun Partner war bei ihnen der Durchschnitt. 20 Prozent der alleinstehenden Männer hatten zwischen

20 und 49 Sexualpartnerinnen, während einer von zehn angibt, über einhundert Partnerinnen gehabt zu haben. »Trotz der sexuellen Befreiung«, schließen die Autoren, »zögern Frauen immer noch weit stärker als Männer, viele Sexualpartner zu haben.«

Eine neuere Untersuchung an Collegestudenten von Gary Hansen, die in den »Archives of Sexual Behavior« veröffentlicht worden ist, ergab, daß 70 Prozent der untersuchten jungen Männer noch mit anderen als ihren festen Freundinnen Beziehungen hatten, auch wenn sie mit einer knappen Mehrheit eigentlich gegen nicht-monogame Beziehungen waren. Ihre weiblichen Mitstudentinnen hingegen waren weit eindeutiger gegen nicht-monogame Beziehungen eingestellt.

Männer, die mit ihrer Freundin zusammenwohnen und so emotional irgendwo zwischen Verheirateten und Singles stehen, bilden beim Thema Untreue keine Ausnahme. Simenauer und Carroll fanden heraus, daß männliche Singles, die mit Frauen zusammenlebten, sich sogar zweimal so häufig wie alleinlebende gelegentlichen Sex und Geschichten für eine Nacht gönnten.

Philip Blumstein und Pepper Schwartz kamen in ihrer Untersuchung »American Couples« zu dem Ergebnis, daß ein Drittel der mit Frauen zusammenwohnenden Männer ihren Partnerinnen untreu waren. 66 Prozent von ihnen hatten wiederholt sexuelle Begegnungen mit anderen Frauen, fast die Hälfte von ihnen mit zwei bis fünf Partnerinnen. Eine Minderheit dieser mit Frauen zusammenwohnenden Liebhaber wies ein extrem untreues Verhalten auf: Sie hatten bis zu 20 Bettgenossinnen. Dieselbe Untersuchung, die sich auch mit verheirateten Paaren befaßte, stellte fest, daß in der Gruppe der Ehemänner sogar noch mehr, nämlich 71 Prozent, wiederholt fremdgingen: 42 Prozent hatten zwischen zwei und fünf außereheliche Beziehungen, 22 Prozent sechs bis zwanzig.

Aufgrund dieser Untersuchungen und anderer Statistiken, die mit den Jahren erstellt worden sind, muß der Schluß gezogen werden, daß Männer, als Gruppe gesehen, nicht nur häufiger fremdgehen als Frauen, sondern daß sie dabei auch weit häufiger ihre Partner wechseln.

Hat AIDS einen Einfluß auf Untreue?

Aus meinen Interviews weiß ich, daß AIDS zwar als Bedrohung in den Köpfen der Männer existiert, daß aber ihr sexuelles Verhalten nicht immer mit ihrer rationalen Einstellung übereinstimmt. Angesehene nationale Untersuchungen zeigen, daß die Mehrzahl der Ehemänner Seitensprünge mißbilligt. Und doch tun es die meisten von ihnen.

Ich habe Ehemänner gefragt, ob AIDS für sie eine Abschreckung bedeutet, und bei einigen war es so. In einem Fall hatte ein Mann seine Affäre mit einer Frau beendet, die für ihre sexuellen Abenteuer bekannt war.

Aber eine weit größere Zahl der von mir Befragten hatte sich alle Arten von Rationalisierungen geschaffen, um sich auch im Zeitalter von AIDS trotz Untreue sicher zu fühlen. Ein Mann sagte zum Beispiel, er habe seine sexuellen Gewohnheiten geändert, er schlafe jetzt nur noch mit verheirateten Frauen, deren Männer Workaholics seien, also nur für ihre Arbeit lebten. Er stellte sich vor, daß diese Frauen kein Risiko darstellten, da sie in monogamen Beziehungen lebten und ihre Männer zu sehr mit ihrer Karriere beschäftigt seien, um fremdzugehen. Ich machte ihm klar, daß dem nicht so ist, da ich viele dieser »Arbeitstiere« interviewt habe, die durchaus Zeit dafür gefunden hatten. Aber auch das veränderte sein Verhalten nicht.

Ein anderer Ehemann hatte die Zahl seiner außerehelichen Partner eingeschränkt. Er gab sich nun mit einer Partnerin zufrieden, bei der er sich sicher fühlte, weil sie eingewilligt hatte, sich auf AIDS testen zu lassen. Interessanterweise hatte er sich selbst keinem Test unterzogen. Bei seiner sexuellen Vergangenheit hätte sie darauf bestehen sollen.

Einige Männer haben seit Jahren dieselbe außereheliche Partnerin und fühlen sich deshalb außer Gefahr. Einer der von mir Befragten hat seit fünfzehn Jahren dieselbe Geliebte. Er sieht sie fast jeden Nachmittag. Sie essen zusammen zu Mittag, und er unternimmt lange Reisen mit ihr. Neulich war er Gastgeber der Party zu ihrem fünfzigsten Geburtstag. Er führt mit ihr eine Art zweite Ehe, weshalb AIDS ihn nicht beunruhigt.

Alleinstehende Männer haben Angst, aber wie mir einer sagte: »Das bedeutet nicht, daß ich aufhören werde, sexuell zu existieren.« Und viele denken wie er.

Viele Männer, ledige und verheiratete, sagen, daß sie bei der Auswahl ihrer Sexualpartnerinnen vorsichtiger geworden sind. Sie behaupten zu wissen, mit welchen Frauen sie kein Risiko eingehen. Als ob ihnen irgendein unfehlbarer sechster Sinn dabei helfen würde. Nur ganz wenige verlassen sich auf eine weniger magische und sicherere Methode – auf Kondome. Der Gebrauch von Kondomen als Schutz gegen AIDS ist weitgehend zur Sache der Frauen geworden, genauso wie es die Verhütung eigentlich immer gewesen ist. Heterosexuelle Männer bestehen auch heute nur selten darauf, Kondome zu benutzen. Im Gegenteil, oft wehren sie sich dagegen, selbst wenn ihre Partnerin der Meinung ist, daß sie es tun sollten.

Ein Mann sagte mir, daß er mittlerweile nur noch oralen Sex praktiziere. Er stellte sich vor, das sei sicherer. Ein paar Ehemänner, mit denen ich gesprochen habe, haben ihre außerehelichen Begegnungen schon immer auf oralen Sex beschränkt, weil er für sie in ihrer verdrehten Logik keine Untreue bedeutet. Mancher Mann sieht ihn nicht einmal als echten Sex an. Eine Frau erinnerte sich mir gegenüber, wie sie sich einmal strikt geweigert habe, mit einem Mann Geschlechtsverkehr zu haben. »Wenn du das nicht willst, würdest du es mir dann mit dem Mund machen?« hatte er daraufhin gefragt.

Einige Männer haben auf Statistiken beruhende, ausgeklügelte Denkmodelle erfunden, um ihren Ängsten vor AIDS zu begegnen. Zum Beispiel haben sie irgendwie errechnet, daß es sicherer ist, mit jemandem Sex zu haben, als in ein Flugzeug zu steigen oder eine verkehrsreiche Straße zu überqueren.

Männer, die ein zwanghaftes Sexualverhalten haben, Männer, die versuchen, durch Fremdgehen ihre Eheprobleme in den Griff zu bekommen, Männer, die von Eroberungen abhängig sind, um ihr wackeliges Selbstwertgefühl aufzupolieren, Männer, die sehr viel Angst vor Nähe haben, oder die, die niemals durch eine Frau befriedigt werden können, weil sie Narzißten sind, oder auch die Machos: Sie alle haben immer noch Affären, soweit ich das beurteilen kann. Ob durch AIDS wirklich signifikant weniger Ehebruch begangen wird oder ob dies in Zukunft, wenn sich die Krankheit noch weiter ausbreitet, der Fall sein wird, bleibt abzuwarten. Es gibt zu diesem Thema noch keine umfassenden Untersuchungen.

Und wenn AIDS tatsächlich auf die Statistiken drücken wird, so werden ziemlich sicher andere Dinge in unserer Gesellschaft in gegenläufiger Richtung wirken. Ehebruch ist längst kein Grund mehr für Scheidung. Eine Klage wegen Nichteinhalten des Eheversprechens, die es gab, wenn ein Mann eine Frau sitzenließ, der er die Ehe versprochen hatte (oftmals, um sie so ins Bett zu bekommen), erscheint heute fast wie ein idyllischer Brauch aus fernen Tagen, der mit unserer Zeit in der Regel nur noch wenig zu tun hat. Außerdem versuchen immer mehr Frauen, sich mit ihrem Partner über dessen Untreue auseinanderzusetzen und so ihre Ehe zu retten.

Wie wir aus vielen Untersuchungen wissen, ist die sich bietende Gelegenheit für ein sexuelles Abenteuer ein Hauptgrund dafür, ob ein Mann fremdgeht oder nicht, und die Zahl dieser Gelegenheiten wird wohl eher ansteigen. Liberalere Einstellungen bezüglich Sexualität und die größere Anzahl von Frauen, die im Arbeitsleben stehen, wirken eindeutig in diese Richtung und bringen zudem immer mehr Männer mit Frauen in Kontakt, die sexuell erfahren und deshalb eher geneigt sind, ihnen entgegenzukommen. Auch allgemein emotionslosere Arbeitsbedingungen werden die Männer nicht daran hindern, ihre Kontakte und Verbindungen erotisch auszunutzen.

Die wachsende Zahl unverheirateter Frauen gegenüber den verfügbaren Männern in der amerikanischen Bevölkerung macht es unvermeidbar, daß Männer (freiwillig oder unfreiwillig) geteilt werden. Verheiratete Männer, die sich mit alleinstehenden Frauen einlassen möchten, finden heute weit mehr Gelegenheit dazu als früher.

Damit erhöht sich natürlich auch das Angebot verfügbarer Frauen für alleinstehende Männer. Und da sie wegen Sex oder Ansehen nicht mehr heiraten müssen, bleiben viele ungebunden und wandern von einer verfügbaren Frau zur nächsten.

Die Tatsache, daß ich mich auf die männliche Untreue konzentriere, bedeutet nicht, daß ich nicht erkenne, daß die Zahl der Frauen, die Affären haben, ebenfalls sprunghaft angestiegen ist. Aber das ist ein gesondertes Thema und ergäbe ein anderes Buch. Die Frauen, die Affären haben, tun das in weit größerem Maße als Männer, weil sie in ihrer Partnerschaft unglücklich sind, und sie lassen sich zudem emotional stärker auf ihre Zweitbeziehung ein. Statistisch bleiben sie in der Minderheit. Es sind in der Mehrheit Männer, die untreu sind. In diesem Sinne ist Untreue vor allem ein männliches Verhaltensmuster, und das ist seit langer Zeit so.

Wer sind diese Männer?

Es gibt kein einheitliches Profil von Männern, die nicht treu sein können. Untreue Männer können jung, mittleren Alters und auch älter sein. Die Presse berichtete kürzlich von einem Bruch in der Ehe des Kosmetikgiganten Martin Revson und seiner Frau Eleanor, mit der er seit jetzt 18 Jahren verheiratet ist. Sie behauptete, daß Revson, der 77 Jahre alt ist, sich mit einer jüngeren Frau eingelassen habe. Ein anderer Mann, 74 Jahre alt, hält Revson für einen Glückspilz. Er, der sein Leben lang ein Frauenheld war, erzählte mir, wie frustriert und traurig er sei, weil, obwohl er es sich wünsche, sein Körper einfach nicht mehr mitspiele, wie er es früher bei seinen außerehelichen Ausflügen getan habe. Seine Frau, die unter seinen wiederholten Seitensprüngen ziemlich gelitten hatte, war natürlich hocherfreut.

Untreue Männer müssen nicht unbedingt reich sein, aber eine volle Brieftasche scheint zu helfen. (Sie erinnern sich an den genannten Anstieg untreuer Männer auf 70 Prozent, wenn das jährliche Einkommen 60000 Dollar übersteigt.) Geld scheint Männer und Frauen gleichermaßen zu inspirieren. Außerdem kann ein wohlhabenderer Mann sich seine Romanze problemloser leisten und muß so weniger Schuldgefühle entwickeln. Denn einer der Punkte, die einem untreuen Mann, wenn er nicht ausgesprochen begütert ist, auf dem Gewissen liegen, ist, daß er das Familienguthaben mit seinem Verhältnis belastet.

Untreue Männer können sehr gebildet, aber auch völlig ungebildet sein, Berühmtheiten oder gänzlich unbekannt. Sie können in kleinen oder großen Städten leben. Und wenn auch einige ältere Untersuchungen besagen, daß religiöse Männer eher monogam bleiben, so zeigen neuere Ergebnisse, daß sie genauso bereit sind, eine Affäre einzugehen, wie die, die niemals eine Kirche betreten. Das gilt zumindest in Amerika auch für einige religiöse Führer, ich möchte nur die Namen Bakker und Swaggart nennen. Dazu kommt die wohl eher große Zahl unbekannter Geistlicher aller Konfessionen. Professoren, Ärzte, Direktoren – Männer in Autoritätspositionen haben es nach wie vor leichter, sexuelle Eroberungen zu machen. Ein protestantischer Geistlicher aus dem Mittelwesten, den ich interviewt habe, hat im Moment drei Freundinnen und mehrere Ex-Geliebte unter seinen Gemeindemitgliedern. Jede der Frauen, mit denen er zusammen war, hegt die Illusion, daß sie die einzige ist, mit der er jemals fremdging. Sie fühlen sich durch seine Aufmerksamkeit als etwas Besonderes und denken nicht im Traum daran, daß er ein ganz gewöhnlicher Schürzenjäger ist.

Untreue Männer müssen nicht gut aussehen. Ein kürzlich in der New York Times erschienener Rückblick auf die Lebensgeschichte des bekannten französischen Existentialisten und Philosophen Jean-Paul Sartre bestätigt dies: »Die Tatsache, daß er klein und unattraktiv war und geradezu verwirrend schielte, behinderte in keiner Weise seine amourösen Eroberungen ...«

Die Temperamente von Männern, die Affären haben, reichen von sanft und aufrichtig bis zu prahlerisch und manipulativ. Es gibt Widerlinge, die monogam sind, und nette Kerle, die nicht treu sein können. Nach einer Studie des Sexualforschers H. J. Eysenck neigen allerdings Extrovertierte eher zu Untreue; er fand heraus, daß sie mehr Sexualpartnerinnen haben als introvertierte Männer und bereits früher vorehelichen und außerehelichen Verkehr.

Eine andere Studie, die Josef Schenk und Horst Pfrang durchführten, bestätigt diese Tendenz für alleinstehende Männer, aber ihrer Meinung nach bleibt es fraglich, ob die gleiche Dynamik auch auf Ehemänner zutrifft. Möglicherweise haben sie recht.

Schon manche Frau hat festgestellt, daß ihr ruhiger, zurückhaltender Ehemann etwas mit einer anderen Frau hatte. »Mein Mann ist so schüchtern. Wie ist das nur möglich?« fragte mich kürzlich erst eine Frau, nachdem sie entdeckt hatte, daß ihr Mann ein Verhältnis mit einer Sekretärin in seiner Firma unterhielt.

Obgleich es bestimmte neurotische Typen gibt, die zur Untreue tendieren – zum Beispiel narzißtische, hysterische und zwanghafte Männer – und auf die ich unter anderem in diesem Buch näher eingehen werde, kann die psychologische Aufmachung des untreuen Mannes stark variieren und die Art ihrer Affären sehr unterschiedlich sein, von kurzen Begegnungen bis hin zu langen, intensiven Beziehungen.

Es gibt allerdings eines, was alle Männer, die ihre Partnerinnen betrügen, gemein haben, und das ist die Fähigkeit, Frauen unglücklich zu machen und in ihren Beziehungen verheerenden Schaden anzurichten.

Das wird jedoch von den Männern als gesellschaftlicher Gruppe kaum in Betracht gezogen. Es gibt keine männliche Mißbilligung männlicher Untreue. Ganz im Gegenteil: Oft scheint eine Affäre das Ansehen eines Mannes zu heben. Eine gut funktionierende monogame Sexualbeziehung hingegen wird fast nie honoriert, sondern ist nicht selten sogar Zielscheibe des Spotts. Treue gilt gemeinhin nicht unbedingt als männlich. Ein Mann berichtete mir, mit wieviel Mißtrauen er betrachtet wurde, nachdem er sich geweigert hatte, mit einer Prostituierten zu gehen, die für ihn von einem Geschäftskollegen bestellt worden war.

Die männliche Gesellschaft entwickelt sich eher in Richtung von noch mehr Untreue als davon weg. Nach wie vor erntet ein Mann von seinen Geschlechtsgenossen heimlichen Neid, wenn er erfolgreich eine Frau »bestiegen« hat. Außerdem arbeiten Männer bei ihren Eskapaden zusammen. So dienen alleinstehende Männer oft als »Deckmänner« – sie geben vor, mit den Frauen zusammenzusein, mit denen ihre verheirateten Freunde ein Verhältnis haben, so daß die heimlichen Geliebten in der Öffentlichkeit zusammen auftreten können, oder sie besuchen mit ihr die Partys im Haus des verheirateten Freundes. Ein damals frisch

Geschiedener übernahm diese Funktion einmal für einen bekannten New Yorker Politiker. Das Paar hatte den Freund ständig im Schlepptau, wenn besagter Politiker mit seiner Schauspieler-Geliebten in ein Restaurant ging.

Wenn eine Frau dem festen Freund oder Ehemann einer Freundin mit einer anderen Frau im Arm über den Weg läuft, wird der Mann sich mit der Frage quälen, ob sie es seiner Frau oder Partnerin sagen wird. Männer erleben im allgemeinen keinen solchen Konflikt, wenn sie über die Affäre eines Freundes stolpern. Sie nehmen eher voneinander an, daß der andere den Mund hält.

Ob verheiratet oder alleinstehend, es ist die Ausnahme, daß Frauen den sexuellen Betrug eines Mannes ohne tiefen Aufruhr in ihrer Psyche akzeptieren können. Wenn eine Frau die Untreue ihres Mannes entdeckt und sich darüber nicht aufregt, ist das im allgemeinen ein Zeichen dafür, daß in ihren Augen die Partnerschaft bereits durch etwas anderes als die Untreue ruiniert war.

Philip Blumstein und Pepper Schwartz haben aus den Ergebnissen ihrer Untersuchung den Schluß gezogen, daß die Frauen, die die Affäre ihres Mannes nicht als Katastrophe empfinden, die Partnerschaft schon vorher als zum Scheitern verurteilt angesehen haben. David Moultrap, ein Ehetherapeut und absoluter Fachmann, meint, daß eine gelassene Reaktion auf Untreue ein schlechtes Zeichen für die Zukunft einer Beziehung ist – je weniger Angst eine Ehefrau bei der Entdeckung einer Affäre empfindet, desto höher ist die Wahrscheinlichkeit, daß die Ehe zerbricht.

Dieses Buch ist für verheiratete und für alleinstehende Frauen geschrieben, die nicht gelassen auf die sexuelle Untreue ihres Mannes oder Partners reagieren können, sondern fassungslos, verletzt, wütend und dabei unsicher sind, wie sie damit umgehen sollen.

2

ANZEICHEN UNTREUEN VERHALTENS

Priscillas Mann pflegte sie zu drängen, mehr Lust am Sex zu entwickeln. Er gab allein ihr die Schuld an ihrem eher spärlichen Sexualleben. Wenn sie sich nur etwas mehr Mühe geben würde, so klagte er, würden sie auch öfter miteinander schlafen. So wie es stand, waren sie praktisch bei Null gelandet. Priscilla spürte, daß in ihrer Beziehung zu ihrem Mann etwas nicht stimmte, und sie akzeptierte die Schuldzuweisung. Schließlich hatte sie sich, seit die Kinder da waren, immer weniger für Sex interessiert und sich schon oftmals ihrem Mann verweigert. Priscilla suchte einen Sexualtherapeuten auf. Der Therapeut wollte auch mit ihrem Mann sprechen, der vor ihm seine Vorwürfe wiederholte: Sie schliefen nicht mehr miteinander, weil Priscilla nicht genug Interesse daran finde.

Im Laufe der Behandlung lernte Priscilla, eine positivere Haltung zu ihrer Sexualität zu entwickeln und mit ihrem Mann sexuell bewußter umzugehen. Priscilla begann sich umzustellen, entwickelte eine körperlichere Lebensweise und sah schon bald besser aus denn je. Aber heute, da sie interessiert ist, scheint er es nicht mehr zu sein. Es findet tatsächlich überhaupt kein Sex mehr statt, und Priscilla hat angefangen, sich zu fragen, ob ihr Mann sie betrügt.

Eine Frau, die ich Anne nennen möchte, hat ähnliche Probleme. In einem Brief erklärte sie mir: »Mein Mann kommt oft von der Arbeit, ißt, duscht und dann, etwa um acht oder neun, frisiert er sich, rasiert sich noch einmal, zieht seine besten Sachen an und sagt, daß er zu einem Freund geht. Vor zwei oder fünf Uhr morgens kommt er dann nicht wieder nach Hause. Wenn ich ihn frage, wo er so lange war und was er gemacht hat, sagt er immer nur: ›Wir reden morgen darüber.‹ Er findet stets Möglichkeiten, Erklärungen auszuweichen.«

»Bin ich zu unsicher oder einfach nur kindisch?« fragt sie. »Oder hat mein Mann eine Affäre?«

In den letzten sechs Monaten war Helens Mann distanziert und unkommunikativ. Sie weiß, daß etwas nicht in Ordnung ist, aber sie kann nicht sagen, was da nicht stimmt. Sie wagt nicht, es zu denken, aber manchmal taucht die Frage schließlich doch auf: »Gibt es eine andere Frau?«

Und wieder und wieder schiebt sie den Gedanken beiseite, der zu schmerzlich für sie wäre.

Greta ist seit zwei Jahren mit Al zusammen. Sie kann nicht genau sagen, warum, aber sie glaubt, daß er in den Nächten, die er nicht mit ihr verbringt, etwas mit anderen Frauen hat. »Tut er es oder tut er es nicht?« fragt sie sich.

Wenn Sie dieses Buch lesen, werden Sie ziemlich bald verstehen, welche Qualen viele dieser Frauen durchzustehen haben. Und vielleicht stellen Sie sich ja selbst gerade jetzt ebendiese Frage: Tut er es, oder nicht? Oder Sie haben in der Vergangenheit mit solchen angstbesetzten Zweifeln leben müssen, möglicherweise bereits mehr als einmal, mit unterschiedlichen Männern. Oder Sie machen sich um die Zukunft Sorgen: Wird er mir wirklich treu bleiben?

Mit dem Gedanken an Untreue zu leben, ist eine sehr weit verbreitete Erfahrung. Es gibt Millionen von Frauen, denen es geht wie Priscilla, Anne, Helen oder Greta – und vielleicht auch Ihnen –, die sich völlig aufgewühlt oder zumindest doch vage beunruhigt fühlen und gerne wissen würden, wie sie am besten feststellen können, ob ihr Mann ihnen untreu ist.

Um das herauszufinden, ist es natürlich am naheliegendsten und eigentlich immer auch am besten, den betreffenden Mann direkt zu fragen. Aber sehr viele Frauen bringen den Mut dazu nicht auf. Sie haben Angst, daß er ja sagen könnte. Was dann?

Der Gedanke daran hält sie davon ab, ihn offen auf ihre Zweifel anzusprechen.

Und wie auch immer Sie vorgehen, Sie können eigentlich sowieso nicht damit rechnen, daß er die Wahrheit sagt. Solange sie nicht in flagranti erwischt werden, wird eine große Zahl von Männern schlichtweg alles ableugnen.

Wie kommen Sie also weiter, wenn Sie Angst haben zu fragen oder sich zumindest erst auf sichererem Boden bewegen wollen, bevor Sie ihn mit Ihrem Verdacht konfrontieren?

Wie können Sie überprüfen, ob Ihr Mann die Wahrheit sagt, wenn er hartnäckig leugnet, Sie aber annehmen, daß er lügt?

Sehen Sie den nachfolgenden Fragenkatalog in Ruhe durch. Die einzelnen Punkte werden Ihnen dabei helfen herauszufinden, was tatsächlich vor sich geht und worauf Sie in Zukunft achten sollten:

1. Sagt Ihnen Ihr Gefühl irgend etwas?
2. Verhält er sich seit einiger Zeit in bestimmter Hinsicht anders als früher?
3. Haben sich seine Gewohnheiten geändert?
4. Empfinden Sie plötzlich Ängste?
5. Sieht er verändert aus?
6. Hat sich beim Sex etwas geändert?
7. Haben Sie einen direkt greifbaren Hinweis gefunden?
8. Gibt es seltsame Telefonanrufe?
9. Ermutigt er Sie plötzlich, allein etwas zu unternehmen oder gar ohne ihn Urlaub zu machen?
10. Gibt es Anzeichen dafür, daß jemand bei Ihnen zu Hause war, während Sie weg waren?
11. Hegen Sie den Verdacht, daß eine Frau, die er gelegentlich einlädt, mehr als eine Freundin ist?
12. Haben andere einen Verdacht?
13. Hat er sich Ihrer Meinung nach aus Versehen beinahe schon einmal verraten?

1. Sagt Ihnen Ihr Gefühl irgend etwas?

Das Wichtigste, worauf Sie hören sollten, ist Ihre eigene Intuition, auch wenn viele Frauen gerade das vermeiden wollen. Sie können es nicht genau sagen, aber Sie *spüren*, daß etwas nicht stimmt oder komisch ist. Es ist ein unheimliches Gefühl, das an Ihnen nagt. Hören Sie darauf! Ihre Intuition hilft Ihnen weiter. Möglicherweise wollen Sie aber gar nicht wirklich wissen, was sie Ihnen sagt. Frauen ignorieren und verdrängen nur zu häufig, was ihre innere Stimme ihnen fortdauernd und immer wieder klarmacht: daß nicht alles so ist, wie es sein sollte. Ganz allgemein verleugnen Frauen oft ihre eigenen Gefühle, weil sie der Tatsache nicht ins Auge sehen wollen, daß ihr Mann ihnen nicht treu ist. Es wäre einfach zu schmerzvoll und erschreckend oder würde ihre Selbstachtung zu tief treffen. Vielleicht würde es auch zu stark an lange zurückliegende Verletzungen erinnern, eventuell an einen Vater, von dem sie sich zurückgewiesen fühlten. Schon der Gedanke an einen Bruch der Beziehung mag mehr sein, als sie ertragen könnten. Sie können sich nicht vorstellen, ohne ihn zu leben, sie leiden unter der Angst, ohne ihn emotional oder ökonomisch verloren zu sein.

Diese Frauen ziehen es vor, nichts zu wissen, statt zu handeln, denn das würde schließlich bedeuten, die Möglichkeit einer Affäre akzeptieren zu müssen. Es ist wichtig zu verstehen, daß möglicherweise auch Sie dazu neigen, das, was Ihnen Ihr Inneres sagt, zu verleugnen. Versuchen Sie sich klarzumachen, daß Ihre Intuition Ihnen durchaus helfen kann. Weigern Sie sich nicht, darauf einzugehen.

2. Verhält er sich seit einiger Zeit in bestimmter Hinsicht anders als früher?

Eine weitere Sache ist, darauf zu achten, ob er sich irgendwie verändert.

Wie steht es um die Gewohnheiten Ihres Partners? Scheint er plötzlich zu Hause oder bei einer Verabredung emotional abwesend oder zurückgezogen? Scheint er sich in Tagträumen zu verlieren, ist er plötzlich ungewöhnlich beschäftigt? Fühlen Sie sich auf einmal aus seinem Leben ausgeschlossen? Eine Frau erzählte mir, das erste Anzeichen, das sie bemerkt habe, sei gewesen, daß ihr Mann aufgehört habe, mit ihr zu sprechen. Das tun viele Männer. Sie tragen ein Geheimnis mit sich herum, und da sie Angst davor haben, sich zu verraten, verschließen sie sich, meist unbewußt, gleich ganz.

James Vaughan erklärt in einem Buch über seine eigene Untreue, in »Beyond Affairs«, das seine Frau Peggy schrieb, wie das bei ihm vor sich ging: »Ich zog mich hauptsächlich von Peggy zurück und baute eine Distanz zwischen uns auf, indem ich neue Maßstäbe dafür setzte, was ich bereit war, mit ihr zu diskutieren. Ich wollte vermeiden, in eine Diskussion zu geraten, die auch nur im entferntesten mit meiner Affäre mit Linda hätte zu tun haben können.«

Andere Männer hören zu Hause auf zu kommunizieren, weil ihre Affäre oder auch ihre widerstreitenden Gefühle sie derartig beschäftigen, daß sie sich ganz in sich zurückziehen.

Wieder andere fangen plötzlich an, ständig auszuweichen, werden empfindlich und abwehrend. Interessanterweise kommt es allerdings auch vor, daß Männer, die immer launisch oder wortkarg waren, auf einmal glücklicher und freundlicher scheinen. Es gibt Männer, die, entweder weil sie keinen Verdacht aufkommen lassen wollen oder weil sie sich tatsächlich schuldig fühlen oder umgekehrt, plötzlich einfach zufriedener und ihrer Frau gegenüber aufmerksamer sind, während eine Affäre mit einer anderen läuft. Einige Männer werden höflicher oder fangen an, etwas für die Kinder zu tun, worauf sie normalerweise niemals gekommen wären. Wichtig ist, ob es irgendeine deutliche Veränderung in Stimmung und Verhalten gibt, ganz gleich, in welcher Richtung.

3. Haben sich seine Gewohnheiten geändert?

Änderungen von Gewohnheiten sind ein weiterer wichtiger Hinweis. Er muß vielleicht plötzlich öfter am Abend arbeiten, mehr unterwegs sein, häufiger an Konferenzen teilnehmen, mehr Gespräche mit Klienten führen. Seine Geschäftsreisen können auf einmal länger dauern als früher. Das Ergebnis ist jedenfalls, daß er weniger zu Hause ist. Vielleicht fängt er auch gegen frühere Gewohnheiten an zu erklären, was und wie er alles gemacht hat, daß er noch so lange mit dem oder mit jenem zusammen etwas besprechen mußte und daß er deshalb erst so spät nach Hause gekommen ist, während er früher nie irgendwelche Erklärungen abgegeben hat.

Es kann auch sein, daß Sie ihn dort, wo er angeblich ist, nicht antreffen, wenn Sie einmal versuchen, ihn anzurufen. Eine Frau erzählte mir, wie sie anfing, mißtrauisch zu werden, und sich fragte, warum wohl das Telefon immer besetzt war, wenn sie weg war und versuchte, ihn von einer Telefonzelle aus zu erreichen. Dieser Mann rief ständig seine Geliebte an, wenn seine Frau das Haus verließ.

Wenn Sie zu den unverheirateten und alleinlebenden Frauen gehören, könnte Ihr Partner mit einemmal aufhören, Sie jeden Tag anzurufen, so wie er es eigentlich sonst immer getan hat. Er könnte seinen Anrufbeantworter plötzlich nur noch heimlich und bei verschlossener Tür abhören, wenn Sie bei ihm sind. Er könnte ein Theaterstück erwähnen, das er gesehen hat, und plötzlich bemerken, daß er es ja nicht mit Ihnen gesehen hat. Er könnte an einem Wochenende ohne Sie verreisen und sagen, daß er das Bedürfnis nach Alleinsein verspüre. Er könnte sagen, daß er Sie nicht so oft treffen kann, da er förmlich in Arbeit erstickt oder Zeit für sich selbst braucht. Im allgemeinen wird er Sie weniger oft treffen wollen oder zum Beispiel sonntags, wo Sie sich früher immer gesehen haben, wegmüssen.

Eine Frau erinnert sich, daß sie plötzlich Verdacht schöpfte, als ihr Freund beim Sonntagsfrühstück ganz beiläufig bemerkte, daß er um ein Uhr seine Mutter treffen wolle. »Dabei hatte er seine Mutter noch nie gemocht!«

Eine andere Frau wurde mißtrauisch, als sich ihr Liebhaber ganz ungeheuer herausputzte, um angeblich einen alten Freund zu treffen, der, wie er sagte, gerade in der Stadt war. »Er widmete seinem Aussehen einfach zuviel Aufmerksamkeit«, sagte sie.

Es ist häufig ein Zeichen möglicher Untreue, wenn sich ein Mann auf ungewohnte Art kleidet, um angeblich noch ein paar Papiere im Büro durchzusehen oder um einen Abend mit seinen Freunden zu verbringen.

4. Empfinden Sie plötzlich Ängste?

Das Gefühl, was dies alles in Ihnen auslöst, ist Besorgtheit. Schenken Sie dieser Besorgheit Aufmerksamkeit, dem Gefühl der Beunruhigung, wann er wohl anrufen wird. Möglicherweise warten sie voll Unsicherheit auf seine Aufforderung, sich mit ihm zu treffen, und wissen nicht, wann er es tun wird. Sie fragen sich besorgt, ob Sie vielleicht etwas falsch gemacht haben. Aus diesem Gefühl heraus geben Sie sich, wenn Sie mit ihm zusammen sind, besondere Mühe – ohne Erfolg. Er scheint schwerer erreichbar denn je.

Manche Frau wird in einer solchen Situation anfangen, sich Gedanken über ihr Gewicht zu machen, ihre Fähigkeiten als Sexualpartnerin und ihren durch das Alter bedingten Verlust an Attraktivität. Je nach Typ kommt es zu ganz unterschiedlichen Reaktionen, vielleicht macht sie eine Diät, oder sie ißt mehr als vorher. Sie wird sich möglicherweise mehr mit ihrer Frisur und ihrem Make-up beschäftigen oder auch anfangen, Sexhandbücher für Männer zu lesen, sich neue Nachthemden zu kaufen und energisch daran zu arbeiten, eine besonders gute Sexualpartnerin zu sein – ebenfalls ohne Erfolg. Ihr Partner bleibt nachts immer noch lange weg oder ist nach wie vor nicht mehr so wie früher an ihr interessiert. Er scheint ihre Anstrengungen gar nicht zu bemerken.

Schließlich kommt es dazu, daß einige Frauen aus Angst und Sorge anfangen, zuviel zu trinken. Ganz gleich, wie es ist, stellen Sie sich der Realität.

5. Sieht er verändert aus?

Ein neues Interesse an seinem Äußeren ist ein deutlicher Hinweis darauf, daß ein Mann ein Techtelmechtel hat. Er wird vielleicht endlich etwas gegen sein Übergewicht tun, wird anfangen, Fitneßprogramme zu absolvieren, und sich eine neue Garderobe zulegen, ganz allgemein seiner Kleidung ungewohnte Beachtung schenken, eine Haarsträhne von der Seite über seine kahle Stelle am Kopf drapieren, beschließen, seine grauen Haare zu tönen, von seiner soliden Brille auf ein eher modisches Modell überwechseln. Wenn Sie lange Zeit mit ihm zusammengelebt oder ihn so, wie er ist, akzeptiert haben, findet diese Generalüberholung im allgemeinen nicht für Sie statt.

Auch das plötzliche Verschwinden des Eherings an seinem Finger kann ein Alarmsignal sein, wie es das bei der Frau war, die schrieb: »Vor ein paar Jahren hörte mein Mann auf, seinen Ehering zu tragen, mit der Begründung, daß er ihn bei der Arbeit behindere. (Er arbeitet im Baugewerbe.) Letzte Weihnachten kam er dann von der Weihnachtsfeier seiner Firma nach Hause und trug einen sehr teuren, goldenen Ring mit Initialen: Er sagte, das sei ein Geschenk von ›Lyn‹, einer jungen Frau, die für die Firma arbeite. Seit diesem Tag ist der Ring an seinem Finger. Ich fragte ihn, warum ihn denn dieser Ring nicht bei der Arbeit störe. Er sagte, er wolle Lyn, falls er ihr zufällig begegne, nicht beleidigen, indem er ihr Geschenk nicht trage.«

Die meisten Männer sind nicht so roh oder dumm. Wenn sie einer anderen Frau gegenüber behaupten, ledig zu sein, legen sie den Ring womöglich bei ihren Treffen ab, aber sie vergessen nicht, ihn wieder auf den Finger zu stecken, bevor sie nach Hause gehen. Pech nur für die, denen ihr Ring während ihrer Eskapaden aus der Tasche fällt. Ein verzweifelter Ehemann in Manhattan verbrachte Stunden damit, seinen Ring unter einem Gitter in der U-Bahn hervorzufischen. Er war ihm hinuntergefallen, als er ihn auf dem Nachhauseweg wieder aufstecken wollte.

6. Hat sich beim Sex etwas geändert?

Auch eine Änderung der sexuellen Gewohnheiten mag ein Hinweis sein, wobei die Änderung in diese oder jene Richtung gehen kann. So ist es möglich, daß ein Mann, der nie zuvor Schwierigkeiten damit hatte, plötzlich unter Anfällen von Impotenz leidet.

Genausogut kann es sein, daß er auf einmal im Bett etwas Neues ausprobieren möchte – etwas, das er von jemand anderem gelernt hat. Sein Bedürfnis, mit Ihnen zu schlafen, kann merklich schwinden, und Sie schlafen viel seltener miteinander als früher, was Sie veranlaßt, sich zu fragen, was denn wohl los ist. Er kann versuchen, Ihnen auszuweichen, und plötzlich eine Nachteule werden, länger als Sie aufbleiben und erst ins Bett kriechen, wenn er denkt, daß Sie schon schlafen. Einige Männer hören aus irgendeinem seltsamen Sinn für Loyalität ihrer neuen Geliebten gegenüber auf, mit ihrer eigentlichen Partnerin zu schlafen. Andere verlagern ihr erotisches Interesse einfach auf ihre Affäre. Ein Seitensprung wirkt auf einen Mann manchmal allerdings auch wie ein Aphrodisiakum, und er wird möglicherweise sogar öfter und mit neu erwachtem Interesse mit Ihnen schlafen wollen, so daß Sie das Gefühl haben, eine Affäre sei im Moment unmöglich. Ein Mann bekannte: »Ich gehe oft aus dem Bett meiner Geliebten direkt in das Bett meiner Frau. Es bringt mich richtig in Fahrt, mit jemand anders zusammengewesen zu sein und dann mit meiner Frau zu schlafen.«

Möglich, daß die Veränderung im Schlafzimmer eher flüchtiger Natur ist – Sie haben nur das seltsame Gefühl, daß Ihr Freund oder Mann, während er mit Ihnen schläft, geistig abwesend und distanzierter ist als sonst. Bei Männern, die in sexuellen Dingen wie ein Uhrwerk funktionieren, ist eine Veränderung am schwersten auszumachen, da ihr Verhalten immer gleich ist. Eine Frau schrieb mir neulich, daß ihr Mann jede Nacht mit totaler Vorhersagbarkeit mit ihr schlief, so daß sie, da sich daran nie etwas änderte, nicht die leiseste Ahnung gehabt habe, daß er in einem Zeitraum von fünf Jahren zwei Affären hatte.

Schließlich, wenn Ihr Mann Sie jahrelang bearbeitet hat, oralen Sex, einige andere Variationen oder sonst etwas Außergewöhnliches zu versuchen, und Sie sich standhaft geweigert haben, oder wenn er Sie gedrängt hat, öfter mit ihm zu schlafen, als Sie wollten, und er sie nun plötzlich damit in Ruhe läßt, hat er möglicherweise die Erfüllung seiner Wünsche bei jemand anderem gefunden.

Alleinstehende Männer, die ihre sexuelle Gunst mehrfach

verschenken, können Wege finden, Sie zappeln zu lassen, um ihre körperlichen Kräfte zu schonen. Eine Frau erzählte mir, eines der ersten Anzeichen dafür, daß ihr Freund mit anderen schlief, sei gewesen, daß er plötzlich mit Vorwänden aufgewartet sei, um sie an einigen Abenden früher als gewohnt zu verlassen, ohne mit ihr geschlafen zu haben. Als sie ihn darauf aufmerksam machte, daß sie seit mehr als zwei Wochen nicht mehr miteinander geschlafen hatten, tat ihr Freund überrascht und gab Streß bei der Arbeit vor, aber da er sie nicht missen wollte, verabredete er sich umgehend mit ihr, um bei der Gelegenheit wieder mit ihr ins Bett zu gehen. Eine seiner anderen Frauen wurde vorübergehend aufs Wartegleis gestellt.

Ein Mann, der regelmäßig mit mehr als einer Frau schläft, gestand mir, daß er manchmal Treffs durch intime Anrufe oder Abendessen durch Mittagessen ersetze. Dies gibt einer Frau, wie er weiß, das Gefühl, daß er noch an ihr interessiert ist, und ihm die Zeit und Energie, die er braucht, um anderen nachzusteigen. Ein anderer Mann erzählte mir, daß er manchmal Sex am Morgen vermeide, wenn er wisse, daß er am selben Tag noch eine andere Frau treffe. Natürlich ist dies nicht für jeden Mann, der mehrere Affären hat, ein Problem. »Ich finde es besonders erregend zu wissen, daß ich mit einer Frau morgens und mit einer anderen nachts geschlafen habe. Ich fühle mich dann wieder wie ein Teenager!« erklärte mir ein 38jähriger Junggeselle.

7. Haben Sie einen direkt greifbaren Hinweis gefunden?

Greifbare Hinweise sind fremde Gerüche und Düfte am Körper oder in den Kleidern Ihres Mannes, wenn er nach Hause kommt. Das Gegenteil kann auch ein Hinweis sein. Hüten Sie sich vor einem Mann, der nach einem langen Arbeitstag oder einem Abend mit Kunden duftend wie der frische Morgen nach Hause kommt – als wäre er gerade unter der Dusche hervorgekommen.

Andere typische Merkmale: Zündholzschachteln von Ihnen fremden Restaurants, Nachtlokalen oder Hotels, verräterische Kratzer, »weibliche« Accessoires irgendwo in seinem Wagen, »komische« Flecken, ein Briefumschlag mit einem seltsamen

Poststempel und ohne Absender, unerklärliche Rechnungen. Eine Frau fand versteckt zwischen den Büchern im Bücherregal ihres Freundes eine Packung Kondome. Sie sagte zuerst nichts und zählte nur, jedesmal wenn sie in seine Wohnung kam, wie viele noch da waren. Erst dann konfrontierte sie ihn mit ihrer Entdeckung.

Ein erfahrener Schürzenjäger, mit dem ich sprach, ist äußerst wachsam, weil er überzeugt ist, daß einige Frauen dazu neigen, ihre Markierungen in Form von etwas Greifbarem, etwa eines Kammes oder eines Tuches, zu hinterlassen. Eine Frau, die zwei Jahre lang mit einem Künstler zusammenlebte, der zum Teil zu Hause arbeitete, kam nach und nach zu der Erkenntnis, daß er, während sie bei der Arbeit war, ein geheimes Leben führte. Sie fand eine Haarnadel am Badezimmerboden, ein Haar im Waschbecken und anderes mehr. »Während ich den Beweis in der Hand hielt, hatte er tatsächlich die Nerven, alles heftigst abzustreiten«, erinnerte sie sich.

8. Gibt es seltsame Telefonanrufe?

Möglicherweise bedeutet es nichts Gutes, sollte Ihr Freund, wenn Sie bei ihm in der Wohnung sind, Telefonanrufe immer wieder mit den Worten abbrechen: »Ich rufe dich zurück.« Oder wenn er ins nächste Zimmer geht, um sich bei geschlossener Tür zu unterhalten.

Verheiratete Männer, die fremdgehen, können ziemlich unverfroren sein. Viel mehr Ehemänner, als man sich vorstellt – bedenkt man das Risiko, das sie damit eingehen –, rufen ihre Geliebten regelmäßig von zu Hause aus an. Jede Auffälligkeit im Zusammenhang mit dem Telefon, sei es, daß er mit besonders leiser Stimme oder oft nur hinter geschlossener Tür Gespräche führt oder zu ungewöhnlicher Stunde oder sie eben in der Minute abbricht, in der Sie den Raum betreten – alles können Hinweise darauf sein, daß Ihr Partner eine Affäre unterhält.

Eine Frau aus New York spürte, daß etwas Ungewöhnliches vor sich ging, als sie an einem Wochenende morgens, kurz nachdem ihr Freund hinuntergegangen war, um die Sonntagszeitung zu holen, beschloß, schnell im Supermarkt eine Straße weiter etwas zu besorgen, und ihn in der Telefonzelle an der Ecke entdeckte, vertieft in ein Gespräch. Einige Ehemänner stehen im Restaurant während eines Essens mit ihrer Familie vom Tisch auf und rufen vom Telefon neben der Männertoilette ihre Geliebte an.

Viele der verheirateten Männer, die den Kitzel oder die Bequemlichkeit lieben, mit ihrer Geliebten von zu Hause aus zu telefonieren, erfinden alle möglichen Tricks, um ihre Anrufe ganz gewöhnlich erscheinen zu lassen. So mag mancher Mann seiner Frau erzählen, daß er im Moment an einem Projekt sitzt, das verlangt, daß er in ständigem Kontakt mit einem der Mitarbeiter ist – und der Kollege ist weiblichen Geschlechts. Oder er läßt seine Frau wissen, daß es aufgrund einiger sehr eiliger Dinge notwendig ist, daß seine Sekretärin ihn auch noch spät abends zu Hause anruft.

Ein 43jähriger Anwalt erzählte mir, seine Frau sei ihm auf die Schliche gekommen, als sie zufällig den Hörer des zweiten Telefons im ersten Stock aufgenommen und ihn in eindeutiger Weise ·mit ihrer besten Freundin habe sprechen hören. Seine Affäre kam ans Licht, aber nicht nur diese eine: In einer wahren Kettenreaktion stellte sich heraus, daß der Mann gleichzeitig vier Verhältnisse unterhalten hatte.

9. Ermutigt er Sie plötzlich, allein etwas zu unternehmen oder gar ohne ihn Urlaub zu machen?

Ein Ehemann aus San Francisco, der sich nach mehreren Jahren Ehe auf eine Affäre eingelassen hatte, schlug nun seiner Frau vor, doch endlich die Reise nach Europa, die sie sich schon so lange wünschte, zu unternehmen, aber ohne ihn. Er gab vor, daß wegen seiner Arbeit sonst auf längere Sicht bestimmt nichts daraus würde. Sie fuhr, und er war frei, seine Geliebte, sooft er wollte, zu treffen und sogar in ihrer Wohnung zu übernachten.

Männer mit einer Affäre wollen sehr oft, daß ihre Frauen zu Verwandten aufs Land fahren – vor allem, wenn sie auch die Kinder mitnehmen.

10. Gibt es Anzeichen dafür, daß jemand bei Ihnen zu Hause war, während Sie weg waren?

Es ist für eine Frau besonders erniedrigend herauszufinden, was viele Männer anscheinend ohne Bedenken praktizieren: die Geliebte nach Hause einzuladen und dann auch noch im Ehebett mit ihr zu schlafen. Meist tun sie das, wenn ihre Frau oder die Partnerin, mit der sie zusammenwohnen, verreist ist. Beschmutzte Laken, irgend etwas, was eine Frau vergessen haben könnte, all das kann ein Indiz sein. Viele Männer haben mir erzählt, daß sie die Bettwäsche gründlich gewaschen und gebügelt haben, bevor ihre Frau wieder nach Hause kam. Frische Bettwäsche kann also ebenfalls durchaus von einem Seitensprung zeugen, besonders bei Männern, die sich normalerweise nicht um die Wäsche kümmern.

Ein Geschäftsberater, der seit drei Jahren mit seiner Partnerin in einer festen Beziehung zusammenlebte, pflegte für seine Geliebte und sich ein Laken auf dem Teppich auszubreiten, damit das Bett, das er mit seiner Lebensgefährtin teilte, unberührt bleiben konnte. Als er später verheiratet war und sich zu Hause von einer langen Krankheit erholte, lud er dieselbe Geliebte ein, ihn zu besuchen. Er stellte sie seiner Frau als eine alte Freundin vor und überredete sie, einen kleinen Urlaub von ihrer Krankenpflege zu nehmen und ins Kino zu gehen. Er versicherte ihr, die Freundin werde in ihrer Abwesenheit nach ihm schauen. Kaum war seine Frau aus dem Haus, überredete er die Freundin, ihn oral zu befriedigen.

11. Hegen Sie den Verdacht, daß eine Frau, die er gelegentlich einlädt, mehr als eine Freundin ist?

Einige Männer finden Gelegenheiten, ihre Geliebte zu sich einzuladen, obwohl auch ihre Frau zu Hause ist – im allgemeinen zu Partys oder ähnlichen Gelegenheiten. Hören Sie auf Ihre innere Stimme, wie sie Sie vor einem »Gast« warnt.

»Meine Frau wußte, daß ich das Mädchen mochte«, erklärte mir ein Mann aus Connecticut, als er über seine Geliebte sprach.

»Deshalb entschloß ich mich, sie auf eine Party zu uns einzuladen. Ich dachte, das würde das Mißtrauen meiner Frau besänftigen. Weit gefehlt. Sie ging gleich auf sie los.«

Ein Werbefachmann berichtete, daß er seine Frau während ihrer langen Ehe immer über seine große Zahl an weiblichen »Freunden« in Kenntnis gesetzt habe, die er dann problemlos zu sich nach Hause habe einladen können. Fast alle diese »Freunde« waren entweder ehemalige oder gegenwärtige Geliebte.

In den langen Interviews, die ich mit untreuen Männern für dieses Buch geführt habe, hörte ich nicht selten Geschichten von Ehemännern, die es bei sich zu Hause mit ihrer Geliebten zu sexuellen Handlungen kommen ließen, obwohl sich auch die Frau im Haus aufhielt. Derartige Verhaltensmuster bedeuten für einige Männer einen besonderen Kitzel.

Ein Ehemann erzählte mir, wie er diesen Kitzel für sich entdeckte. Sie hatten ein befreundetes Ehepaar zu sich eingeladen, und seine Frau, zu diesem Zeitpunkt schwanger, war schon etwas früher zu Bett gegangen. »Der Ehemann der anderen Frau nahm einen Drink im Wohnzimmer. Sie kam aus dem Bad, als ich gerade auf dem Weg in die Küche durch den Flur ging. Sie griff nach mir. Ich ging fast an die Decke.«

Auf recht brutale Weise mußte eine Frau von der Affäre ihres Mannes erfahren haben, nämlich als ihr kleiner Sohn während einer Dinnerparty in die Küche kam und fragte: »Mami, warum faßt Papi diese Frau unter dem Tisch immer an?«

12. Haben andere einen Verdacht?

Es ist nicht ungewöhnlich, daß Freunde, Kinder oder andere Verwandte Verdacht schöpfen oder sogar schon detailliert über eine Affäre Bescheid wissen, noch bevor die Frau auch nur eine Ahnung hat. Eine Frau, die nicht mit solchen Neuigkeiten rechnet, nimmt oft unterbewußt erste Indizien dafür, daß ihr Mann sie betrügt, nicht zur Kenntnis.

Eine Frau aus Philadelphia erinnerte sich im Gespräch mit mir, von einer Freundin einen Anruf bekommen zu haben, die ihr sagte, daß ihr Mann etwas mit seiner Sekretärin habe. Da sie zu diesem Zeitpunkt noch nie auch nur darüber nachgedacht hatte, ob ihr Mann zur Untreue fähig sein könnte – obwohl er seit einiger Zeit immer öfter erst in den frühen Morgenstunden nach Hause kam –, entzündete sich ihr Ärger statt an ihrem Mann an der Freundin. Später hat sie sich von diesem Mann scheiden lassen, da er sie gleich mit mehreren Frauen betrog.

Eine andere Frau, die ich interviewte und die von einer Affäre ihres Mannes wußte, erhielt einen anonymen Anruf. Ihr Mann sei mit einer anderen Frau in einem bekannten Ferienort in Florida gesehen worden. Sie hielt den Anruf für einen schlechten Scherz und dachte, irgend jemand sei ihr wohl nicht sehr gut gesonnen, aber ich war mir da nicht so sicher. Viele Frauen denken, es sei ihre Pflicht, eine Geschlechtsgenossin zu warnen, wenn ihr Mann sie hintergeht. In dieser Hinsicht unterscheiden sich Frauen ziemlich von den Männern, die, wie ja bereits angesprochen, eher dazu neigen, einen Freund zu schützen, mit falschen Alibis auszuhelfen oder zumindest einander nicht zu verraten. James Vaughan erzählt in »Beyond Affairs« davon, wie er von einem Freund gesehen wurde, als er mit einer anderen Frau zusammen war. Er machte sich Sorgen, stellte bald aber fest, daß es gar nicht nötig war: »Ich sollte erfahren, daß den meisten Männern in dieser Beziehung zu trauen ist, ganz gleich, ob sie selbst schon einmal eine Affäre gehabt haben oder nicht.«

Manchmal werden auch ältere Kinder mißtrauisch, wenn sie etwas im Verhalten ihres Vaters nicht verstehen. Die Tochter einer Frau, deren Mann mysteriöserweise während der gesamten letzten vier Jahre einmal die Woche in eine nahegelegene Stadt verschwunden war, verlangte von ihrer Mutter zu wissen: »Was *macht* Vater dort jeden Dienstag?« Ihre Mutter, die bis dahin ihren Verdacht noch nicht geäußert hatte, sagte so laut, daß es auch ihr Mann hören konnte: »Ich glaube, dein Vater hat dort eine Affäre mit einer Frau.« Der machte daraufhin aus ihrer Anschuldigung einen Witz und wich so einer Auseinandersetzung aus: »O ja, ich treffe mich mit Joan Collins, die extra von Hollywood angeflogen kommt. Sie ist fabelhaft!«

13. Hat er sich Ihrer Meinung nach aus Versehen beinahe schon einmal verraten?

Nicht selten sind es die »Zufälle«, die dazu führen, daß die Untreue eines Mannes ans Licht kommt.

So hörte ein 27jähriger, der im Unternehmen seines Vaters arbeitet, neulich ein eindeutiges Telefongespräch mit. Er erzählte alles seiner Mutter und beendete damit das Doppelleben, das sein Vater mit einer jungen Frau führte, die einen Sohn von ihm hatte und die er großzügig unterstützte.

Zufällige Enthüllungen können Versprecher sein, etwa wenn Ihr Mann Sie beim falschen Namen nennt, herumliegende Zettel mit Telefonnummern oder Namen und Adressen, Quittungen für Hotelzimmer, die Sie zufällig finden, oder irgendwelche anderen Dinge, auf die Sie stoßen und die Ihnen ungewöhnlich erscheinen. So fand eine Kleidereinkäuferin eines großen Kaufhauses heraus, daß ihr Freund sie betrog, als sie in seiner Nachttischschublade einen Vibrator entdeckte, den sie nie benutzt hatten.

Eine 22jährige Ehefrau erfuhr ebenfalls nur aus Zufall von einer ganzen Reihe von Affären ihres Mannes, derentwegen er ständig im Land herumreiste, als sie ihn auf einem »Kongreß« im Hotel anzurufen versuchte und gefragt wurde, ob sie denn Herrn oder Frau ... sprechen wollte.

Hat ein Mann mit einer verheirateten Frau ein Verhältnis, so ist es nicht ungewöhnlich, wenn der gehörnte Ehemann, erfährt er von der Untreue seiner Frau, die Ehefrau des Eindringlings von den Untrieben ihres Gatten in Kenntnis setzt.

Gelegentlich wird sogar die andere Frau selbst anrufen, um ihren Geliebten zu verraten – meist aus Rache, entweder weil sich der Mann weigert, seine Frau zu verlassen, oder weil er die Affäre bereits von sich aus beendet hat: der Alptraum jedes untreuen Mannes.

Ein im Falle von AIDS wahrscheinlich sogar tödlicher »Ausrutscher«, der die Untreue eines Mannes enthüllt, sind die verschiedenen Geschlechtskrankheiten, mit denen er sich und Sie infizieren kann. Da hilft alles Leugnen nichts, auch nicht der

Hinweis auf ein gemeinsam benutztes Handtuch, einen Toilettensitz oder ähnliches. Ein Mann kann seine Partnerin mit Syphilis, Gonorrhöe, Chlamydien, Herpes, verschiedenen Scheideninfektionen und natürlich der gefürchtetsten, sich beim Geschlechtsverkehr übertragenden Krankheit dieser Tage, mit AIDS anstecken. Das kann auch die »andere Frau« treffen. So berichtete mir die Geliebte eines Mannes, daß sie sich lange gefragt habe, warum sie so häufig unter Scheideninfektionen litt. Schließlich fand sie heraus, daß ihr verheirateter Liebhaber noch eine Reihe anderer Frauen außer ihr hatte.

Worum es bei diesen Fragen geht

Es ist ganz offensichtlich, daß, je öfter Sie bei den oben angeführten Fragen zu einer Ja-Antwort neigen, es um so wahrscheinlicher ist, daß Ihr Mann Sie betrügt. Aber der eigentliche Zweck dieses Fragenkatalogs geht in eine andere Richtung. Ist Ihr Mann Ihnen tatsächlich untreu, so wissen Sie es wahrscheinlich bereits. Möglicherweise haben Sie es sich aber bisher noch nicht eingestanden, so wie Anne, aus deren Brief ich einleitend zu diesem Kapitel zitiert habe. Obwohl sich ihr Mann fast jeden Abend herausputzt, irgendwohin verschwindet und erst zwischen zwei und fünf Uhr morgens zurückkommt, zieht sie daraus nicht den ganz offensichtlichen Schluß. Anne denkt nur, daß es *vielleicht* so ist, fragt sich aber, ob ihr Mißtrauen nicht darin gründet, daß sie kindisch und unsicher ist.

Viele Frauen sind wie Anne. Sie bringen nicht die Kraft auf zu glauben, was sie eigentlich sicher wissen, und ändern erst dann ihre Meinung, wenn sie nicht mehr anders können.

Dieser Fragenkatalog soll Ihnen also helfen, systematischer über eine Frage nachzudenken, der Sie unbewußt eventuell ausweichen wollen. Niemand behauptet, daß es angenehm ist, von der Untreue seines Partners zu erfahren. Aber die Realität immer wieder zu verdrängen, ist auch keine Lösung. Sie zahlen dafür einen hohen psychischen Preis, verdrängte Probleme suchen sich einen anderen Ausgang.

Eine Frau, deren Mann für seine Eskapaden bekannt war,

wurde wahnsinnig wütend auf ihn und machte ihm Szenen, sobald sie bemerkte, daß er auf der Straße eine hübsche Frau auch nur ansah. Sie wußte von seiner Untreue, gestand es sich aber nicht ein und hatte so mit einem großen Maß an unterdrückter Wut zu kämpfen, die sich immer stärker bald schon bei den nichtigsten Anlässen Luft machte.

Der Streß, dem Sie sich auf diese Weise aussetzen, ist nicht zu unterschätzen und kann zu allen möglichen psychischen wie physischen Schädigungen führen. Schlimm dabei ist auch, daß Sie, wenn Sie zu seiner Untreue schweigen, ihm indirekt erlauben, damit fortzufahren, ja ihn sogar unterstützen.

Aufgrund von AIDS ist es heute schon unumgänglich, ihn mit seiner Untreue zu konfrontieren. Ihr Partner schläft vielleicht unwissentlich mit einer Frau, die das Virus trägt. Untreue ist eine tödliche Gefahr für Ihre Gesundheit geworden.

Das, was Sie nicht wissen oder nicht wissen wollen, kann Sie dennoch sehr wohl gefährden, körperlich wie seelisch. Und auch Wegsehen und Verdrängen können das Ende einer Partnerschaft bedeuten. Eine offene Auseinandersetzung über eine Affäre hilft einer Beziehung, wieder funktionsfähig zu werden. Aber das Ignorieren fortgesetzter Untreue verstärkt in der Regel nur die Kluft zwischen den Partnern.

Das bedeutet nicht, daß es nicht viele Fälle gibt, in denen auch ein durchaus ernsthafter Verdacht völlig unbegründet ist. Natürlich gibt es Frauen, die pathologisch eifersüchtig sind. Sie machen sich verrückt und stellen sich alles mögliche vor, wenn ihr Mann irgendwelchen – unschuldigen – Interessen einmal allein nachgehen will. Sie glauben fälschlicherweise, daß Liebe heißt, miteinander zu verschmelzen, aus zwei Persönlichkeiten eine einzige werden zu lassen. Manche Frauen reagieren grundsätzlich auf alles, was ein Mann allein unternimmt, mit Eifersucht. Unbegründete Eifersucht kann besonders für ausgesprochen unsichere Frauen Probleme aufwerfen, die den oben angeführten nicht sehr viel nachstehen. Wie viele Frauen leiden unter einem geringen Selbstwertgefühl und leben in ständiger Angst, daß ihr Mann immer hinter anderen Frauen her sein muß, weil sie selbst nicht begehrenswert genug sind.

Irrationale Eifersucht ist ein großes Problem. Versuchen Sie Ihr Handeln nicht von derartigen Reaktionen beeinflussen zu lassen. Gehen Sie mit Verdachtsmomenten besonders behutsam um, wenn Sie um Ihre Anfälligkeit in bezug auf übersteigerte Eifersucht wissen.

Bevor ich dieses Kapitel abschließe, möchte ich ausdrücklich davor warnen, verdächtiges Verhalten immer gleich als eindeutiges Indiz für die Untreue eines Mannes anzusehen. Ein letztes Beispiel soll das illustrieren, wenn auch sein Ausgang eine andere Sprache spricht: Geraldine wollte ihren Mann Thomas am letzten Tag seiner Geschäftsreise anrufen. Im Hotel sagte man ihr, er sei bereits am Tag zuvor abgereist. Da er aber nicht nach Hause gekommen war, zog Geraldine, die ihren Mann ständig mit Verdächtigungen verfolgte, den Schluß, daß er eine Affäre haben mußte. Es stellte sich jedoch heraus, daß Thomas, der sich in ihrer Beziehung unglücklich fühlte, dabei war, Geraldine zu verlassen. Zu diesem Zweck hatte er für sich bereits eine Wohnung in einer nahegelegenen Stadt angemietet. Eine andere Frau gab es nicht. An jenem Tag war er in sein zukünftiges Zuhause gefahren, um allein zu sein und ein paar Dinge regeln zu können. Die Situation war also in Wirklichkeit noch schlechter, als Geraldine es sich vorgestellt hatte. Aber als sie Thomas mit ihrem Verdacht konfrontierte, führte das zu einer grundsätzlichen Diskussion über ihre Partnerschaft, und die beiden entschlossen sich, eine Therapie zu machen. Heute arbeiten sie zusammen an den Ursachen für ihre Schwierigkeiten. Thomas ist sich nicht mehr sicher, ob er Geraldine verlassen wird. Er hat seine neue Wohnung wieder aufgegeben. Geraldine hat aufgehört, Thomas zu verdächtigen und damit sich selbst und die Partnerschaft zu vergiften. Die Ehe wurde gerettet, weil die beiden gelernt haben, offen über ihre Schwierigkeiten zu sprechen.

3

DIE WAHRSCHEINLICHKEIT
ZUKÜNFTIGER UNTREUE

Weniger offensichtlich als die Anzeichen, daß ein Mann gerade eine Affäre hat, sind die Hinweise darauf, ob ein Mann vielleicht später einmal untreu sein wird. Es gibt hier eine ganze Reihe wichtiger Punkte zu beachten, die sich aus einschlägigen wissenschaftlichen Untersuchungen und Beobachtungen und aus berufspraktischen Erfahrungen hauptsächlich von Soziologen und Psychologen herleiten lassen und die ich der Übersichtlichkeit wegen im folgenden durchnumeriert vorstellen möchte.

1. Er hat früher schon Frauen betrogen. Die Geschichte eines Mannes sagt viel über ihn aus. Zum Beispiel:

● Wenn ein Mann Ihnen untreu war, während er Ihnen den Hof machte, wird er auch später, wenn Sie verheiratet sind, dazu neigen.

● Ein Mann, der in seiner ersten Ehe untreu war, ist auch in seiner zweiten Ehe anfälliger für eine Affäre (auch wenn er sich wegen Ihnen von seiner ersten Frau getrennt hat). Darüber hinaus ist in Zweitehen grundsätzlich die Untreue-Rate höher.

● Auch wenn Ihr Mann, noch bevor er sie kennenlernte, schon einmal neben einer Hauptbeziehung eine Affäre hatte, ist er, statistisch gesehen, anfälliger dafür, diese Erfahrung zu wiederholen.

● Allgemein kann gesagt werden, daß ein alleinstehender Mann, der in seinem Leben öfter mit mehr als einer Frau gleichzeitig zusammen war, ein schlechter Anwärter für monogames Verhalten ist.

2. Sein Vater hatte Affären. Ein Mann, dessen Vater Affären und wenig Neigung zu ehelicher Treue hatte, wird möglicherweise dieses Muster in seinem eigenen Leben wiederholen.

Interessanterweise scheinen auch Männer, die sich der Untreue ihres Vaters nicht bewußt sind, zumindest unterbewußt darum zu wissen und so sein Verhalten nachzuahmen. Ein Mann, dessen Frau seine Untreue entdeckt hatte und der deshalb zur Ehetherapie kam, behauptete, daß sein Vater absolut treu gewesen sei. Eines Tages erhielt er einen Anruf von einer Frau, die unehelich geboren und dann adoptiert worden war. Sie wollte den Mann sprechen, den sie nach langem Suchen als ihren Vater identifiziert hatte. Es stellte sich heraus, daß diese Frau die uneheliche Tochter seines Vaters war. Und unterbewußt war diesem Mann die Untreue seines Vaters immer gegenwärtig gewesen.

Rückblickend erinnerte er sich nach dem Vorfall beispielsweise, daß seine Mutter einmal gesagt hatte: »Damals haben wir uns alles gefallen lassen.«

Ein Vertreter aus Denver, der seit dem ersten Tag seiner Ehe Affären hatte, äußerte mir gegenüber die Vermutung, daß seine Veranlagung genetisch bedingt sei. Er stritt ab, früher von den Affären seines Vaters gewußt zu haben, obwohl er sich erinnerte, daß er als ungefähr Zehnjähriger einmal einen seltsamen Anruf entgegengenommen hatte, der von einer Frau aus einer anderen Stadt kam, die versuchte, seinen Vater zu erreichen. Er erinnerte sich auch, daß ihm sein Vater erzählte, wie sein Großvater die Bediensteten der Familie und andere Frauen der Stadt verführt habe.

Gelegentlich kann ein Vater mit ausgeprägtem Macho-Verhalten durchaus auch auf die Idee kommen, dem Sohn mit seiner Geliebten imponieren zu wollen. Ein Mann in Therapie erinnerte sich, daß sein Vater ihm, er war damals fünfzehn, und seinem Bruder stolz seine hübsche Freundin vorstellte.

Die Wahrscheinlichkeit für untreues Verhalten wächst noch einmal, wenn die Mutter den Ehebruch duldete. Der Sohn erwartet dann oft, daß die Frau in seinem Leben genauso handeln wird.

3. Ihr Vater hinterging Ihre Mutter. Auch Ihre eigene Geschichte kann einen Einfluß haben. Eine Frau mit einem Vater, der ihre Mutter immer wieder betrogen hat, wählt oft unbewußt einen Mann, der dieses Muster in ihrer eigenen Partnerschaft wiederholen wird.

4. Ihr Mann hatte vor der Ehe eine Vielzahl sexueller Kontakte. Verschiedene Studien, so auch eine von »Psychology Today« durchgeführte Untersuchung, zeigen, daß Männer, die vor ihrer Ehe umfangreiche sexuelle Erfahrungen gemacht haben, häufiger außerehelichen Sex praktizieren werden.

5. Sein Arbeitsablauf läßt ihm sehr viel Spielraum. Phil, der in einem Geschäft arbeitet, in dem auch seine Freundin beschäftigt ist, hat viel weniger Gelegenheiten, jemanden zu treffen, mit dem er anbändeln könnte, als George, der den ganzen Arbeitstag lang mit Fremden zu tun hat.

Harry, der eine zeitliche Routine hat, einen festen Neun-bis-fünf-Uhr-Job, hat viel weniger Gelegenheit, sich auf etwas einzulassen als Cliff, der regelmäßig bis spät abends arbeiten muß, John, der eine Menge herumreist, oder Arnold, dessen leitende Position ihm die Möglichkeit gibt, seinen Arbeitsablauf weitgehend selbst zu gestalten.

Ralph geht es wie Harry. Er wird bei seiner Arbeit den ganzen Tag beaufsichtigt und muß seinem Chef über seine Arbeitszeiten Rechenschaft ablegen. Das schränkt die Möglichkeiten für eine Affäre ein.

Wenn es ihr Arbeitsablauf erlaubt, bevorzugen viele Männer ein Tagesverhältnis. So bleiben Abend und Nacht Ehefrau oder Lebensgefährtin vorbehalten, die somit nur schwer Verdacht schöpfen kann.

6. Er hat besonders viele Gelegenheiten für Affären. Mehrere Studien haben gezeigt, daß sich anbietende Gelegenheiten im allgemeinen einen wesentlichen Einfluß darauf haben, ob ein Mann seiner Frau oder Partnerin untreu werden wird oder nicht.

In einer Untersuchung an viertausend Männern, die Anthony

Pietropinto und Jacqueline Simenauer durchführten, sagten fast zwei Drittel der Befragten, daß sie sich durchaus auf eine Affäre einlassen würden, wenn nur die Gelegenheit und die äußeren Umstände günstig wären.

In einer anderen Untersuchung von Robert Whitehurst erklärten 41 Prozent der Männer aus der Stichprobe, wesentlich für ihre Entscheidung für oder gegen eine Affäre seien die Umstände, der Ort und die Menschen, unter denen sich eine Gelegenheit für außerehelichen Sex ergebe.

John Edwards stellt in einer Studie über außereheliche Beziehungen, die im »Journal of Sex Research« veröffentlicht wurde, fest, daß in 40 Prozent der Ehen, in denen die Gelegenheiten für außerehelichen Sex besonders günstig sind, häufig Affären vorkamen.

Zu diesen Gelegenheiten gehören:

● Natürlich Partys und Feste: der äußere Rahmen erhöht die Aufgeschlossenheit für neue Bekanntschaften. Darüber hinaus gehört das Aussenden von Reizen an das andere Geschlecht zum festen »Party-Ritual«.

● Wenn eine Frau oder Freundin verreist.

● Wenn ein Mann allein verreisen muß.

● Wenn eine Frau den ersten Schritt macht. Bestimmte Männer würden nie von sich aus eine Affäre beginnen, aber sie gehen auf eine Frau ein, die den ersten Schritt macht. Sie fühlen sich durch die Initiative der Frau nicht mehr verantwortlich: »Ich bin nicht schuld, sie hat angefangen.« Andere Männer gehen auf eventuelle Angebote ein, weil sie zu unsicher sind und glauben, daß Männlichkeit bedeutet, sexuelle Avancen nicht ablehnen zu können. (Derartige »Affären« leiden allerdings manchmal unter Potenzproblemen des Mannes, der sich ohne echtes sexuelles Verlangen auf den Seitensprung eingelassen hat.)

● Wenn ein Mann unerwartet mit einer attraktiven Frau über längere Zeit allein ist. Arbeitet ein Mann zu Hause, während seine Frau oder Freundin ins Büro geht, und es kommt weiblicher Besuch, womöglich eine alte Freundin der Partnerin, kann es zu einer Affäre kommen.

Ein Mann erzählte mir, daß er sich auf Drängen seiner Partnerin der frisch verwitweten Frau eines nahen Freundes annahm. So fuhr er manchmal bei ihr vorbei, um zu fragen, ob sie etwas brauche und wie es ihr gehe. »Eines Tages fing sie an, mir zu erzählen, wie dankbar sie mir sei. Sie kam nahe zu mir her und legte eine Hand auf meinen Arm. Ich war erregt. Ich mochte sie. Sie tat mir leid. Schließlich schliefen wir miteinander. Es passierte nur ein paarmal. Ich hatte vorher nicht im Traum daran gedacht.« Der Mann beendete seine Geschichte mit einem Satz, den ich wieder und wieder gehört habe: »Es ist einfach passiert.« Viele Männer, die aufgrund zufälliger Gelegenheiten Affären haben, sind mehr in sie hineingeschlittert, als daß sie sie geplant hätten. Vorhanden war aber eine Grundbereitschaft zu sexueller Untreue.

7. *Er hat zahlreiche enge Kontakte mit anderen Frauen.* Eine Sekretärin, eine Mitarbeiterin, die beste Freundin der Frau oder die Bekannte eines Mannes, sie alle sind, eher als völlig Fremde, mögliche sexuelle Rivalinnen. Etliche Studien haben gezeigt, daß räumliche Nähe ein entscheidender Faktor ist, wenn es um männliche Untreue geht.

»Es ist oft schlichtweg eine Sache der Erreichbarkeit«, sagt David Moulton, ein Bostoner Familientherapeut und Experte für Eheprobleme. Er charakterisiert Geliebte als gewöhnlich »beste Freundinnen oder Mitarbeiterinnen oder Geschäftsbekanntschaften«.

Lyn Atwater fand in Tiefeninterviews mit vierzig betroffenen Frauen heraus, daß ein Großteil der Geliebten von verheirateten Männern zunächst ein mal kürzeres, mal längeres Stadium näherer Bekanntschaft mit dem Mann durchlaufen haben.

Laurel Richardson berichtet in »The New Other Woman«, einer Untersuchung über Beziehungen zwischen verheirateten Männern und alleinstehenden Frauen, von vielen Frauen, die das Anfangsstadium des späteren sexuellen Verhältnisses als Freundschaft bezeichneten. Sie bemerkt hierzu, daß diese Frauen wahrscheinlich erst sehr langsam die sexuellen Absichten des verheirateten Mannes erkannten.

Wenn ein Mann eine enge Freundschaft mit einer Frau unterhält, bedeutet das natürlich nicht notwendigerweise, daß daraus

eine sexuelle Beziehung erwachsen wird, aber je enger die Freundschaft, desto größer die Chance, daß es zu einer Affäre kommt.
In solchen Beziehungen »werden sexuelle Begegnungen unvermeidlich«, schreibt Gerald Neubeck, »nicht unbedingt deshalb,
weil er oder sie oder beide vor Lust fast vergehen, sondern eher,
weil sie glauben, daß Sex natürlicher Bestandteil einer so engen
Beziehung ist.«

Eine Frau erläuterte mir den Verlauf ihrer Beziehung mit
einem glücklich verheirateten Vater von zwei Kindern: »Wir sind
seit drei Jahren gute Freunde, haben uns aber erst kürzlich
gestanden, daß wir füreinander wirklich tiefe Gefühle hegen.
Keiner von uns will die Beziehung beenden. Ich fürchte, früher
oder später werden unsere Gefühle unsere Vernunft besiegen
und wir werden eine Affäre haben.«

Ein verheirateter Mann, der während seiner Ehe eine Reihe
von Affären hatte, erzählte mir: »Alle Beziehungen, die ich jemals
hatte, sind einfach passiert. Es waren Frauen, die ich seit Jahren
kannte und die ich achtete. Es gab nur eine, für die ich primär
sexuelle Gefühle hatte. Meine Gefühle für die anderen waren
ursprünglich nicht sexueller Natur.«

John Edward erwähnt in seiner Untersuchung über sexuelles
Verhalten in und außerhalb der Ehe Freundschaften zwischen
zwei Paaren, in denen sich einer der Männer der anderen Frau
anvertraut, und sieht darin den üblichen Anfang für eine Affäre.

8. Er fühlt sich entfremdet. Eine bekannte Untersuchung von
Robert Whitehurst hob die Tatsache hervor, daß Männer, die
sich ihrer Umgebung entfremdet fühlen und machtlos, daran
etwas zu ändern, mehr – meist kurze, vorübergehende – Affären
als andere Männer hatten. Stark entfremdete Persönlichkeiten
machten in seiner Untersuchung 80 Prozent der untreuen Männer aus.

Einige Menschen glauben, daß Entfremdung etwas ist, das vor
allem in einem Mann entsteht, wenn er älter wird. Emotionale
Distanz, Zynismus und Nüchternheit werden in vielen Fällen
durch das Verhalten gefördert, das die Alltagswelt der modernen
Industriegesellschaft einfordert.

9. Er ist unkonventionell. Die Forscher Gerald Neubeck und Vera Schletzer fanden eine Korrelation zwischen Unkonventionalität – im Sinne einer Bereitschaft, sich über bestehende soziale Normen hinwegzusetzen – und Untreue. Nonkonformisten fühlen sich weniger an von außen vorgegebene Regeln gebunden, das gilt sowohl innerhalb als auch außerhalb der Ehe.

10. Er glaubt einfach nicht an Treue und Monogamie. Viele Frauen haben nie direkt mit ihren Partnern über das Thema Monogamie gesprochen. Sie setzen voraus, daß sie selbstverständlich ist, daß ein Mann treu sein *will*, wenn er ein Verhältnis mit ihnen anfängt, mit ihnen zusammenzieht oder sie heiratet. Setzen Sie das nicht einfach voraus. Es gibt viele Männer, die Affären haben, weil sie ganz schlicht nicht an Monogamie glauben. Möglicherweise stammen sie aus einer Familie ohne monogame Tradition. Diese Männer haben, auch wenn sie heiraten, nicht vor, *nicht* fremdzugehen. Und sie verhalten sich ihrer Einstellung entsprechend.

11. Er braucht Abenteuer. Ein Mann, der sein Leben lang auf der Suche nach aufregenden Erfahrungen war, hat so gleichsam eine Disposition für untreues Verhalten aufgebaut. In unserer Gesellschaft ist laut Albert Ellis, einem Psychologen, »der Bereich der Liebesaffären einer der wenigen verbleibenden Bereiche, in denen der Mensch ein echtes Abenteuer und eine neue Erfahrung in sexueller wie in allgemeiner Hinsicht erleben kann«.

12. Er sucht nach Selbstverwirklichung. Untreue kann auch Teil einer Suche nach Selbstverwirklichung sein. Dieses Grundmuster, das vor allem Ende der sechziger Jahre entstand, hält Monogamie für einengend und das Experimentieren mit verschiedenen Partnern für einen Versuch, sich selbst voll und ganz finden und ausdrücken zu können. Allerdings hat diesbezüglich ein Meinungswandel stattgefunden. Weniger Leute als damals betonen heute noch in ähnlicher Weise die vollständige sexuelle Freiheit als eine Grundbedingung von Humanität.

13. Er fühlt sich niemals schuldig. Es ist noch nicht ausdiskutiert, aber eine Untersuchung von Gerald Neubeck und Vera Schletzer bestätigte, daß Individuen, die bei ihren Handlungen, gleich welcher Art, wenig Schuldgefühle haben, schlechte Kandidaten für monogame Beziehungen sind.

14. Er ist sehr eifersüchtig. Irrationale Eifersuchtsanfälle, in denen ein Mann seine Partnerin ungerechterweise beschuldigt, sich für andere Männer zu interessieren oder eine Affäre zu haben, können ein Anzeichen dafür sein, daß er selbst mit diesem Wunsch kämpft und/oder nahe vor einer außerehelichen Beziehung steht, sofern er nicht bereits eine Zweitbeziehung unterhält. Diesen Zusammenhang nennt man eine Projektion und meint damit allgemein einen Vorgang, bei dem eine Person eine andere beschuldigt, etwas zu tun, an was sie selbst denkt, was sie selbst wünscht oder tut. Man hat festgestellt, daß eifersüchtige Männer *eher* dazu neigen, eine Affäre einzugehen, während es sich bei eifersüchtigen Frauen genau *umgekehrt* verhält: sie lassen sich weniger leicht mit einem anderen ein.

15. Sie sind fast fünfzehn Jahre verheiratet. Obwohl Untreue in jedem Stadium einer Beziehung auftreten kann und auftritt, scheinen bestimmte Zeitzusammenhänge Affären zu begünstigen. Am gefährdetsten sind Männer in und um das vierzehnte Jahr ihrer Ehe, in dem sich, nach dem Ehetherapeuten David Moulton, die meisten Affären ereignen.

16. Er nähert sich einem vollen Lebensjahrzehnt. Das Alter von dreißig, vierzig, fünfzig und so weiter ist eine Zeit, Bilanz zu ziehen. Möglicherweise entwickelt ein Mann dabei das Gefühl, mehr Nähe, mehr Freiheit, mehr oder besseren Sex zu brauchen. Oder er entscheidet, daß ihm etwas an Ihnen oder der Beziehung nicht mehr gefällt, so daß er eine andere Partnerin ausprobieren möchte. Er kann sich auch der Begrenztheit seines Lebens bewußt werden und möchte vorgestellt Versäumtes nachholen, bevor es zu spät ist. Dr. Harold Lief, Professor für Psychiatrie an der University of Pennsylvania und ein Experte in Ehe- und Sexualtherapie, schreibt über die Zeit um das dreißigste Lebensjahr: »Wir finden in dieser Zeit eine Menge außerehelichen Sex: Es ist fast so, als ob sich die Leute in anderen Beziehungen, von denen sie sich ein Mehr an Befriedigung erhoffen, erproben wollen. Sie fragen sich, ob jemand anderer ein besserer Gefährte oder auch ein besserer Liebhaber wäre.«

17. Er ist zwischen dreißig und vierzig. Das ist die gefährlichste Zeitspanne für einen Mann. David Moulton gibt als das statistisch wahrscheinlichste Alter für eine Affäre die Zeit zwischen 37 und 39 Jahren an.

18. Sie sind schwanger. Eine andere Phase, in der Affären üblich sind, ist die Schwangerschaft. Masters und Johnson beschreiben, daß viele Männer gerade in dieser Zeit Affären anfangen.

Einige werdende Väter reagieren in besonderer Weise auf die veränderte Erscheinung ihrer schwangeren Frau. Plötzlich sehen sie ihre Partnerin nur noch als Mutter, auf die sie nicht sexuell reagieren können. Andere fühlen sich durch die Schwangerschaft endgültig in ihre Beziehung eingebunden und versuchen nun unbewußt, über eine Affäre zu entkommen.

19. Sie haben gerade ein Kind zur Welt gebracht. Vaterschaft ist ebenfalls ein bekannter Anfangspunkt für Sex außerhalb der Beziehung. Peters Reaktionen sind da typisch: Er hatte sich auf die Geburt seines ersten Kindes aufrichtig gefreut, aber nach der Geburt seines Sohnes Jonathan fühlte er sich vernachlässigt. Er hatte das Gefühl, daß seine Frau nun ihre ganze Aufmerksamkeit dem Baby schenkte. Da er sich verletzt und benachteiligt vorkam, fing er eine kurze Affäre mit einer Arbeitskollegin an.

Affären zu diesem Zeitpunkt können sich nicht zuletzt auch auf ein Angstmoment gründen, das durch die neuen Verantwortlichkeiten in Verbindung mit der Vaterschaft hervorgerufen wird.

20. Seine Mutter oder sein Vater ist gerade gestorben. Das Risiko, daß ein Mann untreu wird, wächst, wenn Vater oder Mutter sterben. Ein sexuelles Abenteuer kann für ihn angesichts des

Todes eine Bestätigung des Lebens sein. Manchmal schwindet auf diese Weise auch ein gewisser, möglicherweise unterbewußter elterlicher Druck, der ihm bislang geholfen hatte, sein sexuelles Verlangen zurückzuhalten. Mutter oder Vater, die sein Verhalten mißbilligt hätten, sind nun tot, und er fühlt sich frei.

Auf einen anderen Zusammenhang stieß ich in einem meiner Interviews: Harvey hatte das Gefühl, daß ihm seine Frau nicht die Zuwendung und Unterstützung gab, die er brauchte. Eine Ex-Freundin, die ihn angerufen hatte, als sie vom Tod seiner Mutter gehört hatte, wurde bald darauf seine Geliebte.

21. Er fühlt sich erfolglos. Ein Mann, der in der Arbeitswelt selbstgesteckten Erwartungen nicht gerecht wird, kann versuchen, seine Mißerfolge durch sexuelle Abenteuer zu kompensieren. Eine Geliebte hilft, den männlichen Stolz aufzupolieren. Dabei ist es nicht ungewöhnlich für einen Mann mit beruflichen Frustationen, eine homosexuelle Beziehung einzugehen. Die Eroberung einer Frau (oder auch eines Mannes) vermag oft ein Gefühl von Macht und Einfluß aufzubauen.

Eine Affäre kann auch eine Verlagerung von Konkurrenzverhalten zwischen Männern sein. Hier ist das Beispiel eines Ehemanns, der in einem Interview über eine Zeit in seinem Leben sprach, in der er das Gefühl hatte zu versagen: »Mein Einkommen war sehr niedrig, und ich war irgendwie eifersüchtig auf einige der Männer in unserer Gemeinde wegen des Geldes, das sie verdienten, und wegen ihrer guten Jobs. Ich machte mich an ihre Frauen heran, Frauen, die eine Menge Geld hatten, viel Hilfe im Haushalt und einen guten sozialen Status in der Gemeinde. Auf gewisse Art rächte ich mich damit an den Männern. Ich bestand bei ihren Frauen darauf, richtig schmutzigen Sex zu machen. Ich wollte eine Hure im Bett. Das ist es, was ich aus ihnen gemacht habe. Ich wollte über nichts anderes als über Sex reden. Ich ließ sie Stellungen einnehmen, die geradezu lächerlich waren.«

22. Er ist sehr erfolgreich. Im Gegensatz zum erfolglosen Mann kann ein Mann, der es zu etwas gebracht hat, das Gefühl haben, daß er als Belohnung für seine Anstrengungen eine Geliebte verdient. Darryl Zanuck, einer der Großmoguln zur Glanzzeit Hollywoods, pflegte darauf zu bestehen, jeden Nachmittag um vier einen seiner weiblichen Stars oder ein Starlet oder eine andere Studioangestellte in seinem Büro zu vernaschen.

Einige Männer, die im Geschäftsleben erfolgreich sind, haben insgeheim Angst vor ihrem Erfolg. Sie halten es nicht aus, in allen Bereichen ihres Lebens immer nur Sieger zu sein. Unterbewußt fürchten sie gleichsam die Rache eifersüchtiger Götter. Viel mehr Männer, als Sie es sich vorstellen können, ruinieren ihr häusliches Glück, wenn sich im Geschäftsleben ein nennenswerter Erfolg einstellt. Es gibt viele Möglichkeiten, das zu tun – sich sexuell von der Lebensgefährtin abzuwenden, ihr gegenüber gleichgültig zu werden, eine der wirkungsvollsten Methoden ist, eine Affäre mit einer anderen Frau anzufangen und die eigene Frau dazu zu bringen, es herauszufinden. Das Unglück im persönlich-emotionalen Umfeld macht es diesen Männern erst möglich, ihren Erfolg im beruflichen Bereich zu ertragen. In der seltsamen, hintergründigen Logik der Erfolgsangst trägt der häusliche Unfriede dazu bei, die Rachegelüste der Götter zu bändigen.

23. Er unterliegt den Normen der Geschäftswelt. In einigen Geschäftszweigen werden außereheliche Beziehungen nicht nur geduldet, sondern unterstützt. »Es wurde noch nie versucht, die Tatsache zu verheimlichen, daß Geschäftsmänner Sex als natürliche Belohnung für beruflichen Erfolg ansehen«, schreibt der Psychiater Robert Seidenberg. Darüber hinaus werde Sex als Mittel der Bestechung eingesetzt. »Die größten amerikanischen Unternehmen haben zugegeben, daß oft Begleiterinnen eingesetzt werden, um einem interessierten Kunden die Entscheidung zu erleichtern . . .« Und hierbei handelt es sich bestimmt nicht um ein rein amerikanisches Phänomen.

Viele Männer müssen immer wieder Geschäftsreisen machen. Dr. Seidenberg beschreibt die Versuchungen, die dabei auf sie zukommen: »Tagungen, Konferenzen und die nötigen Geschäftsreisen machen den Ehemann für verbotenen Sex anfällig. An solchen Orten fehlt die Kontrolle, die zu Hause und in der eigenen Umgebung vorhanden ist; jetzt hat er die Freiheit der Anonymität, die oft genug hilft, die behindernden Normen von Treue und Verantwortung für die Familie über Bord zu werfen. Viele Männer haben das Gefühl, daß sie als Belohnung für ihre harte Arbeit ein kleines Abenteuer verdienen.«

Was man bei den sexuellen Kontakten, die ein Mann unterwegs hat, nicht völlig übersehen sollte, ist der Faktor Einsamkeit. Der Psychologe David Klimek erklärt dieses Phänomen folgendermaßen: »Viele reisende Vertreter, Geschäftsleute und Tagungsbesucher ertappen sich dabei, daß sie mit Frauen flirten, die sie normalerweise gar nicht beachtet hätten, um massive Trennungsängste zu mildern. Sogar für gewöhnlich treue Ehemänner werden plötzlich von ihrem Bedürfnis überrascht, sich mit einer anderen Frau einzulassen, wenn sie sich in einer fremden und möglicherweise angstmachenden Umgebung befinden.«

Affären behindern im allgemeinen die Karriere des Mannes nicht – im Gegenteil. Nach Dr. Seidenberg kann »die sexuelle Aktivität eines Mannes ... wenn sie diskret ausgeführt wird, in Übereinstimmung mit bestehenden Machismo-Normen sein Image von Macht und Einfluß (Potenz) erhöhen. Ein sexuell zurückhaltender Mann, verheiratet oder nicht, wird schnell verdächtigt, nicht männlich und abenteuerlustig genug zu sein«.

24. Er lebt nur für die Arbeit und scheut Gefühle. Auf Männer, die für die Arbeit leben und die Gefühlsseite des Lebens als lästig empfinden, kann außereheliche Sex eine starke Anziehungskraft entwickeln. Frank S. Pittman, ein Psychiater und Therapeut, sagt dazu, daß solche Männer »Sex vielleicht mögen oder ihn für gesund halten, aber daß Frauen ihnen einfach nichts bedeuten. Gefühle aller Art müssen in ihren Augen überwunden oder ignoriert werden – die Rechnung geht nur ohne Emotionen auf. Und sie können ihre Sexualität nur außerhalb der Partnerschaft ohne viel Emotionen ausleben.«

25. Er kennt untreue Männer. Mehrere Studien haben bestätigt, daß ein Mann durch die Bekanntschaft mit anderen untreuen Männern auf die Idee kommen kann, selbst untreu zu werden.

Ein erfolgreicher Geschäftsmann erzählte mir, wie es mit seinen Affären angefangen hatte. Nach achtjähriger Ehe war er mit seiner Frau in eine neue Stadt gezogen und dort in eine Gruppe verheirateter Geschäftsmänner geraten, die zusammen durch die Bars zogen, um Frauen aufzureißen. Er begleitete sie dabei und hatte schon bald selbst sexuelle Abenteuer. In »Beyond Affairs« beschreibt James Vaughan, daß er erst, nachdem ihm ein verheirateter Freund seine Geliebte vorgestellt hatte, auf den Gedanken gekommen war, selbst eine Affäre zu haben.

26. *Er hat Probleme mit Alkohol.* Männer, die trinken, sind sehr oft untreu. Hemmungen verschwinden, wenn sie unter Alkoholeinfluß stehen. Über 90 Prozent der Männer, die auf die eine oder andere Art nicht von sexuellen Eroberungen lassen können, haben auch Alkoholprobleme.

27. *Er macht gerade viele Ängste durch.* Viele Männer benutzen Sex wie ein Beruhigungsmittel zur Streßreduktion, besonders in Phasen der Unsicherheit, die mit verschiedenen Ängsten durchsetzt sind. Aus Ängsten werden oft sexuelle Spannungen, und viele Männer sind vor allem in Krisen für sexuelle Eskapaden anfällig. Bekannte Streßfaktoren, die Affären begünstigen, sind, außer Geburten und Todesfällen, die weiter oben schon gesondert angesprochen wurden, geographische Veränderungen, Rollenwechsel in einer Partnerschaft (zum Beispiel, wenn die Frau eine Arbeit aufnimmt und der Mann gebeten wird, zu Hause mehr zu helfen), Kinder, die das Haus verlassen, Veränderungen im Beruf oder Rückzug aus dem Berufsleben.

Für andere Männer, die Affären ebenfalls dazu benutzen, Streß bewältigen zu können, ist dieses Verhalten Teil eines eingeschliffenen, lebenslangen Musters und nicht unbedingt von einer Krise abhängig. Diese Männer haben es sich angewöhnt, jede Art von Angst und Druck mit Sex zu beruhigen, und sie tun dies wie andere, die trinken, um psychisch entspannen zu können. Ein schwächeres Mittel wirkt bei ihnen nicht, und so versuchen sie, eine Eroberung zu machen.

28. Sie haben starkes Übergewicht. Ralph Johnson durchleuchtete sechzig Fallgeschichten einer Familienberatungsstelle und fand heraus, daß einer der Hauptgründe für Untreue war, daß »die Ehefrau extrem füllig oder ›zu fett‹« geworden war. Dabei geht es nicht nur um die äußere Erscheinung, die grundsätzliche Veränderung scheint maßgeblich. Viele Männer wenden sich von einer Frau ab, die nach der Heirat plötzlich zunimmt. Sie fühlen sich hintergangen – diese Frau haben sie nicht geheiratet.

29. Er scheint deprimiert zu sein. Therapeuten sagen, daß deprimierte Männer oft wie besessen eine Reihe von Affären anfangen. Wenn ihnen auch die Motive ihres Handelns nicht bewußt sind, sind ihre Affären doch ein letzter Versuch, der Depression zu entgehen.

30. Ihr Eheglück hat sich verloren, Sie haben sich auseinandergelebt. Den wahrscheinlich entscheidendsten Hinweis darauf, ob Ihr Mann anfällig für eine Affäre ist oder nicht, gibt Ihnen das Klima Ihrer Beziehung. Eine Ehe, in der die Partner oft streiten und unglücklich sind oder die durch eine wachsende Unfähigkeit, miteinander zu kommunizieren, gekennzeichnet ist, bildet den perfekten Nährboden für eine Affäre.

Ob es nun das Ergebnis seiner Projektion ist oder der tatsächlichen Situation entspricht, wenn ein Mann sich vernachlässigt fühlt, weil Sie ihn ständig kritisieren und kein gutes Haar an ihm lassen oder so mit sich selbst beschäftigt sind, daß da kein Platz mehr für ihn und seine Bedürfnisse ist, oder wenn Sie zu Oberflächlichkeit neigen und mehr die materiellen Dinge als seine menschlichen Werte schätzen, wenn Sie sich wegen jeder Kleinigkeit in die Haare geraten, dann ist er reif für ein sexuelles Abenteuer.

Seine Unzufriedenheit kann jedoch auch erst entstehen, wenn schon eine Affäre im Gange ist. In diesen Fällen dient die Unzufriedenheit nur als Ausrede. Der Mann fängt an, nach Dingen zu suchen, die ihn unglücklich machen könnten, um seine Untreue zu rechtfertigen.

31. Einer von Ihnen hat bereits gedroht, den Partner zu verlassen. Wenn bei Streitigkeiten in der Hitze des Gefechts der Ruf nach Trennung laut geworden ist, passen Sie auf, ganz gleich, ob es wirklich so gemeint war oder nicht. In einer Untersuchung wurde ein beachtlicher Anstieg von Affären festgestellt, wenn im Streit bereits schon einmal einer der Partner damit gedroht hat, den anderen zu verlassen.

32. Er will eigentlich aussteigen. Manchmal ist ein Mann in eine Beziehung geraten, die er so nicht gewollt hat und am liebsten beenden würde. Aber er verfängt sich immer mehr, da er sich nicht traut, den Bruch einzuleiten. Er versucht, die Frau dazu zu bringen, zu sagen: »Es ist vorbei! Ich will dich nicht mehr sehen!«

33. In Ihrer Partnerschaft ist keine Romantik mehr. Eine Untersuchung von »Psychology Today« deckte eine Beziehung zwischen starker Romantik und monogamem Verhalten auf. Wenn Ihre Beziehung immer noch voller Romantik ist, haben Sie damit, vereinfacht ausgedrückt, wahrscheinlich eine eingebaute Sicherung gegen Untreue. Sehr romantische Ehen sind weniger anfällig für außereheliche sexuelle Kontakte als andere. Morton Hunt zog in einer Studie den Schluß, daß die Suche nach verlorengegangener Romantik oft als Grund für das Auftreten von Seitensprüngen gelten kann.

34. Ihre Ehe ist glücklich. Es wird Sie wahrscheinlich überraschen, aber Zufriedenheit ist keine vollständige Garantie für partnerschaftliche Treue. Verschiedene Untersuchungen zeigen, daß Männer Affären haben, auch wenn sie ihre Frauen und Ehen für großartig halten. Morton Hunt fand heraus, daß 50 Prozent der Ehemänner, die ihre Frauen betrogen, ihre Ehen für glücklich hielten. Eine im »American Journal of Sociology« veröffentlichte Untersuchung über verheiratete Männer, die in gelegentliche sexuelle Beziehungen mit alleinstehenden Frauen verwickelt waren, kam zu dem Ergebnis, daß diese Männer eine ausgesprochen starke Familienbindung aufwiesen. Sie beschrieben ihre

Ehen als glücklich. 1985 berichteten Shirley Glass und Thomas Wright in einer Untersuchung über außereheliche Affären, daß 56 Prozent der Männer, die mit anderen Frauen sexuellen Kontakt gehabt hatten, angaben, glücklich verheiratet zu sein.

Wenn Sie die Frau eines Mannes sind, der sich zufrieden und glücklich fühlt, wird es für Sie besonders schwer zu verstehen sein, warum er Ihnen nicht treu ist. Frauen können einfach nicht nachvollziehen, wie oberflächlich und distanziert ein Mann bei seinen sexuellen Abenteuern sein kann. Sie finden es schwer zu glauben, daß er sich mit anderen Frauen einlassen und dabei annehmen kann, daß das nichts mit seinem Leben als Ehemann zu tun hat. Das ist jedoch genau die Art und Weise, in der viele glücklich verheiratete Männer denken.

Wie man dem bisher Gesagten entnehmen kann, weichen männliche Grundeinstellungen und Verhaltensmuster in mancher Hinsicht von den weiblichen ab. Das soll das Thema des nächsten Kapitels sein.

4

UNTERSCHIEDE ZWISCHEN MÄNNERN UND FRAUEN

»So sind die Männer eben. Wir brauchen nun mal ein wenig Abwechslung.« Ein 32jähriger Polizist, der in sechs Jahren Ehe drei Affären hatte, versuchte mir die Gründe für sein Handeln zu erklären.

Viele Männer empfinden so wie er und glauben, das Bedürfnis nach Abwechslung sei Männern angeboren.

Ist das wirklich so?

Auch wenn ich es nur sehr ungern sage: Es gibt einige ernst zu nehmende Indizien dafür, daß es tatsächlich so ist. Ich habe an der Vorstellung »programmierter« Untreue schwer zu schlucken, und Ihnen wird es wahrscheinlich genauso gehen, vor allem deshalb, weil Frauen in diesem Punkt ganz anders denken. Sehen wir uns deshalb, bevor wir fortfahren, genau an, was die Wissenschaft uns über den Unterschied zwischen Ihnen, einer Frau, und ihm, dem Mann, zu sagen hat.

DAS BEDÜRFNIS NACH ABWECHSLUNG: WAS DIE WISSENSCHAFT ENTDECKT HAT

Ein Forscherteam, R. P. Michael und D. Zumpe, das das Paarungsverhalten von Rhesusaffen untersuchte, fand bei unseren tierischen Vorfahren eine Erklärungsbasis für den männlichen Hang zu sexueller Abwechslung. Sie brachten ein Affenmännchen dreieinhalb Jahre lang mit demselben Affenweibchen zusammen. Mit jedem Jahr, in dem Vater Affe mit seiner Gefährtin zusammenlebte, verringerte sich die Häufigkeit der sexuellen Kontakte. Als jedoch am Ende dieser Zeit sein weiblicher Partner entfernt und ihm eine neue Gefährtin gebracht wurde, stieg die Kopulationsrate dramatisch an. Als die neue Gefährtin wieder durch die alte ersetzt wurde, stieg die sexuelle Aktivität nochmals sprunghaft an. Ähnliche Ergebnisse brachten Experimente mit Nagetieren und Hunden.

Experimente mit Ratten führten zu interessanten Ergebnissen über die weibliche Natur. Im Gegensatz zu den Männchen neigen die Weibchen dazu, zu ihrem vertrauten Sexualgefährten zurückzukehren. Weibliche Ratten wurden eher von den Geruchsstoffen ihnen bereits bekannter Männchen angezogen, als daß sie sich Neulingen zugewandt hätten.

Nun, Menschen sind keine Affen, Ratten, Mäuse oder Hunde. So hat denn unser Denken viel, wenn nicht mehr Einfluß auf unsere sexuellen Gefühle als unser Körper. Aus den Experimenten mit Primaten und Nagetieren kann nicht mit Sicherheit geschlossen werden, daß das Bedürfnis nach Abwechslung (das zu Untreue führt) männlichen Wesen angeboren ist, während es in der Natur der Frauen liegt, eher bei dem zu bleiben, der ihnen vertraut ist (was monogames Verhalten verstärkt).

Ein interessantes Experiment mit Menschen scheint da eindeutiger auf einen angeborenen Unterschied zwischen den Geschlechtern hinzuweisen.

1986 untersuchten Forscher des Psychologischen Instituts der Universität von New York in Albany, wie Frauen und Männer auf die wiederholte Darbietung desselben sexuell erregenden Films und dann auf andere Filme gleicher Art reagierten. Sie fanden heraus, daß die sexuelle Erregung, die nach den ersten Darbietungen entstand, nach wiederholter Darbietung desselben Films für Männer wie für Frauen abnahm. Wenn jedoch neues erotisches Material in Form von zwei neuen Filmen gezeigt wurde, wobei der eine mit denselben Schauspielern wie der erste Film besetzt war, nur daß sie andere Rollen spielten, und der andere mit neuen Schauspielern, gab es deutlich unterschiedliche Reaktionen. Männer reagierten mit stärkerer Erregung auf die *neuen* Partner, während die Erregung der Frauen höher war, als sie in den neuen Filmen die inzwischen *vertrauten* Schauspieler sahen.

Natürlich sind einige der Unterschiede zwischen den Geschlechtern kulturell bedingt. In unserer Gesellschaft werden Frauen, wenn sie sich mit zu vielen Männern einlassen, von beiden Geschlechtern abgewertet, während ein bei Frauen erfolgreicher Mann von Männern wie auch von Frauen oft eher positiv eingestuft wird.

Die Botschaften, die Männer und Frauen durch die Medien erhalten, sind ebenfalls rollenspezifisch verschieden. Frauenzeitschriften beschäftigen sich stets aufs neue damit, was Frauen für ihre Partnerschaft tun und wie sie sie verbessern können. Die Medien allgemein weisen den Frauen diese Rolle zu. Im Gegensatz dazu verbreiten nicht nur die typischen Männerzeitschriften ein männliches Rollenbild, das Leistungs- und Erfolgsdenken auch in bezug auf Partnerschaft und Sexualverhalten propagiert – ein Denken, das sich sicher nicht vor allem mit ehelicher oder partnerschaftlicher Treue beschäftigt.

Die klar positivere Einstellung zu monogamem Verhalten bei Frauen rührt auch daher, daß sie die Kinder gebären. Sie müssen wissen, wer der Vater ihres Kindes ist, da sie stärker auf den Schutz und die Unterstützung durch ihren Partner angewiesen sind.

Die Unterschiede zwischen Männern und Frauen werden sowohl biologisch wie auch kulturell bedingt sein. Es steht fest, daß es wesentliche Unterschiede gibt, die ein gegenseitiges Verständnis erschweren. So ist Frauen die Fähigkeit der Männer, Sex auch mit ihnen noch völlig fremden Frauen zu genießen, oft ein Rätsel, während Männer sich wundern, wie sehr Frauen dazu neigen, Sex direkt mit Gefühlen zu verbinden. Das drückten auch die Worte eines jungen Mannes aus Chicago aus: »Wenn ich mit einer Frau schlafe, kommt es mir vor, als ob sie mich besitzen will. Ich verspreche ihr nichts, und doch macht sie mir Vorwürfe, weil sie glaubt, daß ich mich noch mit einer anderen treffe. Sex ist für viele Frauen wie ein Versprechen. Sie können nicht verstehen, daß sie zwar möglicherweise die Lieblingsfrau eines Mannes sind, aber daß er trotzdem gelegentlich mit anderen Frauen, die er trifft, ins Bett gehen möchte.«

Schon der Tonfall von Frauen, wenn sie über Affären von Männern reden, ist der eher beiläufigen Redeweise von Männern, wie dem oben zitierten, genau entgegengesetzt. Der weibliche »Aufschrei« zeugt von einem tiefen Gefühl von Verrat. »Wenn ich mit einem Mann schlafe, lege ich natürlich meine Gefühle mit hinein. Ich weiß nicht, warum Männer das nicht verstehen können. Ich schlafe nicht nur wegen der sexuellen Befriedigung mit einem Mann. Ich tue es, weil ich ihn mag. Wenn ich herausfinde, daß er auch noch mit einer anderen Frau ins Bett geht, fühle ich mich persönlich zurückgewiesen«, erklärte mir eine 28jährige.

Eine andere junge Frau erzählte mir: »Ich konnte es absolut nicht verstehen, als ich entdeckte, daß Ronald im Büro mit einer Frau sexuellen Kontakt gehabt hatte. Wie kann er nur sagen: ›Es hat mir nichts bedeutet?‹ Für mich bedeutete es, daß ich ihn nicht voll befriedigte, daß sie etwas hatte, was mir fehlte. Ich war völlig zerstört, und er sagte: ›Es hat mir nichts bedeutet.‹«

Er hatte wahrscheinlich das Gefühl, sich mit jemand anderem eingelassen zu haben, um ein vorübergehendes Bedürfnis zu befriedigen, aber sie fühlte sich durch die Tatsache, daß er mit einer anderen Frau geschlafen hatte, abgewertet. Sie stellte sich vor, daß seine Geliebte eine bessere Figur hatte, hübscher, attraktiver und begehrenswerter war.

Es tut nichts zur Sache, wie gut Sie selbst aussehen. Diese Erfahrung bleibt auch besonders attraktiven Frauen nicht erspart. »Als ich seine Affäre entdeckte«, vertraute sich mir eine 34jährige Frau an, »warf ich Clyde raus. Aber ich verbrachte Monate voller Bedrückung, fragte mich, wie sie wohl aussah, was an ihr besser war als an mir. Ich stellte mir vor, daß sie so wunderschöne, volle Brüste hätte, viel schönere als ich.«

»Sie war fünfzehn Jahre jünger als ich«, erzählte mir eine Frau mittleren Alters. »Und so stand ich ständig vor dem Spiegel, sah mir ganz genau meine Falten an und machte mir Vorwürfe, daß ich nicht mehr für mich getan hatte.«

»Ich machte mir die ganze Zeit über sie Gedanken«, sagte eine andere Frau. »Ich stellte mir vor, daß sie hinreißend sein mußte. Ich wußte, ich war es nicht.«

Sich einer anderen Frau auf diese Art unterlegen zu fühlen ist eine bittere, erniedrigende Erfahrung, die meist allerdings grundlos ist. Versuchen Sie sich von derartigen Gedanken freizumachen, falls Sie ebenso empfinden.

Männer, Frauen und Nähe

Die unterschiedlichen Reaktionen von Männern und Frauen auf Intimität erzeugen ein weiteres Problem zwischen den Geschlechtern. Obwohl es einige Frauen gibt, die ebenfalls Schwierigkeiten mit Intimität haben, fällt es Frauen insgesamt leichter als Männern, Sex mit Nähe, Liebe oder der Bereitschaft, weiter und tiefer aufeinander einzugehen, zu verbinden. In der Regel fühlen Frauen sich sexuell freier und wohler mit einem Mann, mit dem sie eine wirkliche emotionale Verbundenheit spüren. Im Gegensatz dazu kommen bei einem Mann, wenn er das Gefühl hat, einer Frau nahezukommen, oft verborgene Ängste auf. Er kann sich plötzlich gefangen, unterdrückt, kontrolliert, verletzbar und abhängig fühlen und fürchten, in der Partnerschaft seine Freiheit und Identität zu verlieren. Oder er fühlt sich unwohl und leicht reizbar, weiß aber nicht, warum. Die Beziehung ist zu intensiv für ihn geworden, um noch emotional damit umgehen zu können.

Ein Mann, der mit derartigen Ängsten zu kämpfen hat, wird unbewußt Wege finden, die Beziehung abkühlen zu lassen. Er wird an seiner Partnerin Fehler entdecken, sie ganz fallenlassen, sich mit ihr streiten, sich von ihr sexuell nicht mehr so angezogen fühlen oder sich für eine andere Frau interessieren.

Nur einen Monat verheiratet, wurde ein Mann von seiner Braut auf frischer Tat ertappt. Auf Drängen seiner Frau begann er eine Therapie und versuchte dem Therapeuten sein Problem zu erklären. »Ich fühlte mich absolut in der Falle, wie in einen Käfig gesperrt«, beschrieb er seine Reaktion auf die Eheschließung, die er im übrigen als sehr glücklich erlebte.

Bei Problemen im Umgang mit Intimität ziehen sich Männer plötzlich emotional zurück oder lassen sich mit jemand anderem ein, gerade wenn alles zwischen Ihnen großartig zu laufen scheint.

Die Männer erlauben sich nicht, sich mit ihren Freundinnen oder Ehefrauen über einen gewissen Punkt hinaus einzulassen. Sie versuchen, ihre Unabhängigkeit zu bewahren – und schützen damit oft gleichzeitig die sexuelle Spannung, die nachlassen würde, wenn sie sich mehr Nähe zu ihrer Frau erlaubten.

Die grundlegenden Unterschiede im Umgang mit Sex stellen einen wichtigen Ausgangspunkt für die Probleme dar, die zwischen Männern und Frauen in unserer Gesellschaft existieren. Männer nehmen sich vor Frauen in acht, die sie »besitzen« wollen, sobald die Beziehung ein sexuelles Stadium erreicht hat. Frauen versuchen Männern auszuweichen, bei denen sie das Gefühl haben, daß für sie das sexuelle Sich-aufeinander-Einlassen nicht gleichzeitig den emotionalen Einstieg in eine engere Beziehung bedeutet.

Das war nicht immer so. Vor der sexuellen Befreiung in den sechziger Jahren wurde der Sexualität auch von den Männern ein anderer Stellenwert beigemessen. Natürlich gab es in unserer Gesellschaft auch damals Männer, die versuchten, Frauen sexuell auszunutzen, aber als von der Frau noch erwartet wurde, bis zur Heirat Jungfrau zu bleiben, wußte die Mehrzahl der Männer, daß es etwas Besonderes war, wenn eine Frau sich ihnen sexuell hingab. Es wurde allgemein als Zeichen tiefer Zuneigung und Liebe verstanden, wenn sie so etwas tat. Männer hatten gewöhnlich ein stärkeres Verantwortungsgefühl einer »anständigen« Frau gegenüber, die mit ihnen ins Bett ging. So kam es oft gar nicht erst zu sexuellen Kontakten.

Ein Mann erinnerte sich an eine junge Frau, die er traf, als er während des Zweiten Weltkriegs im Ausland stationiert war: »Sie stammte aus einer sehr guten Familie. Wir fingen an, miteinander auszugehen, und ich sah sie ein Jahr lang sehr oft. Sie war ein schöner und liebenswürdiger Mensch.

Wir hatten eine Menge Spaß, und ich glaube, sie wäre auch mit mir ins Bett gegangen. Aber sie sollte einen Mann aus ihren Kreisen heiraten, das stand fest. Und es wurde erwartet, daß sie bis zur Heirat Jungfrau blieb. Ich konnte ihr das einfach nicht antun. Dazu mochte ich sie zu sehr, und ich wußte, in ein paar Monaten würde ich wieder weg sein.«

Als Folge der sexuellen Befreiung ging die alte Wertschätzung sexueller Beziehungen gerade bei Männern stark zurück. Miteinander ins Bett zu gehen war nun nicht mehr gleichbedeutend mit einer tiefen emotionalen Bindung, sondern wurde in einer Partnerschaft viel schneller erwartet. Das Gefühl, dem Sexualpartner gegenüber zur Treue verpflichtet zu sein, verschwand weitgehend. Die sexuelle Befreiung erlaubte der männlichen Neigung zur Abwechslung, sich voll zu entfalten.

Frauen folgten dieser Abwertung sexueller Beziehungen nicht. Zwar wurde nun von ihnen nicht mehr erwartet, bis zur Ehe Jungfrau zu bleiben, und sie konnten früher und leichter eigene sexuelle Erfahrungen sammeln, aber sie blendeten die emotionale Komponente nicht wie die Männer weitgehend aus. Auch wenn es nicht mehr unbedingt zu den Spielregeln gehörte, Gefühle zu entwickeln, bedeutete die Entscheidung, mit einem Mann zu schlafen, für Frauen nach wie vor eine enge emotionale Bindung. Die weibliche Natur setzte sich durch, und gemäß ihrem eigenen emotionalen Engagement erwarteten Frauen von den Männern, mit denen sie in sexuellen Kontakt traten, auch weiterhin monogames Verhalten. Da Sex an sich bei Männern aber nicht die gleichen Gefühle auslöst wie bei Frauen, lehnten diese nach dem Verlust des alten kulturellen Wertrahmens die Monogamieforderung der Frau schon am Anfang einer Beziehung ab. So kam und kommt es immer wieder zu Problemen und Enttäuschungen, weil Männer der von Frauen als natürlich empfundenen emotionalen Bindung zumindest im Anfangsstadium einer Beziehung sehr oft ausweichen.

Durch einen Mangel an Verständnis für das Verhalten des anderen Geschlechts in bezug auf Sexualität bauten sich bei Männern wie bei Frauen in der Zeit nach der sexuellen Befreiung mehr oder minder große Ressentiments und Abwehrmechanismen auf.

Männliche und weibliche Sexualität

Schon in physiologischer Hinsicht gibt es bezüglich der Sexualität immanente Unterschiede zwischen Männern und Frauen.

Frauen brauchen, um sexuell empfinden zu können, im allgemeinen mehr Romantik und vorbereitenden Aufbau als Männer. Frauen werden durch Zärtlichkeiten erregt, durch nette Dinge, die man ihnen sagt, durch Umarmungen und Küsse. Männliche Sexualität ist mehr an Fantasien und visuelle Reize gebunden. Der Anblick einer schönen Frau, ein attraktiver nackter Körper oder ein erotischer Tagtraum können alles sein, was ein Mann braucht, um erregt zu werden – und damit bereit zum sexuellen Kontakt.

Viele Männer haben Schwierigkeiten zu verstehen, warum Frauen ein zärtliches, ausgedehntes Vorspiel brauchen, während Frauen oft nicht verstehen können, wie ein Mann den Wunsch haben kann, sofort zur Sache zu kommen.

Die Gebundenheit der männlichen Sexualität an visuelle Reize kann in einer Ehe oder Partnerschaft durch Gewöhnung und schwindende Attraktiviät des Sexualpartners zu einer Krise führen. Frauen, deren Sexualität nicht in gleicher Weise visuell orientiert ist, können sich oft auch weiterhin von einem Mann stark angezogen fühlen, selbst wenn dessen körperliche Konstitution nachläßt. Eine neuere Untersuchung der Soziologin Lynn White an über 1000 verheirateten Personen zeigte zum Beispiel, daß es den Männern viel wichtiger war als den Frauen, daß ihre Partner schlank blieben. Lynn White fand unter anderem heraus, daß es in Ehen, in denen die Frau zunahm, viel häufiger zu sexuellen Problemen kam.

Das ist ein Punkt, den Sie ernst nehmen sollten, denn auch viele andere Untersuchungen zeigen, daß Männer, wenn sie die Qualität ihrer Ehen beurteilen sollen, der Sexualität weit mehr Bedeutung beimessen als ihre Frauen. Wenn sie im sexuellen Bereich Unzufriedenheit und Defizitgefühle aufbauen, betrachten sie sich und ihre Beziehung oft als unglücklich. Frauen dagegen orientieren sich viel stärker an der emotionalen Ebene einer Partnerschaft. Wenn sie beispielsweise das Gefühl haben, daß ihr Mann zu wenig mit ihnen spricht, ihnen nicht richtig zuhört oder zu wenig Nähe und Zärtlichkeit zuläßt, betrachten sie ihre Ehe als problembelastet.

Die Gründe, die Männer und Frauen für ihre Affären nennen,

spiegeln diese Unterschiede wider. Wenn Männer gefragt werden, warum sie untreu sind, sagen sie meistens, wegen des Sex. Frauen hingegen begehen viel öfter Ehebruch, um emotionale Bedürfnisse zu befriedigen. In verschiedenen Untersuchungen haben Männer ihre außerehelichen Affären weit stärker als sexuelle denn als emotionale Verhältnisse eingestuft, während Frauen ihre Affären als mehr emotional als sexuell beschrieben. Diese Zusammenhänge treffen natürlich in gleicher Weise auf unverheiratete Männer und Frauen zu. Auch eine alleinstehende Frau läßt sich in einer Partnerschaft emotional stärker auf ihren Partner ein als ihr männliches Gegenüber.

Die Unterschiede zwischen den Geschlechtern sind signifikant und bestehen sowohl vor als auch nach der Eheschließung.

WAS MÄNNER ZURÜCKHÄLT

Wenn Männer nicht auf ihre Frauen Rücksicht nähmen, gingen sie noch häufiger fremd. Sie verstehen vielleicht nicht, warum, lehnen es möglicherweise für sich selbst sogar ab, aber ganz sicher erkennen sie den weiblichen Wunsch nach Treue an. Natürlich, für manche Männer ist monogames Verhalten ein Moment der persönlichen Integrität, aber für die meisten von ihnen ist die Angst, eine Frau zu verlieren, die ihnen wichtig ist, die Angst vor Streitigkeiten mit ihr, der ausschlaggebende Faktor, wenn sie tatsächlich keine sexuellen Eskapaden unternehmen.

Das Ausmaß der Untreue unter Männern, die nichts mit Frauen zu tun haben, Männern mit rein homosexuellen Beziehungen, ist phänomenal. Die Ergebnisse der Untersuchung »American Couples« von Philip Blumstein und Pepper Schwartz zeigen, daß 90 Prozent der homosexuellen Partner zwischen dem zweiten und zehnten Jahr ihrer Partnerschaft Affären haben. In gleicher Weise, wie das männliche Verhalten in homosexuellen Beziehungen grundsätzlich männliche Dispositionen widerspiegelt, zeugt der Charakter lesbischer Beziehungen von typisch weiblicher Veranlagung: Treue wird sehr hoch bewertet und fast immer auch praktiziert.

Kinsey schrieb in seinem berühmten Report, daß »die meisten Männer, ohne nachdenken zu müssen, verstehen können, warum der Großteil ihrer Geschlechtsgenossen außerehelichen Geschlechtsverkehr will . . .« Blumstein und Schwartz meinen, daß Untreue in der Gruppe der männlichen Homosexuellen deshalb so wild wuchert, weil Männer einander verstehen und daher dem anderen die Abwechslung gönnen. Sie werden eben nicht durch die stärkste Barriere gegen Untreue, die in heterosexuellen Beziehungen besteht, zurückgehalten: die Einstellung der Frauen zu Partnerschaft und Sexualität.

Der Traum eines jeden Mannes

Alle heterosexuellen Männer, ob sie nun tatsächlich monogam leben oder nicht, haben sexuelle Fantasien in bezug auf andere Frauen, so daß sie, selbst wenn sie sich monogam verhalten, zumindest in ihren Träumen ungezählte Male untreu sind. Frauen fantasieren ebenfalls, aber sie neigen in ihren Träumen eher dazu, Romanzen zu durchleben als puren Sex, wie Männer es tun. Der jeweilige Charakter hat darauf wenig Einfluß. Eine Untersuchung von Gerald Neubeck besagt, daß Sexfantasien über andere Frauen bei Männern mit starker moralischer Orientierung genauso häufig vorkommen wie bei Männern, die in dieser Hinsicht eher schwache Dispositionen aufweisen. Männermagazine, Medien und Werbung allgemein nähren diese Fantasien.

Obwohl die Botschaft von Männermagazinen grundsätzlich Untreue gutheißt, können diese Zeitschriften bei einem Teil der Männer auch das Gegenteil bewirken. Viele Männer benutzen die Fotos von nackten Frauen dazu, sich selbst davon abzuhalten, tatsächlich etwas zu unternehmen. Sie erhalten genug Befriedigung durch das bloße Betrachten von eigentlich Verbotenem oder dadurch, daß sie sich mit dem Gedanken an die Frauen auf den Fotos selbst befriedigen. So gelingt es vielen Männern, ihren Frauen und Freundinnen im wirklichen Leben treu zu bleiben. Ob sie wollen oder nicht, Frauen müssen akzeptieren, daß Selbstbefriedigung zum Leben eines Mannes gehört, ob er nun alleine lebt, mit einer Frau zusammenwohnt oder verheiratet ist. Es ist für Männer normal, daß sie von »anderen« Frauen fantasieren, um ihren Höhepunkt herbeizuführen.

Der bekannte Sexualforscher John Gagnon ist der Meinung, daß das frühe Onanieren von Männern daran schuld ist, daß sie später Sex und Partnerschaft getrennt halten. Er sagt, daß »Selbstbefriedigung für die meisten heranwachsenden Jungen die eigentliche sexuelle Aktivität ist, die sie häufig ausüben. Es ist für sie eine extrem positive und lohnende Erfahrung. Ein solches Kennenlernen der Sexualität kann sie in die Lage versetzen, sexuellen Kontakt zu einer Partnerin aufzunehmen, ohne sich gefühlsmäßig auf sie einzulassen – das Motiv der Beziehung ist rein sexueller Natur. Das ist wahrscheinlich das maßgebende Charakteristikum männlicher Sexualität in unserer Gesellschaft.«

Starke Männer bevorzugen Monogamie

Wenn Männer monogam sind, dann deshalb, weil sie beschlossen haben, die unstete Seite ihres Wesens nicht auszuleben und sich zugunsten einer Partnerschaft mit einer bestimmten Frau zu disziplinieren. Sie können diese Einschränkung akzeptieren, weil sie dadurch die Befriedigung anderer Bedürfnisse sicherstellen. Dabei handelt es sich um Bedürfnisse, die für die Mehrheit der Männer genauso wichtig sind wie Sex. Auch wenn fast alle Männer der Gedanke an sexuelle Abwechslung erregt, so haben sie doch auch ein grundlegendes und tiefes Bedürfnis nach Sicherheit, nach Bequemlichkeit und nach einem Nest. Diese widersprüchlichen Bedürfnisdimensionen – nach der beruhigenden Zuverlässigkeit eines Zuhauses auf der einen Seite und der Erregung durch ein ungehindertes Sexualleben auf der anderen – liegen in einem Mann meist im Kampf miteinander. Ideal wäre es für sie, beides zu haben, und wenn da nicht ihre Frauen wären, auf die sie Rücksicht zu nehmen haben, würden sie auch beides tun, was nicht in jedem Fall gleichbedeutend wäre mit unkontrollierter Vielweiberei. Zwei Frauen – eine Ehefrau und eine Geliebte – würden den meisten Männern genügen.

Viele Männer sehen die Lösung für diese Dualität ihrer Bedürfnisse darin, heimlich ein zweites Verhältnis einzugehen, etliche jedoch halten das Risiko im Hinblick auf den Bestand ihrer Ehe, auf ihr Ansehen oder auch auf ihren Job für zu hoch.

AIDS stellt natürlich für einen untreuen Mann eine weitere, neue Gefahr dar, bringt mitunter auch die skrupellosesten unter ihnen dazu, zumindest doch einmal über ihren Lebensstil nachzudenken. Aber wenn hinter ihrem Verhalten mehr steckt als der Kitzel, den die meisten Männer in einer Affäre empfinden, wenn außereheliche sexuelle Kontakte zum Zwang werden, Ausdruck unbewältigter Erfahrungen in der Vergangenheit sind, auf psychische Verletzungen in der Kindheit zurückgehen, dazu dienen, Streß, der aus nicht-sexuellen Quellen stammt, zu reduzieren, wenn sie als Reaktion auf scheinbar unüberbrückbare Schwierigkeiten in der eigentlichen Partnerschaft zu verstehen sind (die Liste ließe sich noch verlängern), dann kann es für einen Mann äußerst schwer werden, monogam zu bleiben, ganz gleich, welche Gefahren drohen.

Lassen Sie uns einige Männer näher betrachten, die im Zwielicht von Affären, Mehrfach-Beziehungen und Täuschungsmanövern leben. Wer sind diese Männer, die nicht treu sein *können*? Was motiviert die chronischen Fälle und auch die, die nur gelegentlich eine Affäre haben oder eher in lange, mehr emotionale Zweitbeziehungen eingebunden sind?

In den folgenden Kapiteln möchte ich die verschiedenen psychologischen Hintergründe für untreues Verhalten in den Mittelpunkt des Interesses stellen. Kapitel 8 geht dann noch einmal näher auf die besonderen Situationen ein, die zu Untreue führen.

Wenn Sie Ihren Mann unter denen, die ich beschreibe, wiedererkennen, werden Sie mit den Gründen, die sein Handeln motivieren, Hinweise darauf erhalten, ob damit zu rechnen ist, daß er seine Seitensprünge wiederholen wird. Kapitel 10 wird Ihnen möglicherweise bewußt machen, daß Sie selbst seine Untreue begünstigt haben.

Ich werde Ihnen zu Anfang einen verheirateten und einen unverheirateten Mann vorstellen, die beide ein Leben führen, das auf Untreue beruht.

5

DIE SUCHT NACH SEX

Es war fünf Uhr nachmittags an einem Freitag im Juli. Bert war auf dem Weg zu seinem Sommerhaus auf dem Land. In der Plastiktüte, die an seinem Handgelenk baumelte, waren Geschenke für seine zwei Kinder, acht und sechs Jahre alt. Seine Frau Doris wollte ihn in eineinhalb Stunden am Bahnhof abholen. Bert freute sich auf das Wochenende mit seiner Familie. Er hatte eine hektische Arbeitswoche hinter sich, war müde und wollte bereits die Zugfahrt zum Ausruhen nutzen. Er hatte sich gerade auf seinem Fensterplatz niedergelassen und die Zeitung aufgeschlagen, als sich eine Frau neben ihn setzte, die seine Aufmerksamkeit erregte. Bevor sie sich noch mit einem schweren Seufzer in ihren Sitz fallen ließ, war ihm ihre schlanke und doch äußerst wohlgerundete Figur aufgefallen. Ihre Beine, die sie übereinanderschlug, ließen ihn zweimal hinsehen. Er sah sie an, als der Zug losfuhr, und blickte in wunderschöne blaue Augen, um die sich reizende Lachfältchen bildeten, als er eine Bemerkung über das »unbekannte Abenteuer« machte, in das sie sich gerade stürzten. Der Service des Zugpersonals bot Anlaß für reichlich spöttische Bemerkungen, und die Frau sprühte geradezu vor Witz und Originalität. Sie war auf dem Weg in die Stadt, gleich eine Station nach Berts Reiseziel, und es dauerte keine halbe Stunde, da lachten und redeten Bert und seine Nachbarin miteinander wie alte Freunde.

Als Bert schließlich aus dem Zug stieg und seine Frau und seine Kinder mit herzlichen Umarmungen und Küssen begrüßte, da trug er in seiner Tasche die Telefonnummer dieser Frau. In der folgenden Woche aß er mit ihr zusammen zu Abend, und nach zwei Wochen teilten sie an einem Donnerstagabend, als er angeblich Kunden beraten mußte, das Bett in ihrer Wohnung. War dies der Beginn einer großen Romanze, die Bert, einen hingebungsvollen Ehemann und Vater, um seine Ehe fürchten ließ? Nein. Bert war gerne mit der Frau zusammen und liebte den Sex mit ihr, aber nach zwei oder drei Treffs sah er sie nie wieder. Es war gegen seine Überzeugung, sich wirklich »einzulassen«. Bert, ein aufrichtiger, warmherziger Familienvater, hatte seit dem ersten Jahr seiner Ehe solche Abenteuer gehabt.

Es war Montag, und Bens Blick ruhte auf dem Telefon. Wen sollte er anrufen? Myra hatte er erst Freitag gesehen, Debbie am Samstag. Er entschied sich, Glenda anzurufen. Als sie den Hörer abhob, stellte er fest, daß sie froh war, seine Stimme zu hören. »Hallo«, fing er an, »wie geht's?« – »Was hast du am Wochenende gemacht?« fragte sie. Ben mochte solche Fragen nicht. »Ich frage dich doch auch nicht, was *du* gemacht hast«, sagte er neckend und brachte die Unterhaltung auf sie. »Aber was *hast* du denn gemacht?«

Sie begann eine Geschichte über ihre Schwester und deren Kinder, die zu Besuch gewesen waren, zu erzählen, die Ben langweilte, aber er hoffte, sie so von der Frage, was er denn gemacht habe, abgebracht zu haben. »Ich habe nicht viel Zeit. Viel los hier im Büro«, unterbrach er sie. »Ich wollte wissen, was du am Mittwoch machst.«

»Da muß ich länger arbeiten«, erklärte sie, »aber so gegen neun hätte ich Zeit.«

»Wir könnten ja auch zusammen zu Mittag essen«, sagte er.

»Okay«, antwortete sie, doch glaubte er, ein wenig Enttäuschung in ihrer Stimme hören zu können.

»Ich muß mich beeilen. Sagen wir, am Mittwoch um eins. Ich rufe dich morgens an, dann entscheiden wir, wo wir uns treffen.« Das hielt Glenda für diese Woche bei der Stange. Dann beschloß er, Lily anzurufen, eine ziemlich alte Freundin. Er hatte sie schon eine Zeitlang nicht mehr gesehen. Vielleicht konnte er auch mit ihr zu Mittag essen. Lily nahm seine Einladung an. Als nächstes rief er Myra und dann Debbie an, um ihnen zu sagen, wie gut es ihm am Freitag beziehungsweise Samstag gefallen habe. Dann, nachdem er dem neuen Mädchen, das vor kurzem im Büro angefangen hatte, noch ein paar Blicke geschenkt hatte, wandte er sich wieder seinem Schreibtisch zu.

Ben ist ein süchtiger Frauenjäger. Wo immer er auch ist, hält er nach einer attraktiven Frau Ausschau. Sein Leben dreht sich um die stets wechselnde Gruppe von Frauen, mit denen er Beziehungen hat. Einige dauern an, einige werden schnell wieder beendet, um durch andere ersetzt zu werden. Die Beziehungen, die länger bestehen, durchlaufen im allgemeinen folgenden Prozeß: Am Anfang behandelt Ben die Frauen mit großem Interesse und geht stark auf sie ein. Dabei sind seine Handlungen durchaus aufrichtig, er ist tatsächlich sehr interessiert. Er ruft sie jeden Tag an und trifft sich regelmäßig mit ihnen. Bald verliebt sich die Frau, auf die sich Ben konzentriert, in ihn, schließlich ist er sehr charmant, intelligent, gutaussehend, hat einen ziemlichen Sexappeal und Sinn für Humor. Auf die eine oder andere Weise lassen die Frauen Ben wissen, daß sie ihn gern haben. Und das ist der Anfang vom Ende.

Wenn sich Ben einer Frau sicher wähnt, ändern sich seine Gefühle, ohne daß man es gleich merkt. Er fängt an, sich nervös oder unwohl zu fühlen, ohne genau zu wissen, warum. Er sieht hier einen Fehler und dort eine kleine Unvollkommenheit, die er vorher nicht bemerkt hat. Zufällig lernt er auf einer Party, in einem Aufzug, im Flugzeug, oder wo auch immer er sich während dieser Phase der Beziehung gerade befindet, eine andere Frau kennen. Und schon wendet er dieser Frau sein Hauptinteresse zu. Es kann auch sein, daß er eine oder zwei alte Freundinnen anruft, die er in der letzten Zeit vernachlässigt hat. Die anfängliche Beständigkeit und Intensität seiner Werbung hört auf, obwohl er die Beziehung fortführt und so tut, als hätte sich nichts geändert.

Mittlerweile mag bereits eine Woche vergangen sein, ohne daß er sie irgendwann abends treffen wollte, dann sind es zwei, wobei er sie vielleicht kurz auf einen Kaffee oder zum Mittagessen eingeladen hat. Seine Anrufe werden unregelmäßig. Die Frau wird zunehmend nervös, weil sie nie weiß, wann oder ob er überhaupt anrufen wird. Manchmal hört sie zunächst nur einen Tag lang nichts von ihm, dann zwei, dann auch drei oder vier Tage. Doch immer meldet er sich wieder, ohne allerdings zu erklären, warum er so lange nicht angerufen hat. Er tut immer fast unvermindert interessiert, wenn er mit ihr zusammen ist, aber nun fragt sich die Frau mehr und mehr, ob er auch noch andere Verhältnisse unterhält. Sie spürt, daß es so ist, und dieser Gedanke läßt sie nicht los.

Schließlich fragt sie ihn unumwunden, was er eigentlich in all der Zeit macht, in der er nicht mit ihr zusammen ist. Er gibt ausweichende Antworten. Wenn sie weiter in ihn dringt, wird er wahrscheinlich ärgerlich. Eine seiner Frauen, mit der er sich häufig freitags, aber nie samstags traf, fragte ihn schließlich, warum sie sich nie am Wochenende sahen. Er beantwortete die Frage nicht direkt. Statt dessen sagte er: »Gut, wenn du mich am Samstag sehen willst, kein Problem.« Er fing an, sich mit ihr nun samstags zu verabreden. Anfangs sah sie darin einen Fortschritt, mußte dann jedoch feststellen, daß er jetzt freitags keine Zeit mehr für sie hatte.

Frustration und Verwirrung nehmen bei einer Frau, die mit einem Mann wie Ben zu tun hat, von Woche zu Woche weiter zu. Sie hat immer mehr den Verdacht, daß er nicht ehrlich ist und daß er sich zusätzlich mit anderen Frauen trifft. Sie fängt an, sich bei ihren Freundinnen über ihn zu beklagen, sich schlecht zu fühlen, weil sie glaubt, daß sie mit den anderen Frauen, die er anscheinend bevorzugt, nicht konkurrieren kann.

An diesem Punkt beschließt sie entweder, daß das Ganze für sie zu schmerzlich geworden ist oder daß diese Beziehung keine Zukunft hat, und sie hört auf, mit Ben auszugehen. Möglicherweise beläßt sie aber auch alles so, wie es ist, und versucht, die Tatsache, daß sie in seinem Leben wahrscheinlich nicht die einzige ist, zu akzeptieren. Sie setzt auf die guten Zeiten, die sie zusammen haben. Das Schlimmste, was passieren kann, ist, daß sie falsche Hoffnungen darauf nährt, daß er sich ändern wird. Eventuell trifft sie sich nun auch ihrerseits mit anderen Männern, oder sie entscheidet, nicht mehr mit Ben zu schlafen, weil sie eine nicht-monogame sexuelle Beziehung nicht aushält, und statt dessen ein platonisches Verhältnis mit ihm aufzubauen. Ben hat viele Ex-Geliebte zu Freundinnen. Bei all seinen Liebschaften fällt es ihm schwer, eine Frau ganz aufzugeben. Ben mag Frauen, aus Männern macht er sich nicht viel. »Männer haben ein zu starkes Konkurrenzverhalten«, sagt er.

Ben, dem ich hier einen anderen Namen gegeben habe, ist ein Mann, der eines Tages, mit 37, zu mir in die Therapie kam, weil ihm allmählich klar wurde, daß irgend etwas nicht stimmen konnte: Er war noch nie mit einer Frau wirklich eng und lange zusammengewesen.

Was in den Monaten der Therapie an Gefühlen aus ihm herauskam, hätte niemand vermutet, der Ben nur oberflächlich kannte. Ben war gutaussehend, stets gut gekleidet und schien selbstsicher. Aber hinter seinem großartigen Aussehen verbarg sich ein anderer Mensch, der sich für weit weniger großartig hielt. Tatsächlich glaubte er nicht, wirklich attraktiv und liebenswert zu sein. Und da er sich anderen Männern unterlegen fühlte, vermied er Beziehungen mit ihnen. Seine Minderwertigkeitsgefühle ließen ihn auch allen wirklich nahen Beziehungen zu Frauen ausweichen. Er fürchtete, dann würden sie seine Mängel erkennen. Ben brauchte den ständigen Impuls neuer sexueller Eroberungen, um sein Ego aufzupolieren. Jede neue Frau in seinem Leben hob sein geschädigtes Selbstwertgefühl. Wenn sich eine Frau von ihm sexuell und emotional erobern ließ, kam er sich attraktiv, liebenswert, machtvoll und männlich vor.

Leider hielten diese Gefühle immer nur eine kurze Zeit an. Dann fühlte sich Ben wieder unsicher und hatte das Bedürfnis nach einer erneuten Bestätigung, daß er gut, ja ganz wundervoll sei, was ihm im Anfangsstadium einer Beziehung durch einige seiner Frauen vermittelt wurde. Ganz gleich, wie sehr er sich zu einer bestimmten Frau hingezogen fühlte, wie gern er sie auch mochte – und er hatte bestimmte Frauen über Jahre hinweg besonders gern –, er wurde wieder ruhelos. Keine Frau konnte ihm auf lange Sicht die Bestätigung geben, die ihm eine frische Eroberung vermittelte.

Und indem er immer mehr als eine Frau gleichzeitig hatte,

möbelte er nicht nur sein Selbstwertgefühl auf, sondern trug auch der tief in ihm verwurzelten Angst vor Zurückweisung Rechenschaft. Unbewußt hielt sich Ben, wie unter seinesgleichen üblich, eine »Reservetruppe«. Wenn ihn eine Frau abblitzen ließ oder ihn zugunsten eines anderen Bewerbers zurückwies, gab es immer mindestens noch eine andere, die dafür sorgte, daß er nicht völlig auf sich zurückgeworfen wurde. Die Angst vor Verlassenwerden und Einsamkeit saß tief in ihm fest, ohne daß er sich dessen bewußt war.

Die motivierenden Kräfte hinter Bens Verhaltensweise sind typisch für viele Männer. Sie suchen nach Selbstbestätigung und schützen sich gegen den Schmerz des Zurückgewiesenwerdens durch Mehrfach-Beziehungen. Wenn Sie es mit einem solchen Mann zu tun haben, werden Sie feststellen, daß er Sie ebenso bezaubern wie zur Raserei bringen kann. Und vielleicht haben Sie selbst kein wirklich gefestigtes Selbstwertgefühl und empfinden seine Untreue als persönliche Zurückweisung. Wenn Sie jedoch versuchen, objektiv über die Gründe nachzudenken, die das Verhalten von Männern wie Ben bedingen, werden Sie erkennen, wie schwach, verletzlich und ängstlich sie letztlich sind.

Solche Männer entscheiden sich nicht frei zu ihrem Verhalten, sie unterliegen einer Sucht und handeln geradezu zwanghaft. Da sie durch Frauen immer wieder einen »Schuß« guter Gefühle bekommen, ist für sie eine sexuelle Eroberung das gleiche wie für einen Alkoholiker der Schnaps oder für einen Drogenabhängigen der Stoff. Diese Männer brauchen Frauen – neue Frauen – so sehr, daß es für sie hart, wenn nicht unmöglich ist, ihr Verhalten zu ändern.

Ein charmanter 36jähriger Mann erzählte mir, er habe sein ganzes Leben lang eine Frau nach der anderen gehabt. Seine Arbeit brachte ihn mit vielen hübschen jungen Frauen zusammen, so daß es für ihn sehr leicht war, diese Art Leben zu führen. Bis er sich eines Tages tatsächlich in eine schöne, große blonde Frau verliebte.

»Ich habe eine Schwäche für blonde Frauen«, gestand er mir. Zwei Jahre lang unterhielten sie eine ernsthafte Partnerschaft, bis sie ihn wegen seiner sexuellen Aktivitäten mit anderen Frauen verließ. Er liebte sie wirklich und bat sie, zu ihm zurückzukommen. Er versprach, ab sofort keine anderen Frauen mehr zu treffen, und meinte es ernst damit.

»Ich habe es ernsthaft probiert«, erklärte er, »aber dann lief mir wieder eine hübsche Blonde über den Weg. Diesmal verließ sie mich endgültig . . . Ich suche nach der Frau, die mich monogam macht«, sagte er und glaubte auch daran. Das ist keine ungewöhnliche Fantasie bei alleinstehenden Männern, die nicht treu sein können. Sie denken, daß es irgendwo auf der Welt eine Frau geben muß, die so schön, attraktiv und einfach alles ist, daß sie sich von anderen nicht mehr angezogen fühlen. Sie erkennen nicht, daß Treue nichts ist, was auf magische Weise von außen in sie »implantiert« wird; sie erwächst aus einem inneren Bedürfnis und der Fähigkeit, den Versuchungen zu widerstehen, die jeder verspürt, der sexuell empfindet.

Natürlich, daß sie ein zerbrechliches Selbstwertgefühl haben, daß sie von der Angst vor Zurückweisung umgetrieben werden, daß ihr Verhalten Frauen gegenüber nur zwanghaft zu nennen ist, das wird im allgemeinen von diesen Männern nicht bewußt wahrgenommen. Sie rationalisieren ihre Beweggründe, indem sie sagen: »Ich genieße es herumzuprobieren«, oder: »Ich mag Frauen einfach, was ist daran so schrecklich?«

Immer wieder habe ich solche Männer sagen hören: »Ich habe einen so starken Sexualtrieb«, ohne daß ihnen klar war, daß es das nicht ist, was sie antreibt. Sie benutzen Sex, um emotionale Befriedigung zu erhalten, was wenig mit erotischem Vergnügen zu tun hat – auch wenn das sozusagen ein Nebenprodukt ihres Lebensstils sein kann.

Es ist psychologisch interessant, daß gerade einige außerordentlich attraktive Männer derartig zwanghafte »Schürzenjäger« sind oder waren. Warren Beatty ist in Hollywood dafür bekannt, daß er keine Gelegenheit für eine sexuelle Eroberung ausläßt, obwohl es in seinem Leben wichtige, langjährige Partnerinnen gibt. Marlon Brando, Richard Burton, Frank Sinatra, Steve McQueen, Clark Gable, John Barrymore und Errol Flynn sind andere Beispiele für die vielen Don Juans von Hollywood.

Es gibt sie überall, die brillanten Verführer, die ihr Handwerk erfolgreich ausüben. Viele von ihnen sind verheiratet und waren ihren Frauen oft schon vor der Eheschließung untreu. Bert zum Beispiel ging mit Doris, traf sich aber heimlich auch mit anderen Frauen. Zu dieser Zeit rationalisierte er sein Verhalten, indem er sich sagte, daß er die anderen Frauen »für den Sex« brauche, weil Doris noch immer Jungfrau war und es auch bis zur Heirat bleiben wollte. Noch bevor sie ein Jahr verheiratet waren, wurde ihr Bert jedoch schon wieder untreu.

Einige Männer fangen mit ihrer Untreue bereits auf der Hochzeitsreise an. Ein Architekt erzählte mir, daß er und seine Braut ihre Flitterwochen auf einem Schiff verbracht hatten. Eines Tages, während sie sich oben sonnte, trieb er es unter Deck mit einer Passagierin, die er gerade kennengelernt hatte.

George, ein Geschäftsmann aus Toledo, wartete länger. Erst im zehnten Jahr seiner Ehe begann er eine Reihe von kurzen Affären. George, der wie Ben schließlich zu mir in die Therapie kam, um sein Leben in Ordnung zu bringen, erzählte mir seine Geschichte.

»Ich hatte mich auf meine Karriere mehr als auf irgend etwas anderes konzentriert«, erklärte er. »Mit dem Sex lief es nicht so toll, aber ich dachte nicht viel darüber nach. Es war wohl wie bei anderen auch. Ich war verheiratet und hatte Kinder. Wir waren nach Arizona gezogen und lebten in unserem eigenen Haus. In der Nachbarschaft wohnte eine geschiedene Frau, mit der meine Frau und ich von Zeit zu Zeit abends einen Cocktail tranken. Dann fuhr meine Frau mit den Kindern für eine Woche zu ihren Eltern nach Maine. Die Nachbarin und ich tranken jetzt allein ein Glas miteinander, und eines Abends endeten wir im Bett. Ich legte es nicht darauf an, sie zu verführen, die ganze Sache hatte nichts mit meinem Kopf zu tun. Ich war meiner Frau niemals zuvor untreu gewesen, es ist einfach so passiert. Monogamie war für mich immer viel zu selbstverständlich gewesen, als daß ich etwas anderes hätte machen können. Meine Frau und ich schliefen nicht sehr oft miteinander. Das war eher etwas, was sie über sich ergehen ließ. Wir taten es immer auf die gleiche Weise, und sie wollte nie, daß das Licht dabei an war. Nach der Erfahrung mit der Nachbarin sagte ich mir: ›Mensch, Sex kann ja ein richtiges Vergnügen sein!‹ Sie war um so vieles freier als meine Frau. Von diesem Zeitpunkt an begann ich aktiv Affären zu suchen.

Bald nach der Geschichte mit der Nachbarin zog meine Firma in einen anderen Staat. Drei Monate lang war ich dort ohne meine Frau, bis wir unser altes Haus verkauft hatten und sie nachkam. Ich wohnte in einer Wohnung der Firma. Damals fing ich an, gleich mit einer Reihe von Frauen auszugehen. Ich lernte ein paar Männer kennen, mit denen ich mich anfreundete. Sie waren auch alle verheiratet. Meine erste Bekanntschaft war ein Immobilienmakler, der mir bei der Suche nach einem neuen Haus half. Wir gingen einen trinken. Gleich beim ersten Mal trafen wir eine Frau, und sie und ich und dieser Makler, wir drei trieben es miteinander. Dann machte ich es ein paarmal mit ihr allein und reichte sie schließlich an ihn weiter. Daneben traf ich mich auch noch mit anderen Frauen. Ich hielt die Augen immer offen. Es war nicht so wichtig, wie sie aussahen, sondern daß sie sexuell verfügbar waren. Die Männer, mit denen ich herumhing, waren promiskuitiv, und es gab dort auch eine Menge verfügbarer Frauen. Nachdem ich erst einmal damit angefangen hatte, wurde Sex für mich immer wichtiger. Ich begann, mehr und mehr Zeit damit zu verbringen, nach verfügbaren Frauen Ausschau zu halten.«

Einige dieser Männer sind wie Ben in der Lage, zur selben Zeit einige längere und einige kürzere Beziehungen aufrechtzuerhalten, wenn die Frauen mitmachen. Männer wie George und Bert beschränken sich meist auf kurze Begegnungen und sehr kurze Beziehungen. Andere Männer sind mit zwei Sexualpartnerinnen glücklich und erhalten diesen Zustand über lange Zeit hin aufrecht. Wieder andere sind der Meinung, je mehr, desto besser, und hören nicht auf, »Trophäen« zu sammeln.

Einige Männer, die Monogamie ablehnen, sind zu den Frauen in ihrem Leben ehrlich und sagen ihnen geradeheraus, daß sexuelle Treue nichts für sie ist. Ein Junggeselle, den ich interviewte, sagte den Frauen, die er kennenlernte, daß er neben ihnen noch andere Beziehungen hatte. Er traf sich seit fünf Jahren regelmäßig mit einer Frau. Sie liebte es nicht, ihn zu teilen, aber war bereit, die Grenzen ihrer Beziehung zu akzeptieren. Andere Männer versuchen, jeder Frau das Gefühl zu geben, sie sei die eine und einzige. Sie lügen regelmäßig.

Die meisten Männer, die Mehrfachbeziehungen unterhalten, versuchen den Fragen ihrer Partnerinnen auszuweichen. Ein 28jähriger Junggeselle sagte stellvertretend für die vielen anderen Männer seiner Art, die ich interviewt habe: »Das nennt man eine Unterlassungssünde. Ich sage einer Frau nicht von mir aus, daß ich mich mit anderen treffe oder daß ich mit einer anderen zusammen war. Schließlich weiß sie, daß ich nicht bei ihr war. Ich würde die Information nicht einfach so herausrücken, aber wenn sie mich auf den Kopf zu fragt, was ich zu einer bestimmten Zeit getan habe, würde ich es ihr wahrscheinlich sagen.«

Wenn ein derartig zwanghafter Schürzenjäger verheiratet ist, bevorzugt er kurze Beziehungen mit wenig Substanz: Das Gefühl, daß er seine Ehe nicht gefährdet, ist für ihn wichtig, weil er die anderen Frauen ja »nur zum Sex« hat. Diese Männer halbieren ihr Leben. Einerseits führen sie eine vergleichsweise normale, konventionelle Existenz mit ihren Frauen. Aber außer Haus sind sie immer auf der Jagd nach potentiellen Sexualpartnerinnen, ganz gleich, wo sie gerade sind. Der Ablauf der Affären ist sehr einfach: Werbung, Bett und Abschied.

Männer wie diese sind geistig von Sex besessen. Patrick Carnes, ein Spezialist für sexuell abhängige Persönlichkeiten, nennt sie Geiseln ihrer eigenen Gedanken. »Jede Frau, die vorbeigeht, jede Frau, die diese Männer treffen oder die ihnen vorgestellt wird, wird durch denselben Filter sexueller Besessenheit gesehen«, erklärt er.

»Ich glaube, ich denke zuviel an Sex«, bemerkte Bert. »Ich suche immer nach einer neuen sexuellen Herausforderung, einem neuen Typ, den ich ausprobieren könnte.«

Im Berufsleben unterscheiden sich diese Männer im allgemeinen wenig von ihren Geschlechtsgenossen. Das Geheimnis, das sie vor ihren Frauen verbergen, muß jedoch im Büro keines sein. Die Sekretärin eines Mannes zum Beispiel wird wissen, was mit ihm los ist, weil ständig Frauen nach ihm fragen oder er sie von seinem Büro aus anruft. Einige dieser Männer genießen ganz offen den Ruf, der beste »Hengst« im Stall zu sein.

Viele Schürzenjäger brüsten sich damit, daß sie ihre Arbeit und ihr umtriebiges Liebesleben unter einen Hut bekommen. So sagt George über seine Promiskuität vor seiner Scheidung: »Es ließ sich immer irgendwie miteinander vereinbaren. Es war etwas, das nebenherlief – ich flirtete eine Menge. Ich hatte immer die zehn Minuten Zeit für einen Flirt. Und wenn ich eine Frau traf, die verfügbar schien, dann verabredete ich mich mit ihr für später.«

Viele Männer sind auch stolz darauf, daß sie trotz allem ihrer Familie den »Vorrang« geben. »Ich ließ es niemals zu, daß eine Affäre meinem Familienleben in die Quere kam«, erklärte Bert. »Wenn ich eine Verabredung hatte, dann auf dem Weg von der Arbeit nach Hause. Zumindest am Anfang ging es immer ganz auf die schnelle. Oder wenn ich eine Verabredung hätte und gleichzeitig wäre zu Hause etwas los, würde ich natürlich die Verabredung absagen. Ich habe da meine klaren Maßstäbe. Meine Familie kommt zuerst.«

Clark Gable ist ein hervorragendes Beispiel für einen zwanghaften Schürzenjäger, wenn man nach den Einzelheiten in Jane Ellen Waynes Buch »Gable's Women« urteilt. Er verlor seine Mutter im Alter von sieben Monaten. Der Vater gab ihn für die nächsten fünf Jahre zu den Großeltern und holte ihn erst wieder zu sich, als er sich erneut verheiratete. Clarks Stiefmutter, eine liebevolle Frau, versuchte ihn für die feineren Dinge des Lebens zu interessieren – Lesen, Musik, Tanzen. Sein Vater, ein rauher Monteur, verbrachte den Sonntag, den einzigen Tag, an dem er mit seinem Sohn zusammen war, damit, sicherzustellen, daß der keine »Memme« wurde. Bis zu seinem Todestag maßregelte er ihn, weil er ihn für unmännlich hielt: »Schauspieler sind Memmen«, sagte er sogar noch, als Clark Gable bereits zum legendären Superstar geworden war, der auf der Leinwand ein supermannähnliches Image verbreitete. Clark gab zu, daß er seinen Vater haßte.

Dieser Hintergrund – frühes Verlassenwerden durch den Vater, später seine häufige Abwesenheit, kurz, das Fehlen einer männlichen Identifikationsfigur, dann Ängste, die er hatte, wenn der Vater schließlich doch einmal da war – all das trug dazu bei, daß Clark Gable sich sein Leben lang seiner männlichen Identität unsicher war, ganz gleich wie männlich er nach außen erschien und sich darstellte. Die »Memme« lebte irgendwo in seiner Psyche weiter. Seine sexuellen Probleme wurden von allen Frauen bezeugt, mit denen er im Bett gewesen war und die ihn unwiderstehlich gefunden hatten. »Er hatte mehr Anziehungskraft als irgendein anderer Mann auf der Welt. Aber er war kein befriedigender Liebhaber«, sagte Joan Crawford. Als Carole Lombard mit Gable eine Beziehung anfing, erzählte sie ihren Freundinnen: »Er ist ein lausiger Liebhaber, aber ich bete ihn an!«

Sein Frauenkonsum – er ist der klassische Fall eines unsicheren Mannes, der sich selbst und der Welt seine Männlichkeit beweisen will – war legendär. Er war bekannt für Eine-Nacht-Geschichten. Er besuchte Bordells erster Klasse und hatte zahllose Affären mit bekannten Schauspielerinnen wie auch mit völlig unbekannten Frauen. Eine seiner bevorzugten und häufigsten Bettgenossinnen war eine nicht gerade hübsche Schriftstellerin. Einmal, als ihm ein Foto gezeigt wurde, auf dem alle weiblichen Stars von MGM aufgereiht dastanden, sagte er lächelnd: »Sind sie nicht alle wunderschön? Ich habe sie alle gehabt.«

»ICH WOLLTE, ICH KÖNNTE AUFHÖREN«

Es gibt einige unter den zwanghaften Schürzenjägern, für die ihr Verhalten ein echtes, ihnen bewußtes Problem geworden ist. Das sind die Männer, die von Fachleuten als vom Sex abhängig bezeichnet werden. Sie haben das Gefühl, daß ihnen ihr Leben außer Kontrolle geraten ist. So schämen sie sich für bestimmte Aspekte ihres Verhaltens, etwa dafür, daß sie Frauen belügen, um sie ins Bett zu bekommen. Möglicherweise sind sie auch von ihren Frauen erwischt worden, die ihnen mit Trennung drohen, und sind trotzdem nicht in der Lage, ihre Affären aufzugeben. Vielleicht finden sie nur noch bei Prostituierten Befriedigung oder müssen ihre Arbeitsstelle wegen einer Affäre oder eines Skandals wechseln. Eventuell wird ihnen immer stärker bewußt, daß sie wieder und wieder Beziehungen mit Frauen eingehen, die sie im Grunde nicht mögen. Diesen Männern wird plötzlich klar, daß sie ihre Jobs, ihre Ehen oder Liebesbeziehungen, ihr Ansehen, ja sogar ihre Gesundheit und die ihrer Frauen gefährden, aber sie können nicht aufhören, sie sind nicht in der Lage, ihr Verhalten zu ändern.

Ein Brief veranschaulicht diese Art von Verhalten, das außer Kontrolle geraten ist: »Warum sagt dieser Mann zu mir, daß er mich liebt, wenn er noch am selben Abend, an dem er mit mir im Bett war, weiterzieht und mit einer anderen Frau schläft? Er sagt zu seiner Mutter, daß er mich heiraten und mit mir Kinder haben will. Ich glaube ihm, und trotzdem frage ich mich, warum er so viele Frauen haben muß, wo er mich doch liebt? Er sagt mir, daß er die anderen nicht liebt, aber einfach nicht damit aufhören kann.«

Während viele zwanghafte Schürzenjäger mit einem Minimum an Schuldgefühlen oder gar ganz ohne leben, ist die beschriebene Art sexuellen Zwangsverhaltens von Schuld- und Schamgefühlen gekennzeichnet, von der Bedrückung, gegen den eigenen Willen mit etwas weitermachen zu müssen, was man als destruktives oder unwürdiges Verhalten erkannt hat.

Auch wenn sie das, was sie tun, im Grunde unter Kontrolle haben, können zwanghafte Schürzenjäger ihr Tun durchaus auch negativ empfinden. Bert bekannte zum Beispiel: »Es war immer so, daß die Jagd besser war als die Beute. Nicht, daß mir der Sex selbst nicht gefiel, doch das Gefühl der Herausforderung war das beste. Manchmal bin ich von einer dieser Frauen weggegangen und habe mir gesagt: ›Was zum Teufel tue ich hier?‹ Manchmal dachte ich schon vorher, wenn ich dabei war, eine Frau anzumachen: ›Das ist eigentlich lächerlich.‹«

Ein Mann aus Chicago erinnerte sich daran, wie er sich wegen seiner Lügen ausgesprochen unwohl fühlte: »Einmal war ich mit einer Frau zusammen, die vor Sex nur so triefte. Ich verfing mich bei ihr in einem riesigen Lügengebäude. Statt zu sagen, daß ich verheiratet sei und es auch bleiben wolle, erzählte ich ihr diese

Ich-will-mich-trennen-Scheiße. Das Ganze wurde überdimensional aufgebauscht ... Sie wollte, daß ich ihre Familie kennenlernte, und ich sagte mir: ›Das ist es nicht wert, nur um sie besteigen zu können.‹ Das war im zweiten Jahr meiner Ehe und hat mich gelehrt, daß Lügen nur Ärger bringen. Von da an sagte ich den Frauen immer die Wahrheit.«

Ein anderer Mann erzählte mir, wie er in eine verrückte, ziemlich beschämende Geschichte geriet. Er war mitten in der Nacht aus dem Bett einer Frau geschlüpft, mit der er sich regelmäßig traf, um zu einer anderen zu gehen. Als er mit seinem Wagen aus ihrer Einfahrt setzte, überfuhr er versehentlich ihren Hund. Er spürte, er mußte wieder hineingehen und seine Freundin aufwecken, um ihr zu erzählen, was passiert war. Er sah keinen anderen Ausweg und bekannte, was er vorgehabt hatte.

Männer, die ihr Verhalten quält, die aber unfähig sind, etwas daran zu ändern, sind Alkoholikern oder Drogenabhängigen sehr ähnlich, die wie sie immer wieder versuchen, mit ihren Gewohnheiten aufzuhören. Stets von neuem schwören sie, damit Schluß zu machen, den Frauen nachzujagen, aber sie stellen fest, daß sie es nicht können.

DER ZWANGSNEUROTISCHE CHARAKTER

Es gibt noch einen anderen Typus Mann, der zwanghaftes sexuelles Verhalten aufweist. Dieser Mann leidet an einer zwangsneurotischen Persönlichkeitsstörung. Er läßt sich auf alles, auch auf Frauen, nur mit Vorbehalten ein. Er ist ständig voller Zweifel und Unsicherheiten, und seine Wankelmütigkeit bestimmt seine Beziehungen. Er kann sich niemals absolut sicher sein, daß beispielsweise Sie die ideale Frau für ihn sind. Leon Salzman, ein Experte für zwangsneurotische Persönlichkeiten, beschreibt sie als Menschen, die sehr große Schwierigkeiten mit der Treue haben, da sie sich keine Gelegenheiten für eine neue Affäre entgehen lassen können. »Für solche Persönlichkeiten ist Untreue das übliche und Treue selten, wenn nicht unmöglich«, ist seine Schlußfolgerung.

Sie können einen zwangsneurotischen Mann an der Rigidität seiner Gewohnheiten erkennen. Er kann zum Beispiel darauf bestehen, immer auf derselben Seite des Bettes zu schlafen, sein Essen immer zu genau der gleichen Zeit einnehmen zu wollen, er ißt oft nur, was er bereits kennt, oder gibt genau zweieinhalb Löffel Zucker in seinen Kaffee. Zwangsneurotische Charaktere neigen dazu, sehr ordentlich zu sein, sie drehen förmlich durch, wenn sie Dinge in Unordnung oder an einem falschen Platz finden. Sie leben in einer Welt voller Rituale, um sich sicher fühlen zu können. Kontrolle ist für diese Männer so wichtig, daß sie im allgemeinen die Frauen, mit denen sie zusammen sind, dominieren müssen.

Immer wenn Ängste in ihm hochkommen, greift ein derartiger Zwangscharakter auf eines seiner eingefahrenen Verhaltensmuster zurück, um sich zu beruhigen. So fängt er an zu rauchen, zu essen oder räumt auch ganz einfach seinen Schreibtisch auf. Sex wird bei ihm sehr oft zu einem dieser Rituale, die er wie ein Beruhigungsmittel benutzt. Fühlt sich ein zwangsneurotischer Mann nervös, wird er ausgehen und versuchen, jemanden ins Bett zu bekommen, was ihm das Gefühl gibt, sein Leben im Griff zu haben. Nur so fühlt er sich sicher.

Eine Variation des zwangsneurotischen Typus ist der Mann, der, nachdem er viele Jahre ein monogamer, solider Bürger war, plötzlich und unvermittelt anfängt, sich herumzutreiben. Er ist nach wie vor sehr arbeitsam, pflichtbewußt und ordentlich. Häufig ist er zudem außerordentlich erfolgreich. Bisher hat er aus Karrieregründen seine erotischen Bedürfnisse und Fantasien sämtlich unterdrückt. Aber nachdem er jahrzehntelang ein solches Arbeitstier gewesen ist, kann ein solcher Mann plötzlich wild werden. So war es bei Harold. 23 Jahre verheiratet und Vater von drei Kindern, war Harold das Vorbild eines ordentlichen Bürgers.

Eines Tages traf er eine attraktive junge Frau, die Tochter eines Kunden. Bald war er in eine leidenschaftliche Affäre mit ihr verwickelt. Ihre Stärke überraschte ihn. Sie beendete die Affäre, und er ließ sich danach auf zwei weitere leidenschaftliche Beziehungen ein. Harold konnte das Ausmaß seiner sexuellen Bedürfnisse, die ihn zum Sklaven machten, nicht verstehen. Er liebte diese Frauen nicht. Nur mit seiner Frau verband ihn nach wie vor ein wirkliches Liebesverhältnis. Die gewaltige Welle der Leidenschaft, die Harold erlebte, war das Ergebnis davon, daß er seine erotischen Impulse und Wünsche zu lange unterdrückt hatte. Als sie schließlich an die Oberfläche kamen, explodierten sie auf unkontrollierbare Art und Weise.

6

DIE HAUPTTYPEN UNTREUER MÄNNER

FÜR IHN SIND SIE ENTWEDER HEILIGE ODER HURE

Bei vielen Männern ist der hohe Frauenkonsum das Ergebnis davon, daß sie Frauen entweder als heilige, reine Wesen oder aber als Huren ansehen. Dieses Syndrom stellt einen von vielen psychologischen Beweggründen für Untreue dar. Für Männer mit dieser Einstellung bestehen Frauen aus zwei Klassen – sie sind entweder gut (Heilige) oder schlecht (Huren). Wenn Sie für gut gehalten werden, werden Sie bewundert, aber nicht sexuell begehrt. Die schlechten Frauen, auf die diese Männer bewußt oder unbewußt heruntersehen, sind die erotisch anziehenden. Als Beispiel hierfür mag ein Mann gelten, der nach einer Affäre zusammen mit seiner Frau in die Therapie kam. Er beschrieb die andere Frau als billig, vulgär und leicht dümmlich. Als er gefragt wurde, warum er sie dann so attraktiv gefunden habe, antwortete er: »Sie ist so ungeheuer sexy.« Aufgrund einer besonders religiösen Erziehung oder anderer verfehlter Erziehungsmethoden halten einige dieser Männer eine Frau, ganz gleich, wie kultiviert sie sein mag, dann für schlecht, wenn sie für außerehelichen Sex zugänglich ist – nur schlechte Mädchen tun das!

Ein alleinstehender Mann kann lange Zeit mit einer Frau ausgehen, ohne zu versuchen, mit ihr zu schlafen. Aber er hat nebenher mit Frauen, die er für Schlampen hält, ein aktives Sexualleben, oder er besucht Prostituierte. Oder er kann eine intensive sexuelle Beziehung mit einer Frau haben, solange er ihr nicht verpflichtet ist, aber in dem Moment, wo er sich etwas aus ihr macht oder zum Beispiel mit ihr zusammenzieht, sich mit ihr verlobt oder sie heiratet, hat er plötzlich kein Interesse mehr an ihrer Sexualität, weil sie nun in seinen Augen die gute, reine Frau und damit asexuell geworden ist.

Es kann eine Frau ziemlich überraschen, wenn derselbe Mann, mit dem sie eine heiße Liebesbeziehung hatte (bevor sie eine »gute« Frau wurde), plötzlich merklich abkühlt, nachdem er sie geheiratet hat. Sobald so ein Mann mit einer Frau zusammenzieht, sie heiratet oder sich auch nur näher mit ihr einläßt, wird er für andere Frauen und Affären anfällig, um wieder sexuelle Abenteuer zu erleben.

Diese Art, über Frauen zu denken, wird nicht selten in ganz subtiler Form im Leben eines Mannes erkennbar. So erzählte mir zum Beispiel George, daß er in der High-School und im College oft heimlich mit Mädchen ging, die »von der anderen Seite, nicht aus meiner eigenen gesellschaftlichen Klasse waren«. Er ging mit ihnen ins Bett und verabredete sich gleichzeitig mit Mädchen »aus meinen eigenen Kreisen« zu Schülerbällen und Partys. Diese Mädchen waren für ihn tabu – er versuchte nicht einmal, sie ins Bett zu bekommen.

Diese geistige Unterteilung in »was schlechte Mädchen tun und gute Mädchen nicht tun« spielte auch in einem Fall eine Rolle, der ihn ziemlich verwirrte. »Da war dieses Mädchen, von dem ich dachte, das ist eine von uns. Und dann schien sie mit mir Sex haben und immer, immer weitergehen zu wollen. Ich konnte es eigentlich nicht glauben, deshalb habe ich auch nicht weiter darüber nachgedacht.« Als nach einem Jahrzehnt der Monogamie und eher seltenem Sex mit seiner Frau seine Phase außerehelicher Promiskuität begann, waren Georges Partnerinnen oft, wie er sie nannte, »High-School-Abgängerinnen«. Die Frauen aus seiner Schicht waren sämtlich aufs College gegangen. Er gab zu, daß er diese jungen Frauen sexuell denen »aus seinen Kreisen« vorzog: »Sie sind einfach aufregend!«

Manche Männer, die nach dem Schema gutes Mädchen/ schlechtes Mädchen verfahren, betonen die Unterteilung zwischen den guten Frauen, mit denen sie eine Partnerschaft eingehen und zu denen sie sich auf nicht-sexuelle Art und Weise hingezogen fühlen, und den Frauen, mit denen sie Affären haben, indem sie den Sex mit ihnen »schmutzig machen«. So lassen sie die Frauen zum Beispiel während des Geschlechtsakts obszöne Dinge sagen, oder sie wollen, daß sie sich schlampig anziehen. Sie tun Dinge mit ihnen, die sie für abartig halten, Dinge, die sie sonst nicht im Traum tun würden: Verkleidungen benutzen, zu dritt ins Bett gehen oder sogar sadomasochistische Spiele. Ein bekannter Schürzenjäger, eine verheiratete Berühmtheit, dessen indiskrete Geliebte seine Frau informiert hatte, ließ eine seiner Freundinnen kommen, um mit ihr zu schlafen, während ein anderes Paar zusah. Ein Beispiel für die Art von Verachtung, die er für seine außerehelichen Partnerinnen hatte, ist, daß er sich weigerte, diese Frau, als er sie ein paar Monate später auf einer Party in New York traf, auch nur zu grüßen.

Ein Ingenieur erzählte mir, daß er regelmäßig bei seinen sexuellen Affären abartige Spiele treibe. »Ich fing damit an, um mein Gewissen zu erleichtern«, erklärte er. »Ich machte ein bißchen Blödsinn, wenn sich die Gelegenheit bot, zum Beispiel die Frauen zu fesseln – keine Schmerzen, nichts Schwerwiegendes. Ich dachte, das tue ich zu Hause nicht, dann ist es okay.«

Es zeigte sich in meinen Gesprächen mit diesem Mann, daß er eigentlich nicht wollte, daß seine Frau diese Art von Spielen mitmache, die ihn erregten, wenn er sich auch explizit darüber beklagte, daß sie es nicht tue. Er erzählte, wie sie einmal von einem Paar aus ihrer Nachbarschaft in dessen Haus eingeladen worden waren. Der Abend begann mit einem Pornofilm. Es stellte sich bald heraus, daß das Paar mit diesem Mann und seiner Frau einen Partnertausch vornehmen wollte. »Ich habe meine Frau so schnell wie möglich aus diesem Haus gebracht«, sagte er. »Ich habe ihr gar keine Chance gegeben zu sagen, ob sie nun wollte oder nicht!«

Es ist schwer für einen verheirateten Mann, der Frauen in Huren und Heilige unterteilt, Treue zu üben, weil seine Frau in jedem Fall in seinen Augen an erotischer Ausstrahlung verliert. Spätestens durch die Heirat mit ihm gehört sie zur Gruppe der Heiligen, und damit sie diesem Image entsprechen kann, sucht er sich eine Partnerin, die nicht sehr an Sex interessiert ist. Immer wird er das Gefühl haben, daß er sich seine Bedürfnisse bei einer anderen erfüllen muß, nicht ohne sehr oft seiner Frau auch noch die Schuld daran zu geben.

NARZISSTEN

Christopher Lasch machte mit seinem Bestseller »Das Zeitalter des Narzißmus« auf einen neuen Typus von Mann aufmerksam, der in unserer Gesellschaft immer öfter anzutreffen ist – den Narzißten. Narzißmus ist eine Persönlichkeitsstörung, die für den Frauenkonsum vieler alleinstehender und verheirateter Männer verantwortlich ist.

Viele narzißtische Männer verbergen das Grundproblem, das sie mit ihren Beziehungen haben, hinter einem schillernden Äußeren. Ihre Persönlichkeit ist oft dynamisch und gewinnend. Sie kommen im sozialen Bereich meist sehr gut zurecht, und da sie auf Einfluß, Geld und Prestige aus sind, sind viele von ihnen ziemlich erfolgreich.

Hinter der angenehmen Fassade aber verbergen sich eine schale Oberflächlichkeit und die fast völlige Unfähigkeit, auf andere Menschen einzugehen.

Alle Beziehungen des narzißtischen Mannes sind egoistischer Natur. Er nimmt nur. Er weiß nicht einmal, was das Wort *geben* bedeutet. Sie hören ihm zu, aber er niemals ihnen. Weil er andere Menschen als Satelliten seiner selbst und nicht als Individuen mit eigenen Rechten sieht, kann er natürlich nicht erkennen, daß sie Bedürfnisse haben wie er er auch. Unfähig, sich in Sie hineinzuversetzen, ist es ihm unmöglich, Ihre Gefühle nachzuvollziehen. Auf die geringste Spur von Kritik reagiert er in jedem Fall ausgesprochen überempfindlich.

Der narzißtische Mann pflegt ein grandioses Selbstbild, das als Abwehr dient gegen nagende, tief in ihm verborgene Selbstzweifel, gegen ein im Grunde schwaches Selbstwertgefühl und innere Leere. Da er sich selbst nach seiner Wirkung auf andere beurteilt, hat der narzißtische Mann ein ungeheures Bedürfnis, bewundert zu werden. Untreue ist die logische Folge. Wenn er keinen ständigen Zustrom an neuen Bewunderern hat, überfluten ihn seine verdrängten Selbstzweifel.

Da narzißtische Männer die Frauen in ihrem Leben als Verlängerung ihrer eigenen Persönlichkeit betrachten, zeigen sich viele von ihnen gern mit Schönheiten oder Frauen von hohem Status, die ihren Glanz auf sie abstrahlen.

Unglücklicherweise wertet ein narzißtischer Mann eine Frau in dem Moment, in dem er sie besitzt, ab, ganz gleich, wie sehr er sie vorher, in der Zeit, als er sie zu erobern versuchte, bewundert haben mag. Ein Beispiel hierfür ist ein Mann, der eine Frau kennenlernte, die er für außergewöhnlich schön, intelligent und lebendig hielt. Er vergötterte sie, verliebte sich in sie und heiratete sie schließlich. Nun, da sie zu ihm gehörte, fand er sie jedoch plötzlich langweilig. Seine Gefühle für sie starben ab. Im Bett, wo es vorher aufregend zugegangen war, wurde es plötzlich öde und mechanisch. So kam es, daß er Affären mit anderen Frauen anfing.

Bei alleinstehenden Narzißten führt der Prozeß der Abwertung, der beginnt, sobald sie eine Frau erobert haben, dazu, daß sie manchmal in schnellem Wechsel eine Frau nach der anderen haben. Heiraten sie, bedeutet das, bald von ihrer Frau enttäuscht zu sein und sich nach Affären umzusehen.

Die Eroberung selbst tut einem Narzißten gut, da sie ihm ein Gefühl von Macht und Kontrolle über Frauen gibt, die er möglicherweise unbewußt fürchtet, beneidet oder haßt. Narzißten sehen Frauen innerlich oft als übermächtig und dominant an, als fähig, sie zu verschlingen.

Hier ist ein Beispiel dafür, wie sich diese Einstellung auswirken kann: Unser Mann, ein Pfarrer, hat viele Affären mit Frauen aus seiner Gemeinde. Er pickt sich genau die schwachen Frauen heraus, die nach einer väterlichen Autoritätsfigur suchen. Er umwirbt sie, indem er sich ihre Probleme anhört, ihnen Ratschläge gibt und freundlich und hilfsbereit ist. Während er so mit ihnen umgeht, berührt er sie vielleicht ein wenig, küßt sie, streichelt sie, und wenn er sie dann etwa zum vierten Male trifft, geht er mit ihnen ins Bett. Sie denken nun, daß die Affäre eben erst anfängt, aber zu ihrem Mißfallen zieht er sich plötzlich zurück.

Er ist nicht mehr freundlich und hilfsbereit und auch nicht mehr an Sex interessiert. Er hat von den Frauen bekommen, was er gesucht hat – Bewunderung. Sie haben ihren Zweck erfüllt, und er braucht sie nicht mehr. Außerdem hat er Angst vor ihrer Liebe, da er denkt, daß sie Forderungen an ihn stellen werden. Seine in ihm verborgene Angst, daß Frauen allesverschlingende Wesen sind, ist durch ihre Zuneigung wachgerufen worden, und er zieht sich, verschreckt, aus seinen Beziehungen zurück.

Ein weiterer Grund, warum monogames Verhalten einem narzißtischen Mann fremd ist, gründet er in seinem Gefühl, daß er dazu auserkoren ist, sich ohne Einschränkungen alles zu nehmen, was er will. Zusammen mit seiner wahnsinnigen Angst, von jemandem abhängig zu sein, führt das dazu, daß er sich nie ganz auf eine Frau einlassen wird, sogar wenn er sie heiratet.

Da er so großen Wert auf körperliche Attraktivität legt, verliert er oft, wenn eine Frau älter wird, das Interesse an ihr und wendet sich anderen, jüngeren Frauen zu. Innerhalb einer Partnerschaft betrachtet der narzißtische Mann eine Frau als entweder sehr gut oder sehr schlecht – entweder werden Sie aufs Podest gehoben oder in die Gosse geworfen. Die meisten Menschen haben gute und weniger gute Züge, aber das versteht ein Narzißt nicht. Er kann Sie entweder hassen oder lieben, ausgewogene Zwischenformen gibt es für ihn nicht. Doch um liebesfähig zu sein, muß ein Mensch in der Lage sein, sowohl Haß- als auch Liebesgefühle gegenüber derselben Person akzeptieren zu können. Das können Narzißten nicht. Sobald Schwächen oder Unvollkommenheiten auftauchen, wenden sie sich ab. Die Folge ist, daß diese Männer, da möglicherweise Sie in ihren Augen so viele Fehler haben, ihre Seitensprünge als gerechtfertigt ansehen.

Eine Art innere Spaltung, der Mechanismus, daß ein Mann sich bei verschiedenen Frauen das zusammensucht, was er braucht, anstatt es bei einer Frau zu suchen, das ist ein weiteres wichtiges psychologisches Merkmal eines Narzißten, der nicht nur nicht treu sein kann, sondern darüber hinaus meist ziemlich promiskuitiv ist.

MACHOS

Es gibt untreue Männer, die denken, daß sexuelle Eroberungen und Affären das einzig angemessee Verhalten für ihr Geschlecht sind. In ihrem Denken ist, bewußt oder unbewußt, Frauenfang das, was ein richtiger Mann macht und worauf sich richtige Frauen nicht einlassen.

Nach wie vor wird männliches und weibliches Verhalten nach unterschiedlichen Maßstäben betrachtet – besonders von diesen Männern.

Rohlinge

Machos, die zusätzlich auch noch »Rohlinge« sind, trinken häufig, rauchen und hängen mit ihren Freunden viel in Bars und Kneipen herum. Sie halten das für einen naturgegebenen Teil des männlichen Lebens. Sie empfinden anderen Männern gegenüber eine Art Kameradschaft, und ihre Gespräche über Frauen können sich anhören, als redeten sie über irgendwelche seltsamen Kreaturen einer anderen Rasse – von oben herab, nachsichtig oder, je nach Typ, offen oder versteckt feindselig. Einige dieser Männer gehen zusammen mit einem oder mehreren Freunden auf Frauenjagd.

Manchmal decken sie sich untereinander, benutzen sich gegenseitig als Alibis – »Ich gehe mit Bill aus«, oder: »Ich war mit Harry zusammen« –, um ihre Affären zu kaschieren, oder spielen den Erfüllungsgehilfen, indem sie ihren Freunden unerwünschte Anrufe vom Leib halten – meist auf die gewohnt rohe Art und Weise.

Man führt sich untereinander seine Eroberungen vor, um sich mit ihnen brüsten zu können. Machos wollen Bewunderung, Respekt und, wenn möglich, auch Neid von ihren Geschlechtsgenossen. Sie machen sich intensiv darüber Gedanken, wie sie bei den anderen dastehen.

Ein 24jähriger Ehemann erzählte mir, warum er seine Freunde von seinen Freundinnen wissen ließ. »Wenn ich etwas Gutes habe, zeige ich es gerne her«, erklärte er. »Ein Mädchen fällt in dieselbe Kategorie wie ein Haus oder ein Auto. Damit will ich zeigen, daß die Sache bei mir läuft.«

Frauen sind für diese Männer vor allem Wesen, die ihnen zu Diensten sein sollen. Das bedeutet, von Ehefrauen wie von Freundinnen wird erwartet, daß sie ihnen zwar zu Diensten sind, sie im übrigen aber in Ruhe lassen, wenn sie nicht gebraucht werden.

Sie können sich weigern, Ihnen zu erzählen, wo sie die ganze Nacht gewesen sind, oder sich auf ihre Standardentschuldigung zurückziehen, daß sie wieder mal mit ihren Freunden unterwegs waren, und erwarten dann von Ihnen, daß Sie das akzeptieren. Wenn Sie sich darüber beschweren, daß er in den frühen Morgenstunden oder sogar erst am nächsten Morgen nach Hause kommt, werden Sie für ihn lästig. Wenn solch ein Mann ledig ist und Sie ihn öfter sehen wollen, nennt er Sie wahrscheinlich »fordernd«. Wenn Sie einen Streit wegen der anderen Frauen in seinem Leben anfangen, werden Sie als »besitzergreifend« bezeichnet werden – und das bedeutet für Männer wie diese ein rotes Tuch.

Die Angst davor, von Frauen zur Rechenschaft gezogen zu werden, ist bei ihnen größer als alles andere. Sie interpretieren Unabhängigkeit als Merkmal von Männlichkeit, und Unabhängigkeit bedeutet, alles tun zu können, was sie wollen. Die Frauen in ihrem Leben haben das gefälligst zu akzeptieren. Männer wie diese hatten oft Mütter und Großmütter, die sich mit den Affären ihrer Männer abfanden, was zu der Erwartung beiträgt, daß Sie es auch tun werden. Machos scheuen sich in keiner Weise, laut über die Emanzipation zu schimpfen, wenn sie Frauen haben, die sich ihnen nicht genug anpassen.

Ihre Geschichten für eine Nacht und die anderen Abenteuer mit Frauen, die ihr Leben durchfluten, werden einzig als Mittel zur Befriedigung ihrer momentanen Bedürfnisse gesehen. Vulgäre Bezeichnungen für Frauen wie »Fotze« und ähnliches beschreiben ganz genau, welchen Stellenwert Frauen für sie haben. Sex findet oft in Verbindung mit oder als Folge von erheblichem Alkoholkonsum statt.

Einige der eher kultivierten Männer unter den Machos geben sich nicht so primitiv wie die beschriebenen »Rohlinge«. Es gibt viele solcher Männer unter den Junggesellen von heute. Sie können stark karriereorientiert sein, ja sogar »Workaholics«. Anstatt in Bars und Kneipen herumzuhängen, nimmt ihr männliches Gebaren beispielsweise die Form von Tennis, Segeln oder sportlichem Training zusammen mit Freunden an. Sie können Frauen durchaus »nett« behandeln, aber wenn sie auch bessere Manieren haben, ist ihre innere Einstellung doch ähnlich wie die der beschriebenen Rohlinge – Frauen werden als bequemes Beiwerk oder als Schmuckstücke betrachtet, die bei den anderen Männern »Punkte« einbringen. Ein Artikel von Marcelle Clements in der Zeitschrift »New York Woman« berichtet von Sportlern, die den Ausdruck »table pussy« benutzen, um eine Frau zu beschreiben, die für sie hauptsächlich zur Zierde und fürs Bett taugt, die sie aber bei aller Geringschätzung für dekorativ genug halten, um sie zum gemeinsamen Abendessen mit Freunden mitzunehmen.

Ein Junggeselle in San Diego erzählte mir: »Im Moment gehe ich mit drei Frauen aus. Ich interessiere mich im Grunde für keine von ihnen, aber ich habe an den Wochenenden Gesellschaft und jemand, mit dem ich zum Essen oder ins Kino gehen kann. Über Tag denke ich nicht an sie. Ich kann mich kaum an ihre Telefonnummer erinnern, wenn ich sie anrufen will. Sie sind einfach Frauen, mit denen man was machen kann.«

Ein anderer Mann bemerkte mir gegenüber: »Ich gehe mit einer Menge Frauen, die nicht gerade die klügsten sind. Aber sie sehen gut aus. Ich kann sie gut brauchen, wenn ich irgendwohin gehe, mich mit jemand sehen lassen will, der gut aussieht. Die Männer, die ich kenne, gehen alle in die gleichen schicken Discos oder fahren in die gleichen Ferienorte. Wir alle versuchen, uns ein Image aufzubauen. Wir wollen in den Augen der anderen ein Erfolg sein. Zu diesem Image gehört, daß man sich mit der richtigen Sorte Frau sehen läßt.« Das Vokabular, das er in der folgenden Feststellung benutzte, bestärkte meinen Eindruck, daß Frauen von diesen Männern eher als Ware denn als Individuen gesehen werden: »Wir haben einen Moralkodex«, erklärte er mir, »wenn jemand mit einer Frau geht, Hände weg. Und auch keine abgelegten Sachen. Man geht nicht mit der früheren Freundin eines Freundes aus. Das ist ein ungeschriebenes Gesetz unter Männern.«

FRAUENHASSER

Die Einstellung des Frauenhassers geht noch viel weiter als die des normalen Machos. Er haßt die Frauen wirklich und ist geradezu sadistisch. Manchmal sind solche Männer in ihrer Kindheit emotional mißbraucht worden, oft hatten sie vor ihrem Vater oder ihrer Mutter Angst. Viele lernten schon sehr früh, ihre Feindseligkeit auszudrücken, indem sie Schwächere leiden ließen. Das brachte ihnen vorübergehend Erleichterung in bezug auf ihre Unsicherheit, die Zurückweisungen, die sie erlebten, und die gesamte Angst, von der ihre Kindheit durchdrungen war. Wenn sie hauptsächlich Probleme mit ihrer Mutter hatten, haben sie im Laufe ihres Lebens gelernt, wie sie ihre Feindseligkeit der Mutter gegenüber auf andere Frauen übertragen können. Eine Möglichkeit liegt im sexuellen Bereich, und diese Männer gebrauchen ihren Penis meist wie eine Waffe. Die Eroberung einer Frau hat grundsätzlich aggressiven Charakter, und ihr Ziel ist es, die Frauen emotional zu verletzen. Als ledige Männer haben sie häufig sehr kurze Affären und genießen es, ihre Eroberungen zurückzuweisen und zu erniedrigen. Oder sie lassen sich, wenn sie dazu in der Lage sind, so weit auf eine Beziehung ein, bis sich eine Frau etwas aus ihnen macht, und weisen sie dann zurück. Oder sie treiben es ganz offen mit anderen Frauen, und sie reiben es der eigentlichen Partnerin dann richtiggehend unter die Nase.

Ein erfolgreicher Geschäftsmann aus Denver verkündete seiner Frau eines Tages, daß er eine Affäre habe und auch damit fortfahren werde, und sie könne es entweder hinnehmen oder gehen. Er kannte seine Frau – diese Männer haben oft hervorragende Instinkte, und, zusammen mit viel Erfahrung, können sie daher ausgezeichnet beurteilen, was andere, aus einer Vielzahl von Gründen, tolerieren werden und was nicht. Diese Frau blieb bei ihrem Mann und lernte, am Anfang voller Zorn, mit der Situation zu leben. Die Sicherheit, die ihr die Ehe gab, war für sie wichtiger als seine Untreue.

Wenn wirkliche Frauenhasser in Ehen oder längeren Beziehungen leben, sind sie meist noch auf andere Art als durch Untreue verletzend zu ihren Frauen. Sie erniedrigen, beleidigen sie, nehmen ihnen ihr Geld oder weigern sich, ihr eigenes mit ihnen zu teilen. Einige schlagen ihre Frauen sogar. Aber, wie gesagt, meist wissen sie, wann eine Frau genug hat und bereit ist, zu sagen, daß es jetzt reicht. Sie werden dann eine Zeitlang nett sein, sich sogar richtiggehend anstrengen, wodurch ihre Frauen an sie gefesselt bleiben.

DIE IMPULSIVEN

Oscar Wilde sagte einst: »Ich kann allem widerstehen außer der Versuchung.« Einige Männer, die in mehrere Beziehungen mit Frauen verwickelt sind, sind so: Im Angesicht der Versuchung erliegen sie immer. Das sind die impulsiven Männer.

Im Grunde sind die Impulsiven alle sehr unreif. Jedoch sind einige in ihrer Unreife erwachsener als andere. Diese »Halbwüchsigen« können gute Jobs haben und sich im Berufsleben verantwortlich verhalten. In anderen Bereichen ihres Lebens sind sie wie kleine Kinder. Wenn sie etwas sehen, was sie haben wollen, ob es ein neues Gerät oder eine Frau ist, müssen sie es bekommen. Erregt eine Frau ihre Aufmerksamkeit, wollen sie sie und nehmen sie sich. Es ist ihnen gleich, ob sie schon eine Beziehung oder eine Ehefrau haben. Sie denken nicht einmal daran. Ganz im Hier und im Jetzt gehen sie drauflos und stürzen sich auf das, was ihnen gefällt. Das Leben wird von Impulsiven als eine Reihe von unmittelbaren Gelegenheiten und Versuchungen erfahren. Sie handeln ganz nach Lust und Laune. Da ihre Aufmerksamkeit ständig wandert und sehr leicht zu erregen ist, ist Treue bei ihnen nur selten zu finden und Promiskuität zu erwarten.

Marcello Mastroianni, der seit 1950 mit derselben Frau verheiratet ist, hat enge Freundschaften mit vielen Schauspielerinnen gehabt und hat offen mit Faye Dunaway und auch mit Cathérine Deneuve zusammengelebt. Als Frauenheld sowohl auf der Leinwand als auch im Leben berühmt, bekannte er, als er über seine zahlreichen Affären sprach: »Was hätte ich tun sollen? Ich bin unreif. Ich bin so auf die Welt gekommen ... Ich kann mich selbst nicht steuern ... Am Sonntagmorgen, am Strand in Ostia sehe ich diese hübschen Mädchen in den Badeanzügen, und ich drehe durch.«

Die infantilsten unter den impulsiven Männern, die gerne spontan handeln, ohne über die Folgen nachzudenken, können für Komplikationen oder Rückschläge, die einen anderen Menschen dazu bringen würden, in seinem Tun innezuhalten und nachzudenken, blind sein. Das hat zur Folge, daß sie manchmal in seltsame, verwirrende oder unbequeme Situationen geraten. Eine Frau erzählte mir zum Beispiel, wie sie bei der Arbeit einen Mann kennenlernte und nett zu ihm war. Sie sprach ihn an, »weil er so traurig aussah. Ich fragte ihn, warum er so unglücklich sei. Er erklärte, daß er gerade mit seiner Freundin Schluß gemacht habe.«

Er fing an, diese Frau zu Hause zu besuchen, eigentlich um über seine Probleme zu sprechen, und sie gingen miteinander ins Bett. Er erzählte ihr, daß er verheiratet sei, jedoch getrennt lebe, daß er aber seiner Frau die Telefonnummer jener Frau gegeben habe, für den Fall, daß mit dem Kind etwas sei. Bald waren auf ihrem Anrufbeantworter Nachrichten seiner Ehefrau, die ihn mit allen möglichen Kosenamen anredete. Und meine Gesprächspartnerin fand heraus, daß ihr Liebhaber nicht nur immer noch seine Freundin traf, mit der er doch angeblich Schluß gemacht hatte, sondern daß er sich auch nicht wirklich von seiner Frau getrennt hatte. Anders als andere Männer, für die so etwas unmöglich wäre, hatte er seiner Frau auch noch die Telefonnummer gegeben, ohne an die möglichen Konsequenzen zu denken.

Einige impulsive Männer können ausgesprochen herzlos werden, wie im folgenden Fall: Sie und er warteten an einer Straßenecke auf ein Taxi, um nach Hause zu fahren, als er eine attraktive

Asiatin entdeckte, die in einem geparkten Wagen auf der anderen Straßenseite saß. Ohne nachzudenken, sagte er mit Blick auf seine Frau: »Eine Chinesin. Ich hatte noch nie eine Chinesin.« In diesem Moment hielt ein Taxi, und sie sagte wutentbrannt: »Dann geh schon und nimm sie dir.« Sie stieg ins Taxi und schlug die Tür zu. Als sie davonfuhr, sah sie ihn auf die Frau in dem Wagen zugehen.

Infantile, impulsive Männer können auch in anderen Bereichen ihres Lebens genauso impulsiv und unverantwortlich sein wie mit Frauen. Ganz plötzlich verlassen sie eine Arbeitsstelle, weil sie sich vorübergehend frustriert fühlen; und dabei vergessen sie alle Vorteile ihres Arbeitsplatzes oder auch die Folgen für ihre Familie. Sie können immer wieder auf die eine oder andere Art in Schwierigkeiten geraten, weil sie sich nicht wirklich im Griff haben. Zielgerichtetes Handeln über längere Zeiträume scheint ihnen unmöglich, und da sie nicht planen oder organisieren können, treiben sie meist in einem chaotischen Lebensstil dahin.

Männer, die ihre Impulse derart schlecht zu kontrollieren vermögen, sind oft alkoholgefährdet. Der Umgang mit Alkohol oder auch Tabletten unterliegt ebensowenig ihrer Beherrschung wie ihr übriges Leben.

Da sie wenig bis keine moralischen Wertvorstellungen haben, fühlen sie sich frei, alles, wonach ihnen der Sinn steht, ohne Schuldgefühle zu tun. Moralische Werte verlangen abstraktes Denken und Distanz von dem, was gerade geschieht. Der impulsive Mann ist dazu nicht fähig.

Jongleure

Die meisten impulsiven Männer sind wie kopflose Kinder, die von einem Ereignis zum nächsten springen. Aber es gibt unter ihnen auch einige, die sind echte »Jongleure«. Spontan ergreifen sie Gelegenheiten beim Schopf und probieren neue Winkelzüge, um zu sehen, wie sie schnell oder noch schneller zu einem praktischen Gewinn oder Vorteil für sich kommen können. Sie erkennen umgehend, was geht und was nicht.

Das bedeutet, daß so ein Mann oft vollkommen unaufrichtig ist. Er belügt seine Frau, macht anderen Komplimente und sagt: »Ich liebe dich«, »Du bist schön«, »Ich glaube, wir haben eine Zukunft«, »Ich bin dabei, mich von meiner Frau zu trennen«, ganz gleich, was er wirklich denkt. Ihm geht es einzig und allein darum, ins Bett zu bekommen, wen er ins Bett bekommen will. Er ist nicht an der Frau selbst interessiert, sondern nur daran, bei ihr Erfolg zu haben.

Schauspieler

Schließlich gibt es noch den impulsiven Mann, der eine hysterische Persönlichkeit hat. Das Leben ist für ihn ein ständiges Drama. Lebendig, sehr ausdrucksstark und sehr emotional, wird er völlig von seinen Gefühlen beherrscht. Er ist leicht ablenkbar und gehört zu denen, die sich alle zwei Minuten aufs neue verlieben und natürlich niemandem wirklich treu bleiben können. Er lebt nur für die romantischen Hochgefühle und kann ihren Rückgang, so normal er auch sein mag, nicht ertragen. Flaut ein Gefühlsschub ab, ist die Sache für ihn gelaufen. Ist ein hysterischer Mann verheiratet, ist es letztlich unmöglich, daß er in seine Frau tatsächlich verliebt ist. Er kennt sie zu lange, als daß sie noch das Objekt seiner Leidenschaft sein könnte, die von Neuem, Aufregendem und Dramatischem träumt, wenn er auch, um sich so einen Anker in den Stürmen seiner Existenz zu sichern, eine weniger emotionale Frau zu seiner »Hauptbeziehung« gemacht haben kann.

Die manisch Überdrehten

Diese Männer lassen sich nur auf Affären ein, wenn sie eine Phase manischen Verhaltens durchlaufen – Tage oder Wochen wilder Euphorie. Als seine Partnerin können Sie es daran erkennen, daß er geladen, überaktiv und völlig aufgedreht ist und bei allem eine geradezu schwindelerregende Geschwindigkeit an den Tag legt. Es ist gut möglich, daß er in solchen Phasen beginnt, schneller zu sprechen oder extrem gesprächig zu werden, daß er einen endlosen Strom von Wörtern und wilden Ideen über unzusammenhängende Themen von sich gibt und Sie das Gefühl haben, daß seine Gedanken buchstäblich rasen.

Während einer manischen Phase läßt sich ein Mann typischerweise auf zu viele Dinge gleichzeitig ein. Dem unbefangenen Beobachter kann er ansteckend gut gelaunt und reizend erscheinen, aber wenn Sie ihn näher kennen, werden Sie das Gefühl haben, daß er hektisch und durcheinander ist.

Er verspürt das Bedürfnis, ständig mit Leuten zusammenzusein. Zu allen Tages- und Nachtzeiten kann er während dieser Zeiten Freunde und Bekannte anrufen. Und obwohl seine Umwelt ihn für aufdringlich, ja geradezu unverschämt halten mag, ist sich der Mann in einer manischen Phase dieser Wirkung nicht bewußt. Er fühlt sich ganz obenauf, voller Selbstvertrauen, fähig, alles zu tun, was ihm einfällt.

Hypersexualität ist ein übliches Symptom. Der Mann kann eine Reihe von zwanglosen sexuellen Begegnungen haben und/oder an seine reguläre Partnerin sonst nie geäußerte Wünsche herantragen. Das Bedürfnis nach Schlaf ist merklich verringert; so können ihn sexuelle und andere Eskapaden lange über den Zeitpunkt hinaus beschäftigt halten, an dem er sonst ins Bett gehen würde. Der Mangel an Urteilskraft, der typisch ist für Menschen, die eine manische Phase durchlaufen, läßt sie oft außerordentlich indiskret werden, was zur Folge haben mag, daß seine Partnerin hinter eine oder mehrere Affären kommt.

Es gibt einige Männer, die an einer milderen Form von Manie leiden, die allerdings chronisch ist. Sie sind ständig ein wenig aufgedreht. Aber die Mehrzahl macht manische Anfälle durch, die sich in einem Auf und Ab mit Phasen der Depression abwechseln. Klinisch werden solche Menschen manisch-depressiv genannt. Man nimmt an, daß sie an einer Stoffwechselstörung leiden, die ihre starken Stimmungsschwankungen hervorruft. Medikamente, von einem Psychiater verordnet, können helfen, die Stimmungsschwankungen dieser Männer unter Kontrolle zu bringen.

PRINZEN

Ein Mann, der ein »Prinz« ist, ist dazu von seiner Mutter gemacht worden – einer Frau, die häufig in ihrer Ehe zutiefst unbefriedigt war und deren Mann viele ihrer Bedürfnisse nicht befriedigen konnte. Nicht selten war er ein gutes Arbeitstier, dem
es jedoch an Sensibilität, Bildung oder der Fähigkeit fehlte, sich
mitzuteilen, mit seiner Frau zu kommunizieren und seinen Gefühlen Ausdruck zu geben.

Als ihr Sohn geboren wurde, behandelte diese Frau ihn wie
einen Messias und richtete ihre ganze Liebe und Aufmerksamkeit auf ihn. Alles, was er wollte, bekam er, und nur das Beste war
gut genug für ihn. Sie wurde seine Dienerin, und er wurde
übermäßig abhängig von ihr. Das ganze Leben lang bleiben diese
Mutter und dieser Sohn aneinander gebunden.

Da die Mutter ihren Sohn als Erlöser ansah, lernte er, sich
selbst als Geschenk Gottes für die Frauen zu betrachten. Und da
seine Mutter ihm sämtliche Wünsche erfüllte, kann ihr keine
Frau später gleichkommen. Sie werden niemals seinen wahren
Wert erkennen oder ihm soviel geben können, wie er glaubt zu
verdienen.

Die Bedürfnisse des Prinzen nach Aufmerksamkeit und Zuneigung sind unmäßig, und da keine Frau dieses Faß ohne Boden
füllen kann, versucht er oft selbst, einen doppelten Boden einzu-
bauen – indem er ständig eine oder zwei Affären unterhält. So
kann sich der Prinz das Gefühl verschaffen, daß er fast soviel
Aufmerksamkeit und Liebe bekommt, wie er braucht. Ein Prinz
kann als lediger Mann mit sehr vielen Frauen Verhältnisse anfangen, aber im allgemeinen betrachtet er die Ehe als erstrebenswertes Ziel. Die Mutter hat ihm in aller Regel gleichsam eingeimpft,
daß das zu seinem Leben gehört. Genau wie Treue, ein weiteres
Ziel, auf das seine Mutter Wert legte.

Ein Prinz kann daher, solange er unverheiratet ist, in einer
Beziehung anfangs durchaus treu sein, aber bald wird er aus dem
einen oder anderen Grund zu der Überzeugung gelangen, daß
Sie seiner nicht wert sind, und er läßt Sie fallen oder bändelt
mit einer anderen Frauen an.

Möglicherweise, meist später als früher, erfüllt der Prinz aber den Auftrag seiner Mutter und heiratet. Und sollte er es tatsächlich schaffen, Ihnen als Ehemann treu zu bleiben, dann nur deshalb, weil er seine ganze Kraft aufwendet, um im Berufsleben erfolgreich zu sein, und seinen Sexualtrieb mit Gewalt unterdrückt. Doch allzuoft fühlt sich der Prinzgemahl von seiner Frau nicht genügend geschätzt und befriedigt sich mit Affären. Das hat seinen Preis. Da er gegen die ihm eingeimpften Wertvorstellungen handelt, fühlt er sich schuldig. In seinen Träumen glaubt der Prinz, die Lösung bestünde darin, daß seine Frau sich mit seinen Affären einverstanden erklärte. Aber da er im allgemeinen eine eher traditionell eingestellte Frau geheiratet hat, für die das wahrscheinlich unmöglich wäre, schneidet er das Thema nicht einmal an. Statt dessen macht er heimlich weiter und ringt mit seinem Gewissen, das ihm keine Ruhe läßt.

Dreiecksspezialisten

Tauzieher

Einige Männer erregt es, wenn zwei Frauen um sie kämpfen. Sie können stöhnen und ächzen, wenn sie sich in einer solchen Situation befinden, aber sie fühlen sich als Objekt derartiger Kämpfe in absoluter Topform. Heimliche Untreue hat bei solchen Männern keinen Bestand. Entweder sie schaffen es, »entdeckt« zu werden, oder sie geben offen bekannt, daß es eine Rivalin gibt, da der Sinn der Untreue nicht in Sex, Liebe oder Romantik liegt, sondern in der erhofften Auseinandersetzung zwischen den Konkurrentinnen.

Diese Männer sind häufig in Dreieckssituationen aufgewachsen – Mutter und Vater haben eventuell versucht, ihm zu beweisen, daß sie ihn mehr liebten als der jeweils andere. Oder zwei wichtige Frauen, die miteinander in Konkurrenz standen, haben ihn erzogen, eine Kinderfrau und seine Mutter zum Beispiel, oder eine Großmutter und seine Mutter.

Sich in einem Konkurrenzstreit zwischen zwei Frauen zu befinden, verleiht den »Tauziehern«, die unter anderem auch Probleme mit der eigenen Wertschätzung haben mögen, ein großartiges Gefühl von Macht. Um Dreiecke am Leben zu erhalten, springen sie oft wie ein Pingpongball zwischen zwei Frauen hin und her und treffen nie eine endgültige Entscheidung. An einem Tag beschließen sie, die Ehefrau zu verlassen, am nächsten Tag ändern sie ihre Meinung und kommen zu ihr zurück; dieses Spiel wiederholt sich gewöhnlich mehrmals.

Im allgemeinen endet solch ein Dreiecksverhältnis, weil Sie oder seine Geliebte schließlich genug haben und ihn verlassen oder hinauswerfen. Wenn er es bestimmen könnte, würde es ewig so weitergehen. Und einigen besonders entschiedenen und gestörten Dreiecksspezialisten gelingt es tatsächlich, daraus eine Dauereinrichtung zu machen, indem sie die zwei Frauen dazu bringen, in eine ménage à trois einzuwilligen.

Wird eine Dreierkonstellation beendet, suchen solche Männer unvermeidlich eine neue. Und selbst wenn sie heiraten, werden sie sich bald auf eine andere Frau einlassen. Ob ledig oder geschieden, sie werden, sobald sie eine Frau für sich gewonnen haben, eine neue Romanze anfangen, und das ganze Spiel beginnt von vorn. Ein echter Dreiecksspezialist braucht derartige Situationen in seinem Leben immer wieder.

Duellanten

Eine Variation des Dreiecks entsteht, wenn sich ein Mann wegen einer Frau mit einem anderen Mann ein emotionales Duell liefert. »Duellanten« sind Männer, die die Gewohnheit haben, sich mit verheirateten oder gebundenen Frauen einzulassen. Sie haben es gern, einem anderen Mann die Frau wegzunehmen. Bei diesem Spiel geht es natürlich im Grunde nicht um die Frau, sondern um den Mann. Die Kampfsituation erfüllt den Duellanten mit Kraft und Energie. Will er Sie nicht aufgeben, hat das oft weniger mit seinem Interesse an Ihrer Person zu tun als mit seinem Bedürfnis, immer als Sieger gelten zu müssen.

Kann er triumphieren, weil Sie sich zu seinen Gunsten entscheiden, wird seine Begeisterung plötzlich nachlassen. Sie sind nicht mehr so aufregend wie vorher, und wahrscheinlich wird er Sie bald fallenlassen, um sich eine Neue zuzulegen, was Sie, die möglicherweise einen anderen Mann für ihn aufgegeben hat, tief treffen wird.

Seine neue Liebe wird sehr wahrscheinlich wieder verheiratet oder an einen Partner gebunden sein, was, wie wir wissen, seine Leidenschaft entfacht: Er sieht sich einem Konkurrenten gegenüber, den es aus dem Weg zu räumen gilt.

Die Wurzeln dieser Art von Besessenheit reichen bis in die ödipale Phase der Kindheit zurück, in der diese Art Mann emotional steckengeblieben ist. Im Alter von fünf oder sechs ist ein Junge normalerweise in seine Mutter verliebt und träumt davon, sie seinem Vater wegzunehmen. Genau das ist es, was er später mit seinen Dreiecksgeschichten versucht – symbolisch spannt er immer wieder seinem Vater die eigene Mutter aus.

Wie der »Duellant« reagiert auch der nächste Typus von Mann, den wir betrachten wollen, auf Sie wie auf seine Mutter. Nur daß er sein Interesse tatsächlich auf Sie zentriert, und das Hauptmotiv seines Handelns nicht wie beim Dreiecksspezialisten in der Lust an der Auseinandersetzung mit einem Konkurrenten gründet.

7

ER MACHT SIE ZU SEINER MUTTER

DIE »BABYS«

Es gibt eine ganze Reihe von Männern, die nicht ohne eine Frau an ihrer Seite über die Straße gehen können. So ein Mann wird oft gleich einige Geliebte haben, die die Lücke ausfüllen, die entsteht, wenn seine Frau verreist, beschäftigt oder krank ist – oder für den Fall, daß er plötzlich nachmittags ein paar Stunden Zeit und nichts zu tun hat. Wenn er alleine verreist, wird er sich so unwohl fühlen, daß er alle Hebel in Bewegung setzt, um sich mit einer anderen Frau zu versorgen. Wenn seine Frau wegfährt, um Verwandte zu besuchen, wird er sofort den Telefonhörer aufnehmen, um eine seiner Geliebten zu bitten, ihn doch zu besuchen.

Brian ist ein Beispiel für solch ein »Baby«. Brian ist vor einem Jahr aus einer kleinen Stadt in Minnesota nach New York gezogen. Er hat eine feste Freundin in New York, eine in seiner Heimatstadt, in die er immer wieder fährt, und eine in Chicago, wo er sich häufig aus geschäftlichen Gründen aufhält.

Oder Gerard. Gerard ist Rektor einer High-School im Vorort einer Stadt im Süden. Er ist verheiratet. Über seinen Beruf kommt er mit vielen Frauen in Kontakt – mit Lehrerinnen, Schulberaterinnen, Schulkrankenschwestern oder Müttern von Schülern. Er hat im allgemeinen zwei oder drei Geliebte, die er sich aus diesem Angebot heraussucht. Zwar sind einige von ihnen verheiratet, aber zu seinem Stamm zählt immer mindestens eine Frau, die alleinstehend ist. Gerard weiß, daß es Zeiten gibt, zu denen verheiratete Frauen nicht verfügbar sind. Da er sich viel Zeit nimmt, um eine Frau zu verführen, und da er ein guter Unterhalter ist, verlieben sich viele seiner Eroberungen in ihn. Gerard bleibt jedoch für sie emotional unerreichbar, wenn die Eroberung einmal stattgefunden hat. Auch wenn er diese Frauen braucht, so sind sie doch im Grunde austauschbar. Sie dienen ihm nur dazu, sich vor Einsamkeitsgefühlen zu schützen.

Neulich verreiste Gerards Frau übers Wochenende. Er beschloß, jemand anzurufen, bei der er sich seit Monaten nicht mehr gemeldet hatte. Er bat sie, ihn zu besuchen, doch sie weigerte sich. »Du willst nur Sex«, sagte sie. Er sagte: »Ich will nur reden.« Und so überredete er sie zu kommen, um sich zu unterhalten. Als sie schließlich da war, versuchte er ständig, sie ins Bett zu bekommen. Sie beschloß zu gehen. Gerard konnte ihre Begründung dafür nicht verstehen – sie wollte mehr von ihm als nur Sex. Als sie aus der Tür war, brach er in Tränen aus.

Für Gerard und Männer wie ihn sind Frauen Mütter. Sie verhalten sich ihnen gegenüber wie ein Baby, das erwartet, sofort gefüttert zu werden, wenn es vor Hunger schreit. Gerard betrachtet Frauen als Brüste voller Milch. Er erwartet von ihnen, daß sie zur Stelle sind, sobald er ihre Nahrung braucht, die er durch Sex zu bekommen trachtet. Männer wie Gerard sind vollkommen selbstsüchtig und ichbezogen. Männer, die Babys sind, können sich nicht vorstellen, daß Frauen ein eigenes Leben oder eigene Bedürfnisse haben. Babys sind unfähig zur Treue, sie glauben, daß immer ein paar Frauen auf Abruf für sie dasein müssen, um sie zu füttern.

Das »Böse Mutti«-Syndrom

Bald nachdem sie heiraten, sich fest an eine Frau binden oder mit ihr zusammenleben, fangen viele Männer an, auf sie so zu reagieren wie damals auf ihre Mütter, als sie noch Kinder waren. Anfangs halten diese Männer ihre Frau für wunderbar, idealisieren sie und stellen sich vor, daß sie genau die Qualitäten hat, die ihrer Mutter fehlten. Aber schon bald bricht die Realität über sie herein. Sie fangen an, kleine Fehler an ihr zu entdecken, die für sie vom Bild der idealen Mutter abweichen. Können sich Menschen auch im allgemeinen mit den Fehlern ihrer Partner arrangieren, so ist das bei diesen Männern anders. Sie machen eine Kehrtwendung. Anstatt diese wundervolle Frau zu sein, die alles ist, was die Mutter nicht war, wird die Partnerin in seinen Augen plötzlich wie sie. Er fängt an zu denken, daß sie die gleichen Eigenschaften hat, die er bei seiner Mutter oder seinem Vater so haßte. Lassen Sie uns sehen, wie das funktioniert.

Arthur wuchs bei einer Mutter auf, von deren Forderungen er sich erstickt fühlte. Als er Francine kennenlernte, die sanft und süß war, dachte er, daß sie die Frau seiner Träume sei, das Gegenteil seiner Mutter – gelassen und nachgiebig. Bald war er in Francine verliebt und ein Jahr später mit ihr verheiratet. Ein paar Monate nach der Eheschließung begann er zu bemerken, daß Francine anders war als das Bild, das er sich von ihr gemacht hatte. Sie war zwar nicht dominierend, doch gab sie gern ihrer Meinung Ausdruck. Arthur reagierte völlig übertrieben. Plötzlich war sein idealistisches Bild von ihr als der süßen und netten Frau gestorben, statt dessen sah er in ihr nun eine Frau, die seiner Mutter aufs Haar glich. Er empfand sie als fordernd, dominierend und kontrollierend. Das zuvor noch vollkommen positive Bild hatte sich in sein Gegenteil verkehrt. Dieser Wandel der Sichtweise ist sehr charakteristisch für Männer, die von ihrer Psyche her darauf fixiert sind, Frauen als »böse Mütter« zu sehen. Der Mann, der an diesem Syndrom leidet, tut dies nur bei seiner eigenen Frau – im Gegensatz zum Narzißten, der alles und alle in gut und böse unterteilt.

Ganz gleich, welche spezifischen Merkmale diese Männer einer Frau vorher zugeschrieben haben, das Bild, das sie von ihr später in ihrer Enttäuschung malen, ist fast immer anti-erotischer Natur. Das kann bis hin zu Kastrationsängsten führen. Und das Ergebnis? Der Mann sucht sich bei anderen Frauen sexuelle Erregung und Erfüllung.

Die Projektion von negativen Eigenschaften auf die Partnerin tritt bei einer Geliebten normalerweise nicht auf. Das ist der Grund, warum Affären für diese Männer so verlockend sein können. Es ist nicht die andere Frau, die so bezaubernd ist. Das Unwiderstehliche liegt darin, daß eine Affäre die Befreiung vom Wiederholungszwang verspricht – dem Zwang, alte Frustrationen und Konflikte zu wiederholen, der bei der festen Partnerin unausweichlich scheint.

DAS »GUTE MUTTI«-SYNDROM

Eine andere Sorte von untreuen Männern, die ihre Frau zu ihrer Mutter machen, wünscht sich im Grunde eine Ernährerin. Ein lediger Mann dieser Art sucht sich immer ganz genau die Frauen, die zum Beispiel alles für den gemeinsamen Urlaub regeln, weil er so beschäftigt ist, oder die ihn lieber bekochen, als mit ihm essen zu gehen. Dieser Typus Mann hat Sie vielleicht sogar als Gefährtin ausgesucht, weil er denkt, daß Sie eine gute Mutter für seine Kinder sein werden. Er sucht jemanden, der die Mutter verkörpert, die er niemals gehabt hat, zum Beispiel weil seine eigene Mutter gestorben ist, als er noch klein war. Häufiger jedoch wollen diese Männer ein Abziehbild ihrer eigenen fürsorglichen, nährenden Mutter. Und ihre Instinkte, eine solche Frau zu finden, sind hervorragend.

Jim, ein Geschäftsmann aus Chicago, wuchs bei einer Mutter auf, die alles für ihn tat. Sie machte sein Bett, sie half ihm beim Kleidereinkauf, sie half ihm bei der Wahl des Colleges und seines Berufs, sie stand ihm ohne Ausnahme bei allem, was er machte, mit Rat und Tat zur Seite. Seine Ehefrau Jeanne holte ihn gleichsam direkt bei seiner Mutter ab. Auch sie tat alles für ihn. Sie zahlte die Rechnungen, erledigte alle Notwendigkeiten, ging zur Post und zur Reinigung, kochte ausgeklügelte Mahlzeiten für ihn und stellte sicher, daß er regelmäßig zum Arzt und Zahnarzt ging. Jim liebte und schätzte seine Frau aufrichtig, aber bald fühlte er sich von ihr sexuell nicht mehr so angezogen. Er fing kurze Affären mit Frauen an, die er meist durch seine Arbeit kennenlernte und denen es an den persönlichen Qualitäten seiner Frau zu mangeln schien, zu denen er sich aber dennoch körperlich hingezogen fühlte.

Männer wie Jim respektieren oder bewundern im allgemeinen die Frau, an die sie gebunden sind. Das einzige Problem liegt darin, daß sie in ihr zu sehr die Mutter sehen, was Inzestgefühle in ihnen entstehen läßt, und so die sexuelle Anziehung schwindet. Sie müssen sich anderen Frauen zuwenden, wollen sie ihre erotischen Bedürfnisse befriedigen.

Hat ein solcher Mann eine Affäre, macht er der anderen Frau schnell klar, daß zwar der Sex mit seiner eigenen Frau nicht großartig sein mag, daß sie im übrigen aber eine wunderbare Partnerin ist und er nicht die Absicht hat, sie jemals zu verlassen. Meist fühlen sich diese Männer schuldig, weil sie ihre treuen und hilfsbereiten Ehefrauen betrügen. Ein Ausweg, mit diesen Schuldgefühlen leben zu können, besteht darin, sich zu sagen, daß ihre Nebenbeziehungen rein sexueller Natur sind.

REBELLEN

Ein anderer Typus, der seiner Frau mit unbewußten Manövern die Rolle der Mutter zuweist, ist derjenige, für den Untreue eine Art von Rebellion bedeutet. Er erlebt die Beziehung, durch die er sich gebunden hat, als einengend und erstickend und seine Partnerin als Überwachungsinstanz – ständig beurteilt sie sein Verhalten, ständig ist sie zum Tadel bereit. Auf emotionaler Ebene reagiert er auf sie wie auf einen kontrollierenden Elternteil. Sich behindert und kontrolliert fühlend, reagiert diese Art Mann wie ein Jugendlicher. Um dem zu entkommen, was er als fordernde Beziehung betrachtet, hat er Affären, die für ihn das Gegenteil sind – Spiel und Freiheit, Inseln der Glückseligkeit, Aufregung und Selbstvergessenheit.

Im Grunde verhalten sich Rebellen wie »böse Jungen«, und wie eine Reihe von »bösen Jungen« wollen sie in Wirklichkeit heim zur Mama. Deshalb gestehen sie entweder ihre Seitensprünge ein, oder es gelingt ihnen auf die eine oder andere Art, von ihrer Partnerin erwischt, bestraft und, natürlich, wieder im warmen Nest aufgenommen zu werden.

Andere Rebellen haben sich innerhalb ihrer Ehe in rigiden,

stereotypen Verhaltensmustern verfangen. So haben sie zum Beispiel in der Beziehung die Rolle des ordentlichen, vernünftigen Partners übernommen, auf den man sich verlassen kann. Da sie in dieser Rolle als Familienmann die spielerische Seite ihrer Natur unterdrücken, kann es sein, daß sie eines Tages rebellieren und ins Gegenteil umschlagen – sie fangen eine Affäre an, in der sie sich erlauben können, sich emotional auszudrücken oder sogar unverantwortlich zu sein. Eine Affäre ist ein Weg, aus den sehr einengenden Verhaltensmustern auszubrechen, die sich im Zusammenleben mit der Partnerin eingeschliffen haben.

Viele Rebellen sind im Grunde von ihrer Partnerin extrem abhängig. Sie halten jedoch Abhängigkeit für beschämend oder unmännlich und schlagen den Weg der Untreue ein, um ihre Unabhängigkeit und/oder Männlichkeit unter Beweis zu stellen. So können sie sagen: »Schaut, ich brauche sie gar nicht so sehr.« Doch das stimmt nicht. Und so arrangieren sie es schließlich, daß ihr Verhältnis entdeckt wird.

Die Erotik des Heimlichen

Bevor ich das Thema »Untreue bei Männern, die ihre Frauen als Mütter sehen« verlasse, möchte ich auf ein anderes Phänomen im Zusammenhang mit Affären hinweisen. Viele Männer erregt die Atmosphäre des Heimlichen. Die Tatsache, mit einer Frau etwas heimlich zu tun, ist für sie genauso erotisierend wie der Sex selbst.

Ein Mann, der wiederholt untreu war, erzählte mir: »Was mich am meisten erregt, ist, mit jemanden ein Geheimnis zu teilen, von dem niemand sonst weiß – einfach das Zusammensein mit einer Frau, wenn meine Frau und der Mann dieser Frau nichts davon wissen.«

Drei Dinge stehen hinter dieser Sexualisierung des Heimlichtuns: Erstens, der Mann kann das Gefühl haben, daß er etwas vor seiner Mutter – also vor Ihnen – verbirgt, und wie für viele kleine Jungen ist das für ihn ein besonderer Kitzel, es sagt ihm, daß er eigentlich von Ihnen unabhängig ist. Zweitens ist das Heimliche mit den erotischen Freuden der Selbstbefriedigung versehen. Neben der bloßen Heimlichkeit verknüpft eine Affäre die erotischen Empfindungen mit Schuldgefühlen, eine Kombination, wie sie ebenfalls für die Selbstbefriedigung charakteristisch ist. Drittens, da sich viele Kinder fragen, was ihre Eltern denn wohl hinter den verschlossenen Türen tun, ist Sexualität für sie mit Heimlichkeit verbunden; und wahrscheinlich ist es auch das, was kleine Jungen mit ihren Mamis während der ödipalen Phase im Alter von fünf oder sechs tun wollen. Die Heimlichkeit einer Liebesaffäre versetzt den Mann symbolisch hinter diese verschlossenen Türen, und dieser Kitzel des Heimlichen kann sehr mächtig und erregend sein, weil er auf frühe, primitive sexuelle Empfindungen für eine nahe Bezugsperson zurückgeht.

MISCHFORMEN

Obwohl ich die Dynamik des untreuen Mannes unter verschiedenen Überschriften beschrieben habe, erkennen Sie vielleicht Eigenschaften Ihres Mannes in mehr als einem der vorangegangenen Abschnitte wieder. Der Grund ist, daß, wenn auch gewöhnlich ein bestimmter Typus vorherrscht, viele Männer eine Kombination aus zwei oder mehr Kategorien sind. Nehmen wir zur Abwechslung ein prominentes Beispiel.

Der Schauspieler Steve McQueen vereinigt in sich vier Arten von untreuen Männern. Als erstes war er vor allem ein zwanghafter Schürzenjäger. Sein süchtiges Verhalten in bezug auf Frauen, das Penina Spiegal in ihrer Biographie des Schauspielers dokumentiert hat, basierte auf der tiefen inneren Unsicherheit, die bei diesen Männern so verbreitet ist. Laut Spiegal hat ihn sein Vater verlassen, als er sechs Monate alt war. Seine Mutter verließ ihn wiederholt. Sie verschwand, ließ ihn bei den Großeltern, kam gelegentlich zurück und versprach, für immer zu bleiben, um ihn dann wieder kurzerhand bei den Großeltern abzusetzen.

Steve McQueen fing mit seinem ungeheuren Frauenkonsum bereits an, als er noch längst nicht berühmt war. Als unbekannter Schauspieler in New York hatte er etliche Geschichten für eine

Nacht. Daneben unterhielt er ein paar feste Beziehungen, war aber unfähig, treu zu sein. Und doch hing er später sehr an seiner Frau Neile. Wie es für viele Männer seinesgleichen charakteristisch ist, galt auch für ihn die Überlegung, daß er so lange seine Frau nicht wirklich betrog, wie er sich auf seine sexuellen Eroberungen nicht auch emotional einließ.

Als er in die mittleren Jahre kam, begann er sich Sorgen über das Älterwerden zu machen, und sein Frauenkonsum steigerte sich noch mehr.

In dieser Phase zeigte sich, daß er auch ein »Rebell« war. Er entwickelte das Gefühl, daß seine Frau seine Freiheit einschränkte, und begann seine Affären zur Schau zu stellen, indem er seine Geliebten an Orte mitnahm, die von Bekannten der McQueens besucht wurden. Bald hielt es seine Frau nicht länger aus und reichte die Scheidung ein, was den Schauspieler völlig zerstörte. Wie viele Rebellen war er in Wirklichkeit von dem Menschen, gegen den er rebellierte, sehr abhängig.

McQueen war auch ein Macho. In typischer Manier umgab er sich immer mit einem Rattenschwanz von Freunden. Mit ihnen veranstaltete er die typischen Macho-Unternehmungen: Motorrad- und Autorallyes, Schlägereien in Bars und sexuelle Eskapaden. Wie viele Machos führte McQueen seinen Freunden seine Eroberungen vor. Oft schien dies der einzige Sinn seines Treibens zu sein.

Der Schauspieler schien zu glauben, Frauen hätten abhängig und schwanger zu sein. So veranlaßte er seine erste Frau, eine erfolgreiche Karriere am Theater aufzugeben, um sich ganz ihm zu widmen. Mit seiner zweiten Ehefrau führte er, auf Kosten ihrer Karriere, ein Einsiedlerleben. Er inszenierte regelrechte Machtspiele mit ihr, indem er sie in der Öffentlichkeit herumkommandierte.

Zwischenzeitlich wechselte er des öfteren aus dem Lager der Machos in das Lager der Frauenhasser, schien seinen Haß auf seine Mutter auf Frauen im allgemeinen zu übertragen. Nur seine Tochter war davon ausgenommen.

Sie sehen, wie die Züge verschiedener Typen in einem Mann zusammenkommen können.

Bis jetzt habe ich über Männer gesprochen, deren Untreue auf individuellen psychologischen Problemen fußt, die ihre Wurzeln in der Kindheit haben. Noch bevor so ein Mann als Erwachsener mit einer Frau eine Beziehung einging, hatte seine individuelle Geschichte aus ihm bereits einen unsicheren, unreifen, ängstlichen, auf Frauen wütenden Mann gemacht und sein Männer- und Frauenbild mit falschen Mythen verzerrt.

Wie Sie im nächsten Kapitel sehen werden, liegen die Gründe für viele Affären allerdings andernorts. Sehr oft ist männliche Untreue weit stärker situations- als persönlichkeitsbedingt.

8

SITUATIONEN,
IN DENEN EIN MANN UNTREU WIRD

Was ist das Spezifische an Situationen, die Untreue fördern? Sexuelle Probleme, Rache für Kränkungen durch die Partnerin, emotionale Deprivation, Machtkämpfe, die Angst der mittleren Lebensjahre, Scheidung und eine unsichere sexuelle Orientierung – all dies kann eine Rolle spielen. Lassen Sie uns mit dem beginnen, was Männer am häufigsten als Grund für ihre Untreue anführen: sexuelle Probleme.

DER VERSUCH, SEXUELLE PROBLEME ZU LÖSEN

»Ich werde es mir woanders holen«

Greg, 42 Jahre alt, erzählt mir von seiner Frau: »Sie ist wirklich eine tolle Frau, aber sie empfindet sich als asexuell. Sie glaubt, daß sie immer so gewesen ist, doch das stimmt nicht. Am Anfang unserer Ehe war sie eine Fünf, nimmt man eine Skala von null bis zehn, und das war in Ordnung. Aber jetzt ist sie eine Null, und ich will sie auf eins oder zwei bringen, und das versteht sie nicht. Sie hat absolut kein Bedürfnis nach Sex, also hole ich ihn mir woanders, anstatt zu Hause darum zu kämpfen. Ich habe mich während unserer ganzen Ehe ziemlich viel herumgetrieben.« Greg ist seit zwölf Jahren verheiratet. Er fing mit seinen Affären sieben Monate nach der Eheschließung an.

Lester, ein Mann von 54 Jahren, sagt: »Lassen Sie mich Ihnen erzählen, wie das vor sich geht. Eine Frau hat ein Baby. Das ist, wie sie gelernt hat, ihre Lebensaufgabe. Es wird von ihr erwartet, daß sie heiratet und Kinder bekommt. So hat sie also das Kind und damit ihren Auftrag erfüllt. Jetzt glaubt sie, daß sie keinen Sex mehr nötig hat, und widmet ihre Zeit den Kindern. Man kauft ein Klavier, damit die Kinder spielen lernen, und sie dreht einem nachts den Rücken zu. Man schläft nicht mehr mit seiner Frau, und so zieht man los und sucht es sich bei einer anderen. Es gibt eine ganze Generation von solchen Frauen. Sie wurden dazu erzogen, eben nicht durch die Betten zu steigen. Sie mögen Sex nicht. Was sollen die Männer machen, wenn die Frau sie zurückweist und ihnen den Rücken zukehrt?«

Eric, 48 Jahre, erzählt mir folgende Geschichte: »In jener Zeit wurde noch mit zweierlei Maß gemessen. Man bat seine Frau, bestimmte Dinge zu tun, und wenn sie sie nicht tat, ging man woandershin. Ich frage mich manchmal, ob ich es ihr nicht hätte beibringen können. Sie hat in den zwanzig Jahren unserer Ehe zweimal oralen Sex mit mir gemacht. Sie findet das schrecklich, und schließlich ging ich den leichteren Weg. Frauen mochten mich immer, und ich dachte: ›Wenn sie nicht will, wenn das so ein Theater ist, hole ich es mir woanders.‹«

Man könnte annehmen, daß es diese Probleme nur bei Frauen einer bestimmten Generation gibt, aber Tatsache ist, daß es in allen Ehen Unterschiede im Bedürfnis nach Sex und in den besonderen Vorlieben gibt. Verschiedene Untersuchungen sind alle zu demselben Schluß gekommen: einer der Hauptgründe für Affären ist seltener und/oder einfallsloser Sex. Shere Hite schreibt in ihrem Report über männliche Sexualität, daß die meisten Männer als Grund für ihre Affären angeben, der Sex zu Hause sei unbefriedigend und auch zu selten. Sie berichtet, daß Männer klagten, einen stärkeren Sexualtrieb als ihre Frauen zu haben. In der Untersuchung von Simenauer und Pietropinto an viertausend Männern nannten 32 Prozent der Ehemänner Unzufriedenheit mit dem Sexualleben zu Hause als Hauptgrund für ihre Seitensprünge.

Männer haben Affären, um mehr Sex zu bekommen, wenn das Bedürfnis ihrer Frauen danach signifikant geringer ist als ihr eigenes; sie tun es wegen bestimmter Praktiken, wie oralem Sex, gegen die sich ihre Frauen wehren; und sie tun es, wenn sie grundsätzlich die Lust auf ihre Frauen verloren haben.

Sexuelle Unterschiede, wie stark unterschiedliche Bedürfnisse oder gegensätzliche Temperamente (zum Beispiel eine gehemmte, prüde Frau und ein sexueller Abenteurer), können zu Affären führen. Eine Frau wendet sich von ihrem Mann ab, und er versucht seine Bedürfnisse anderswo zu befriedigen. Was ist aber, wenn der Mann die Lust auf seine Frau verliert? Oft ist das ein Symptom für andere, oben bereits behandelte Probleme wie die Sicht der Frau als Heilige oder Hure, die Projektion von guten und schlechten Mutterbildern auf die Partnerin oder Probleme mit Nähe und Intimität, um hier nur einige Punkte noch einmal zu nennen. Nicht selten ist bei sexuell nicht harmonisierenden Paaren eine Kombination all dieser Faktoren am Werk.

Ganz gleich, warum, wenn es einen großen Unterschied im Bedürfnis nach Sex gibt, der Mann zum Beispiel häufigeren Geschlechtsverkehr wünscht, haben viele Männer das Gefühl, daß Seitensprünge ein Heilmittel sind – daß sie damit die ehelichen Konflikte entschärfen.

Ein Mann erklärte: »Ich habe versucht, mit den Affären Schluß zu machen. Ich hätte gerne alles an Ort und Stelle. Ich bin an einem Punkt, wo ich mich lieber nicht herumtreiben würde. Aber das geht zwei oder drei Monate gut, und dann zerreißt es mich förmlich. Ich brauche den Sex. Am Ende kämpfen wir fürchterlich miteinander. Also habe ich jetzt eine Beziehung mit einer netten Frau, die nicht viel von mir erwartet, und meine Frau ist den Druck los.«

»Ich gehe hier und da fremd«, bekannte ein anderer Mann. »Was man zu Hause nicht bekommt, Sie wissen schon. Aber es ist schwierig, und ich fühle mich schuldig. Ich habe Angst, mir was einzufangen.«

»Vielleicht finde ich jemanden, der mir helfen kann«

Sexuelle Funktionsstörungen des Mannes, wie andauernde Impotenz mit einer festen Partnerin, können ebenfalls dazu führen, daß er es mit einer anderen versucht.

Eine ledige Frau beschrieb ihre Erfahrungen mit Murray, einem geschiedenen Rechtsanwalt: »Er war ein charmanter Mann, der sich klar ausdrücken konnte und sehr erfolgreich war. Er war heiß und aufgeladen und schien es nicht abwarten zu können, mit mir ins Bett zu kommen. Bei unserem dritten Treff war es dann soweit. Zuerst hatte er eine Erektion, aber er blieb nicht steif. Er tat mir leid, und ich sagte ihm, er solle sich keine Sorgen machen, viele Männer hätten beim erstenmal Schwierigkeiten. Eine Woche später probierten wir es wieder. Das gleiche. Ich war immer noch rücksichtsvoll. Ich weiß, wie sehr das Männer durcheinanderbringen kann. Wieder sagte ich ihm, er solle sich deswegen bloß keine Sorgen machen. In der nächsten Woche klappte es wieder nicht. Er rief nicht mehr an. Wir kamen öfter mit denselben Leuten zusammen, und so wußte ich, daß er sich auch noch mit einer Reihe anderer Frauen traf. Er war aber nie länger als drei Wochen oder so mit einer zusammen. Ein Jahr nach unserer Affäre rief er mich aus heiterem Himmel noch einmal an. Er wollte mich sehen. Ich sagte, klar. Er war wie beim erstenmal unfähig, seine Hände von mir zu lassen. Er erzählte mir, daß er eine Therapie gemacht habe. Ich dachte, vielleicht ist er geheilt. Schließlich haben wir uns ausgezogen, und es war immer noch genau das gleiche. Er konnte seine Erektion nicht halten. Ich habe nie wieder von ihm gehört.«

Eine Menge alleinstehender Männer mit sexuellen Problemen sind wie Murray. In der Hoffnung auf die magische Vagina, die sie heilen wird, rennen sie von Frau zu Frau.

Wenn ein Mann verheiratet und impotent ist, wirkt eine neue Partnerin manchmal Wunder, aber genausooft sind diese Männer auch bei der anderen Frau impotent. Einige springen ebenso wie ihre ledigen Leidensgenossen von Frau zu Frau, immer auf der Suche nach der, die sie heilen kann. Die Mehrheit, zu erniedrigt durch ihr Versagen, hört irgendwann damit auf.

»Immer geht das Feuer aus«

Einige Männer verbergen vor ihren Partnerinnen eine ziemliche Unsicherheit im Hinblick auf ihre Potenz. Am Anfang einer

Affäre läuft es fantastisch. Noch überwiegt das Bedürfnis, sich zu bestätigen, die sexuellen Ängste, und so können zu Beginn richtiggehende Feuersbrünste lodern, intensiv und leidenschaftlich. Aber wenn die Beziehung einmal über das Anfangsstadium hinaus ist, versiegt die Kraft dieser Männer. Die alten Ängste kommen wieder hoch, Ängste davor, daß eine Frau ihre sexuelle Unzulänglichkeit bemerkt, und so treten sie den Rückzug an. Entweder verabschiedet sich so ein Mann ganz, oder, was häufiger ist, er bleibt da, aber Sie fragen sich erstaunt, was denn wohl passiert sein mag.

Die sexuelle Vernachlässigung, die Sie Ihrerseits nun verspüren mögen, kann leicht Ihre eigenen Unsicherheiten aktivieren, und Sie halten vielleicht Ihr Aussehen, Ihre Figur – oder womit auch immer Sie nicht ganz zufrieden sind – für den Grund seines offensichtlich zurückgehenden Interesses. Da sich ein solcher Mann am Anfang einer Beziehung am wohlsten fühlt und dann auch besonders attraktiv ist, läßt er sich wieder und wieder auf solche »Anfänge« ein, kurze Affären, die Sie, die Hauptfrau in seinem Leben, noch verrückter machen. Da Sie seine Dynamik nicht verstehen, glauben Sie immer stärker daran, daß andere Frauen für ihn einfach attraktiver sind als Sie. Und möglicherweise ist das auch seine Meinung, da ein Großteil seines Verhaltens auf unbewußten Motivationen beruht.

RACHEAKTE

Frank war schockiert, als er entdeckte, daß seine Frau Mary eine Affäre mit einem alten Freund hatte. Er war wütend und fühlte sich verraten. Seine Frau gab ihre Romanze auf, aber Frank grübelte immer noch über ihre Untreue nach. Eines Abends, als er mit einem Freund auf einen Drink gegangen war, begann er eine Unterhaltung mit einer Frau, die am Tisch neben ihnen saß. Sein Kollege ging nach Hause, und Frank setzte sich zu ihr, und sie unterhielten sich noch etwa eine Stunde. Sie lud ihn auf einen letzten Schluck in ihre Wohnung ein. Frank und diese Frau fingen ein Verhältnis an.

Es war für alle Beteiligten keine sehr erfreuliche Affäre. Frank war nach dieser Frau ganz und gar nicht verrückt, aber er brachte mit ihr seine eigene Frau zur Weißglut. Er ließ absichtlich einen Zettel mit dem Namen seiner Geliebten herumliegen, und seine Frau fand ihn. Als sie ihn einen Lügner und Betrüger nannte, gab er zurück: »Du wagst es, dich zu beklagen, nach dem, was du mir angetan hast?« Bald danach brach er die Affäre ab, und er und seine Frau gingen schließlich in die Therapie, um ihre Beziehung wieder in Ordnung zu bringen. Frank hatte eine Affäre aus Rache gehabt.

»Die Partnerin hatte eine Affäre mit einem anderen« war in der Untersuchung einer Familienberatungsstelle einer der neun meistgenannten Gründe für eheliche Untreue. Der Psychiater Bernard Green stellte in seiner Untersuchung an untreuen Gatten fest, daß 40 Prozent Rache als Motiv anführten.

Affären aus Rache sind nicht auf Ehen beschränkt. Männer und Frauen, die zusammenleben, tun oft das gleiche. Und es kann auch bei Paaren vorkommen, die nur miteinander gehen, daß einer der beiden es einmal mit der Treue nicht so genau nimmt und der andere es ihm heimzahlt. Da die Motivation in solchen Fällen auf Ärger, Verletztheit und das Bedürfnis zurückgeht, zu beweisen, daß man trotz der Seitensprünge des anderen noch attraktiv ist, sind derartige Affären im allgemeinen unbefriedigend und hinterlassen ein schales Gefühl, auch wenn sie einen kurzen Triumph bedeuten.

Manchmal ist Ihre Affäre genau das, worauf er gewartet hat. Sie gibt ihm die Erlaubnis, selbst fremdzugehen.

Wenn Sie diejenige sind, die ihre Untreue zurückgezahlt bekommt, können Sie sich in einer schwierigen Lage befinden. Möglicherweise fühlen Sie sich genauso verletzt und verraten, wie Sie es getan hätten, hätte er Sie »ohne Grund« betrogen. Doch jetzt haben Sie das Gefühl, daß Ihnen eigentlich nicht das Recht zusteht, wütend zu werden. Was können Sie tun, wenn seine Affäre in Ihren Augen wie auch in seinen gerechtfertigt war? Hüten Sie sich, in einen Teufelskreis abzurutschen, in dem ständig einer der Partner einen Grund findet, es dem anderen heimzuzahlen.

Eine Affäre aus Rache muß der Frau nicht immer nur sexuelle Vergehen heimzahlen wollen. Er hat vielleicht das Gefühl, daß Sie ihn nur wegen seines Geldes mögen. Er kann Sie für eine »überkritische Hexe« halten. Eventuell gehen Sie seiner Meinung nach nicht auf ihn ein, streiten zuviel mit ihm oder machen ihn in der Öffentlichkeit herunter.

Ein mit einer Alkoholikerin verheirateter Mann in Minnesota fand sich ab mit ihren Sauftouren und dem emotionalen Aufruhr, in den sie die Familie fünfzehn Jahre lang versetzte. Die ganze Zeit über blieb er monogam. Als er dann auf einer Party, an der seine Frau aus gewohnten Gründen nicht teilnehmen konnte, eine andere Frau kennenlernte, fühlte er sich berechtigt, eine Affäre anzufangen, die zwei Jahre dauerte. Er glaubte, daß er es als Vergeltung für all das, was ihm seine Frau jahrelang zugemutet hatte, verdiente, ein wenig Spaß zu haben.

Verschlüsselte Botschaften

Oft ist eine Affäre eigentlich eine Botschaft. So erinnert sich eine Geschäftsfrau mir gegenüber an die Zeit, in der sie so von ihrer Karriere absorbiert wurde, daß sie fast nur noch arbeitete. Sie kam hauptsächlich zum Schlafen nach Hause. Ihr Mann fühlte sich verständlicherweise vernachlässigt. Er fing eine Affäre an, sie fand es heraus, und die beiden sprachen das Ganze mit einem Therapeuten durch. Ihr wurde klar, daß die Affäre tatsächlich für ihren Mann ein Weg war, ihr zu sagen: »Bitte schenke mir mehr Aufmerksamkeit und höre auf, mich als selbstverständlich hinzunehmen.« Sie hörte ihm zu, arbeitete weniger, und bald war die Ehe wieder in Ordnung.

Eine andere Frau ging wieder auf die Universität, um ihr Juraexamen nachzumachen. Ihr Mann vermißte sie. Sie verbrachte viel Zeit mit ihrem Studium. Er fing mit einer Frau, die er durch seine Arbeit kennengelernt hatte, einen Flirt an. Eines Abends, als er wieder mit dieser Frau ausging, fiel ihm auf, daß ihn seine Frau nie fragte, wo er denn gewesen wäre; sie war einfach zu sehr mit sich selbst beschäftigt. Das machte ihn ärgerlich, und bald danach begann er, mit der Frau zu schlafen, mit der er zuvor nur geflirtet hatte. Er kam nun noch später nach Hause, doch seine Frau bemerkte immer noch nichts. Sein Ärger wuchs, und so ließ er sich endgültig auf diese Affäre ein.

Ein paar Monate später stellte er fest, daß er in die andere Frau, die ihm Aufmerksamkeit schenkte, verliebt war. Er erzählte seiner Frau davon und sagte ihr, daß er sie verlassen wolle, um mit seiner neuen Liebe zusammenzusein. Die Frau sah nun endlich, was los war, und war verständlicherweise aufgebracht. Nun, er bestand darauf, daß er die andere liebe, und so ließ sie ihn gehen. Der Mann zog mit seiner Geliebten zusammen, aber es dauerte nicht lange, da stellte er fest, wie sehr er seine frühere Frau vermißte, mit der er viel mehr gemeinsam hatte als mit seiner neuen Partnerin. Er rief seine frühere Frau an und sagte es ihr. Sie sind jetzt zusammen in Therapie und bearbeiten ihr Problem. Seine Botschaft war laut und deutlich gewesen: »Du hast für mich überhaupt keine Zeit mehr, und es scheint dir vor lauter Arbeit egal zu sein, was ich mache.«

DAS GLEICHGEWICHT DER KRÄFTE

In vielen Fällen kommt es zu Affären, weil das ursprüngliche Gleichgewicht der Kräfte in der Partnerschaft gestört ist. Das war zum Beispiel bei Brian der Fall. Er war daran gewöhnt, daß sich Geraldine um das häusliche und leibliche Wohl kümmerte. Das Haus war immer sauber, das Essen pünktlich auf dem Tisch, und er traf die Entscheidungen, wie das Geld ausgegeben wurde; bis Geraldine mit 35 Jahren wieder anfing zu arbeiten. Geraldine fand einen Job als Immobilienmaklerin, war bald sehr erfolgreich und verdiente fast soviel wie Brian. Geraldine entwickelte eigene Interessen, ein neues Gefühl von Stolz und hatte plötzlich Geld, über das sie allein verfügen konnte. Sie wollte öfter auswärts essen, da sie so beschäftigt war, und sie wollte, daß Brian mehr im Haushalt mithelfe.

An diesem Punkt ihrer Ehe fing Brian eine Affäre mit seiner Sekretärin an, einer jungen Frau, die zu ihm aufschaute. Diese

Affäre, die Geraldine am Boden zerstörte, war seine Art, sich ein Stück Macht zurückzuholen, das er seinem Gefühl nach dadurch, daß Geraldine wieder arbeitete und erfolgreich war, verloren hatte. Es war kein Zufall, daß seine Geliebte eine junge Frau war, die er dominieren konnte.

Geraldine dachte, daß sie vielleicht ihren Job aufgeben sollte, um sich wieder ganz dem häuslichen und leiblichen Wohl Brians zu widmen, aber es kam nicht dazu, daß sie das mußte. In der Therapie wurde Brian seine Motivation für den Seitensprung bewußt. Er liebte Geraldine und war am Ende fähig, die Änderung des Kräfteverhältnisses in ihrer Partnerschaft zu akzeptieren, ohne mit einer Affäre versuchen zu müssen, die alte Situation wiederherzustellen.

Affären, die auf einem Machtspiel basieren, finden oft statt, wenn eine Frau ihre Arbeit wieder aufnimmt, wenn sie anfängt, soviel oder mehr als ihr Mann zu verdienen, wenn sie plötzlich erfolgreicher als ihr Partner wird – oder wenn sie endlich zu dem Schluß kommt, daß sie in der Partnerschaft Rechte hat, die bisher ausgeblendet waren.

Endlich wieder Abenteuer: Geschiedene Männer

Innerhalb der ersten zwei Jahre nach einer Scheidung ist es unvernünftig, von einem Mann zu erwarten, daß er treu ist. Das paßt nicht zu dem, wie er sich fühlt.

Wenn es auch bemerkenswerte Ausnahmen gibt, so sind doch frisch getrennte oder geschiedene Männer meist benommen, deprimiert, unsicher und voller Angst, zurückgewiesen zu werden oder es nicht einmal zu schaffen, jemand anderen kennenzulernen. Kleine, praktische Alltagsprobleme können sich zu unüberwindbaren Hindernissen aufbauen. »Mein größter Triumph, nachdem ich ausgezogen war«, erklärte ein Mann, »war, daß ich lernte, wie man im Waschsalon die Waschmaschine und den Trockner bedient.«

Außerdem sind einige Männer voller Ärger über ihre Frauen,

ihr Schicksal, die Scheidungsbedingungen und die Tatsache, daß ihre Kinder nicht mehr Teil ihres Alltagslebens sind. Einige geschiedene und getrennte Männer pflegen ihren Ärger, um nicht die Verletztheit und sogar Hilflosigkeit, die darunter verborgen liegt, spüren zu müssen. Ärger gibt dem Mann das Gefühl, stark zu sein, und wenn er sich in diesem Stadium befindet, überträgt er seinen Zorn oft auf die Frauen, die er jetzt kennenlernt. Sie werden für ihn zum reinen Sexobjekt, und er hüpft hirnlos oder hektisch von Bett zu Bett.

Auf jeden Fall besteht fast alles, was viele geschiedene Männer tun wollen, darin, so viele Frauen wie möglich in ihr Bett zu bekommen, vor allem, wenn sie viele Jahre verheiratet waren oder wenn sie das Gefühl haben, daß sie während der Jahre ihrer Ehe die sexuelle Revolution verpaßt haben. Sie versuchen, Versäumtes nachzuholen.

Ein Mann erzählte mir rückblickend: »Es gab eine Zeit, da hatte ich in drei verschiedenen Wohnungen der Stadt saubere Hemden, Socken, Shorts und Taschentücher. Mein Hoch – oder Tief – in dieser Phase sah so aus, daß ich aus dem Bett einer Frau stieg, mit der ich die Nacht verbracht hatte, zum Brunch ging, nach dem Brunch mit einem anderen Mädchen ins Bett stieg, sie verließ und die dritte traf, mit der ich dann die nächste Nacht verbrachte.

Manchmal ging ich von einer Wohnung direkt zur nächsten«, fuhr er fort. »Ich rutschte von einem Bett ins andere. Bis zu einem gewissen Punkt ist das ein wunderbares Spiel: fähig zu sein, drei, vier oder fünf Frauen gleichzeitig zu haben . . . sehr gut für das Ego. Aber bald machte es keinen Spaß mehr. Ich war körperlich müde. Ich bekam nicht viel Schlaf, war wirklich groggy, und ich fing an zu denken: ›Oh, verflucht, jetzt muß ich mich mit der oder der treffen, was zum Teufel tue ich da?‹ Ich teilte es mir ein bißchen besser ein. Ich traf eine am Dienstag, Donnerstag und Freitag, und eine andere am Montag, Mittwoch und Samstag. Dann kam wieder eine andere daher, und es gab ein kurzes Techtelmechtel. Ich erzählte die verrücktesten Lügen. Nach einer Weile wurde es verdammt langweilig. Ich konnte einfach nicht mehr, ich mußte mich beschränken.«

Einige frisch geschiedene Männer machen das Gegenteil. Sie klammern sich, von unerträglicher Einsamkeit oder Unsicherheit geplagt, gleich an die nächste Frau. Sie können nett und aufrichtig scheinen, was, wenn man ihre beschränkten Möglichkeiten in dieser Zeit in Betracht zieht, durchaus echt sein mag. Das Problem ist, nett oder nicht, sie können sich in dieser Situation nicht auf eine monogame Beziehung einlassen. Früher oder später wird eine andere Frau ihren Weg kreuzen, und sie werden bei ihr versuchen, das Fliegen wieder zu lernen. Sie sind vielleicht einfach stärker geworden durch die erste Frau, die ihnen durch das Schlimmste hindurchgeholfen hat, und sie werden jetzt eher zu Experimenten bereit sein, bevor sie sich wieder binden.

Ein Werbefachmann erzählte mir von diesem Prozeß nach seiner Scheidung. Verletzt, deprimiert, von Einsamkeitsgefühlen gequält, nach vielen Wochen, die er nur in seiner Wohnung geblieben war und getrauert hatte, wurde schließlich eine Frau, die ihm ein Freund vorstellte, seine ständige Begleiterin. »Ich wußte, es würde nicht die letzte sein. Sie paßte überhaupt nicht zu mir. Aber ich hielt es nicht aus, alleine zu sein.« Mit dieser Frau war er ungefähr ein Jahr zusammen, bis er bei der Arbeit eine andere kennenlernte und eine Affäre mit ihr anfing. »Ich fühlte mich nun viel besser. Und diese Frau war viel mehr mein Typ.« Die erste Frau konnte seine Untreue nicht begreifen, fand sie unverzeihlich. In ihrem Zorn überfiel sie ihn wochenlang im Büro, bis sie schließlich aufgab.

Wie viele Frauen in ihrer Situation konnte sie einfach nicht verstehen, daß sie als erste Frau eines geschiedenen Mannes kaum einen Sieg davontragen konnte. Entweder bekommen Sie den restlichen Ärger ab, den er noch auf seine Frau hat, oder Sie werden eine Krankenschwester oder eine Zwischenstation sein. Sogar im Grund verständige, nette Männer machen das so, und es kann ihnen zumindest zugute gehalten werden, daß sie meist unbewußt so handeln. Ob bewußt oder unbewußt, wenn die Wunden eines geschiedenen Mannes geheilt sind, wird er »die erste Frau danach« verlassen und eine Weile herumprobieren, bevor er sich wieder ernsthaft auf eine andere Frau einläßt.

Noch üblicher als eine Klammerbeziehung nach der Scheidung, die Monate, ja sogar ein Jahr oder länger dauern kann, ist das Muster von kurzen Beziehungen, wobei der Mann vielversprechender erscheinen mag, als er in Wirklichkeit ist: Er ist aufrichtig, kommunikativ und scheint monogames Verhalten zu bevorzugen. Aber er ist noch nicht zu einer Bindung bereit und tritt sehr schnell den Rückzug an. Einige dieser Männer haben Angst, die Wahrheit zu sagen, weshalb sie ihre Arbeit oder Kinder vorschieben, um sich nicht zu oft mit Ihnen treffen zu müssen. Das nächste, was Sie von ihm hören, ist, daß Ihnen eine Freundin erzählt, daß sie ihn beim Tennisspielen oder in einem Restaurant händchenhaltend mit einer anderen gesehen hat.

Schließlich gibt es noch die Sorte von geschiedenen Männern, die Ihnen mit ihrer Ex-Frau untreu sind. Dieser Mann pendelt zwischen der neuen Frau in seinem Leben und seiner Ex-Gattin hin und her. Für ihn ist die Ehe gefühlsmäßig noch nicht beendet, und seine geschiedene Frau mag davon genauso überrascht sein wie die neue Frau. Keine von beiden kann verstehen, daß Sex mit der Ex-Frau entweder eine schwer zu beendende Gewohnheit, eine Bequemlichkeit oder ein Zeichen für die Unfähigkeit des Mannes ist, auch innerlich einen Schlußstrich unter das zu ziehen, was de facto bereits ein Ende gefunden hat.

Midlife-Affären

Es ist mittlerweile bekannt, daß es in der Lebensmitte oft zur sogenannten »Midlife-crisis« kommt. Männer mittleren Alters plagen sich mit verlorenen Träumen, einer Karriere, die am toten Punkt angekommen ist (oder die ihren Höhepunkt überschritten und an Reiz verloren hat), einem wachsenden Bauch, ergrauendem Haar und dem unvermeidlichen Verlust an Jugendlichkeit. Das alles kann dazu führen, daß sie eine Affäre, oft mit einer jüngeren Frau, für die Lösung dieser Ängste halten. Manchmal machen sie die Ehe oder ihre Frauen für die Gefühle von Unwohlsein und Melancholie, die in dieser Phase des Lebens auftreten können, verantwortlich. Und in der Tat, einige Ehen sind allzu vorhersehbar geworden und treten auf der Stelle. Dazu kommt, wie Untersuchungen gezeigt haben, daß Kommunikation und gemeinsam verbrachte Zeit in einer Ehe mit den Jahren immer mehr abnehmen, so daß ein Ehepaar mittleren Alters angenehm und nett miteinander umgehen kann, aber ohne jeden Höhepunkt. Im Grunde lebt man nebeneinanderher.

Das alles sind Gründe, die dafür sprechen, daß er bei einer neuen Frau die Romantik und Spannung, nach der er sich sehnen mag, suchen wird – Gefühle, die er möglicherweise durch die Verantwortung, den Lebensunterhalt zu verdienen und eine Familie zu ernähren, über lange Jahre aus den Augen verloren hatte. Vor allem, wenn sie jünger ist, wird ihm eine neue Frau (oder mehrere neue Frauen) das Gefühl geben, daß er immer noch voller Schwung und »dabei« ist – mit anderen Worten, jung ist. Manchen Männern fällt es schwer, mit dem Altern ihrer Frauen zurechtzukommen. Möglicherweise vermissen sie die frühere Attraktivität, aber wichtiger ist wohl die Tatsache, daß die erschlaffende Haut und die Falten sie daran erinnern, daß sie selbst ebenfalls älter werden.

Häufig haben Männer in diesem Stadium des Lebens das Gefühl, irgendwelche sexuellen Erfahrungen verpaßt zu haben, und sie verspüren einen brennenden Wunsch nach Experimenten.

Männer mittleren Alters konkurrieren vielfach über ihre Affären versteckt mit einem Sohn. Der Junge ist erwachsen, und der Vater, neidisch auf das Erblühen der Sexualität des Sohnes, empfindet das Bedürfnis zu beweisen, daß der alte Herr auch noch im Rennen ist. Ein sogar noch verborgenerer Grund für seine Affäre mag die Existenz einer attraktiven Tochter im Teenageralter sein. Es ist normal für einen Mann, daß er die weibliche Schönheit und erwachende Sexualität seiner Tochter bemerkt, aber er weiß nicht, wie er sich dieser Tochter gegenüber verhalten soll, die eine anziehende junge Frau geworden ist. Also verlagert er den ganzen Komplex in eine Affäre mit einer jüngeren Frau. Andererseits kann das Beobachten der romantischen Beziehungen der eigenen Kinder in den Eltern die alten romantischen Gefühle wieder wachrufen. Einige Männer verlieben sich neu in ihre eigenen Frauen, andere sehen sich außerhalb um.

Viele haben schlichtweg das Gefühl, daß sie ihren Lebenssinn verloren haben. Ihr Job und ihr Alltag langweilen sie, auch wenn es für ihre Frauen nicht so ist. Sie wissen nicht, was sie mit dem Rest ihres Lebens anfangen sollen. Eine Affäre kann Teil des weiterreichenden Versuchs sein, sein Leben wieder interessanter zu machen, neue Bereiche der Persönlichkeit auszuprobieren, um besser zu sich selbst finden zu können.

Affären in diesem Stadium können gefährlich sein, da einem Mann das Gefühl von Verjüngung und Aufregung, das heimliche Romanzen oft begleitet, wie Liebe erscheinen kann oder so, wie das Leben sein sollte, und nicht wie ein letztes Schlückchen aus dem Jungbrunnen.

Ein Geschäftsmann zum Beispiel war bis zum Alter von 49 Jahren glücklich verheiratet, dann wuchs in ihm das Gefühl, daß es in seiner Ehe an Romantik fehle. Er fand seine Frau immer noch attraktiv, aber er lechzte nach Ekstase, die seinem Gefühl nach nicht vorhanden war. Er begann eine außereheliche Affäre. Er ließ sich sehr stark auf die andere Frau ein, und um mit ihr zusammenzusein, erzählte er seiner Frau, daß er zu Konferenzen und Vorträgen außerhalb der Stadt müsse. Manchmal verschwand er gleich mehrere Tage hintereinander. Seine Frau wurde mißtrauisch und entdeckte schließlich seine Untreue. Ihr Mann bat sie um Verzeihung und sagte, er werde die andere Frau aufgeben, stellte jedoch fest, daß er nicht dazu fähig war. So traf er die Frau heimlich weiter.

Wieder kam seine Frau dahinter und war wutentbrannt. Zusammen machten sie eine Therapie, in der er darauf bestand, daß er seine Frau noch immer liebe, daß er aber die andere Frau auch liebe. Er hatte das Gefühl, diese wunderbaren Empfindungen bezaubernder Romantik, die ihm die Affäre gab, nicht aufgeben zu können. Seine Ehefrau entschloß sich zur Scheidung. Er war aufgewühlt, konnte nicht schlafen und kam schließlich zu dem Schluß, daß er seine Frau nicht verlieren wolle. Und er vermochte es, sich mit dem Gedanken zu trösten, zumindest noch einmal ein Liebesverhältnis wie in jungen Jahren durchlebt zu haben, und konnte so seine Affäre aufgeben, um seine Ehe doch letztlich noch zu retten.

Einige Männer mittleren Alters sind Junggesellen oder geschieden, und etliche Frauen müssen dafür herhalten, diesen Männern zu beweisen, daß sie noch jung sind. Für viele ist es so, daß die Frauen, mit denen sie sich treffen, immer jünger werden. Oder sie sind 45 oder 50, aber sie erzählen Freunden, die ihnen anbieten, etwas zu arrangieren, daß für sie die Altersgrenze von Frauen bei 30 oder 35 liegt. Sie selbst können Toupets tragen oder sich das verbliebene Haar wachsen lassen und über eine kahle Stelle striegeln. Treffen »Midlife-crisis« und frische Scheidung zusammen, kann es besonders schlimm werden. Zu viele dieser Männer haben das Gefühl, während ihrer Ehe sexuell nicht auf ihre Kosten gekommen zu sein oder vor der Ehe nicht soviel sexuelle Erfahrung gesammelt zu haben, wie sie es eigentlich gewollt und gesollt hätten. Das Ergebnis ist, daß sie gierig auf die Freiheit sind, auf alles das, wovon sie immer geträumt haben. Sie können sich wie wahnsinnig aufführen.

Die statistische Wahrscheinlichkeit einer Depression wächst im mittleren Alter. Sie kann eine Reaktion auf die Erkenntnis sein, daß man niemals bekommen wird, wovon man immer geträumt hat, daß der Erfolg einem nicht die Erfüllung gebracht hat, die man ursprünglich erwartete, oder sie kann eine Antwort auf den Verlust von Jugend, Zähnen, Idealen und Eltern sein. Das Gewahrwerden der Begrenztheit des Lebens, der eigenen Sterblichkeit kann äußerst bedrückend sein. Interessanterweise fangen einige Männer, die bis zu diesem Punkt ihres Lebens monogam geblieben sind, als Reaktion auf ihre Depression nun eine Affäre oder gleich eine Reihe von Affären an. Es ist ein fluchtartiger Versuch, sich aufzumuntern.

HOMOSEXUELLE AFFÄREN

Harriet war zu einer Veranstaltung der Gemeindeorganisation, der sie angehörte, gegangen. Sie hatte Kopfweh und beschloß deshalb, früher als geplant nach Hause zu gehen. Als sie das Haus betrat, hörte sie aus dem Schlafzimmer laute Stimmen. Dort traf sie ihren Mann Henry und einen anderen Mann, die sich hastig anzogen. Das war der erste Hinweis für Harriet, daß sie mit einem bisexuellen Mann verheiratet war. Nachdem der andere Mann gegangen war, fragte Henry, ob Harriet die Scheidung wolle. Immer noch wie erstarrt antwortete sie: »Nein, ich liebe dich doch.« Harriet und ihr Mann blieben weitere fünf Jahre zusammen, in denen sie ein Kind bekamen, aber nun, wo das Geheimnis keines mehr war, verschwand Henry immer öfter und erklärte Harriet schließlich, daß er nicht länger verheiratet bleiben könne. Er zog Männer Frauen vor und wollte mit einem männlichen Partner zusammenleben.

Betty und Lester hatten denselben Arbeitsbereich und gingen seit einem Jahr miteinander aus. »Wir fühlten uns so gut zusammen, daß wir schließlich beschlossen zu heiraten«, erklärte Betty. »Nachdem wir eine Wohnung hatten und Lesters Freunde einluden und besuchten, fiel mir auf, daß sie alle Männer waren. Jede Dinnerparty, zu der wir gingen, bestand nur aus Männern. Ich fand es irgendwie komisch, aber ich konnte nicht genau ausmachen, was mich dabei beunruhigte. Im Lauf der Zeit schliefen wir auch immer weniger miteinander.«

Vage beunruhigt, lebte sie so weiter, bis ein neuer Umstand ihre Angst verstärkte. Ein Mann, der sagte, er sei früher Lesters Zimmerkollege gewesen, rief an. Da Lester nicht zu Hause war, sprach Betty mit ihm. Dieser Mann erzählte, er und sein neuer Mitbewohner hätten sich gerade getrennt, und zudem habe er seinen Job verloren. »Sagen Sie Lester, daß ich komme, um eine Zeitlang bei ihm zu wohnen, und daß ich meine Mitgift gleich mitbringe«, sagte er. Betty dachte, das sei irgendein besonderer Ausdruck, und wieder sagte sie nichts.

Lester, der schon immer Alkoholprobleme gehabt hatte, trank in Gesellschaft seines Ex-Zimmergenossen noch mehr als sonst, und die beiden fingen an, immer später nach Hause zu kommen. Betty, die die Nase von Lesters Trinkerei und seiner allgemeinen Verantwortungslosigkeit voll hatte, kam zu dem Schluß, daß diese Ehe nichts für sie sei. Sie packte und hinterließ Lester einen Abschiedsbrief. Innerhalb kürzester Zeit ging Lester mit einem anderen Mann nach Paris.

»Erst da konnte ich es vor mir selbst nicht mehr verleugnen«, sagt Betty. »Ich mußte mir eingestehen, daß Lester schwul war.«

Heimliche homosexuelle Affären können bei Singles genauso oft vorkommen wie bei verheirateten Männern. Eine der schlimmsten Geschichten, die ich kenne, betrifft eine junge Frau, damals Studentin an einem bekannten College. Sie lernte einen Studienkollegen kennen und verliebte sich in ihn. Die beiden begannen miteinander zu schlafen. Sie sahen sich oft, und daher nahm sie an, sie sei die einzige, mit der er sich treffe. Was sie nicht wußte, war, daß er kurze homosexuelle Begegnungen hatte. Wie sie es schließlich erfuhr, ist schrecklich. Nach mehreren Erkrankungen mußte sie erfahren, daß sie AIDS hatte. Ihr Freund hatte sie infiziert.

Die genauere Anzahl von Männern, die während ihrer heterosexuellen Beziehung homosexuelle Affären unterhalten, ist nicht bekannt. Aber Experten nehmen an, daß Bisexualität ein viel häufigeres Phänomen ist, als die meisten Leute glauben.

Einige Männer, wie Lester, hatten ihr Leben lang homosexuelle Beziehungen. Männer mit bisexuellen Neigungen gehen häufig sowohl mit Frauen als auch mit Männern Beziehungen ein. Viele von ihnen wollen heiraten, um eine Familie und Kinder zu haben, versuchen aber, ihre homosexuellen Beziehungen heimlich weiterzuführen. Einige heiraten, um ihre Homosexualität zu verstecken, weil sie eine Laufbahn einschlagen wollen, die einen eher konventionellen Lebensstil verlangt. Andere Männer leben in tiefen Konflikten. Sie haben vielleicht homosexuelle Fantasien, lassen sich aber nur auf heterosexuelle Beziehungen ein, bis sie eines Tages von einem Mann verführt werden oder beschließen, ihre geheimen Neigungen auszuleben.

Ein Mann in den Fünfzigern wurde kürzlich verhaftet, weil er einen anderen Mann in einer Bar belästigte. Er war seit seinem 25. Lebensjahr verheiratet und Vater von drei Kindern. Obwohl er sich der Anziehung, die andere Männer auf ihn ausübten, schon als er noch auf dem College war, bewußt wurde, hatte er seinen homosexuellen Neigungen niemals nachgegeben. Jetzt, mit gut 50 Jahren, hatte er zum ersten Mal versucht, seine tiefsitzenden, geheimen Wünsche in die Tat umzusetzen.

Viele der Partnerinnen solcher Männer sind schockiert und überrascht, wenn die Tatsachen ans Licht kommen. Andere geben zu, daß sie, wenn sie ehrlich sind, schon lange einen Verdacht hatten, sich damit aber nicht auseinandersetzen wollten. Die Wahrheit war zu bedrohlich. Für einige Frauen wiederum ist die Ehe mit einem im Grunde bisexuellen Mann eine perfekte Lösung. Diese Frauen haben in der Regel kein großes Interesse an Sex oder ziehen es vor, ein von ihren Männern ziemlich getrenntes Leben zu führen.

Eine Frau mit zwei Kindern von ihrem homosexuellen Mann Calvin war von Beginn ihrer Beziehung an mit wenig Sex zufrieden. Außerdem einigten sie sich auf einen Lebensstil, der ihnen beiden entgegenkam. Sie lebte die meiste Zeit in ihrem gemeinsamen Landhaus, er in der Stadtwohnung, wo er frei war, sich mit seinen männlichen Freunden zu treffen. Sie sprachen niemals offen über Calvins Homosexualität, aber beiden war irgendwie klar, daß sie es wußte.

Manchmal wird die Homosexualität auch offen zugegeben. Derartige Ehen gründen aber eher in Geistesverwandtschaft, gemeinsamen Interessen, beruflicher Partnerschaft und platonischer Liebe als in sexueller Leidenschaft.

Eine ganz andere Kategorie umfaßt Männer, deren grundlegende Orientierung heterosexuell ist, die aber zu bestimmten Krisenzeiten in ihrem Leben homosexuelle Affären haben.

Häufig sind diese Krisen mit dem Beruf verknüpft. Ein Mann, dessen Geschäft ein Mißerfolg ist, einer, der das Gefühl hat, in seinem Job nicht genügend zu leisten, oder jemand, dem gekündigt wurde, alle können sie sich schwach und unmännlich fühlen. Es ist dann eigentlich ein symbolischer Akt, wenn er sexuell einem anderen Mann nachstellt. Es ist letztlich der Versuch, in den Besitz des Penis dieses anderen Mannes zu kommen und sich so wieder ein Gefühl von Männlichkeit zu verschaffen. Eine derartige Affäre hat kompensatorischen Charakter. Als die Aktien im Oktober 1987 ins Bodenlose fielen, gab es an der Wall Street eine wahre Flut von homosexuellen Affären.

Paradoxerweise kann bei einigen Männern diese Art Krise

eher durch Erfolg als durch Mißerfolg ausgelöst werden. Ein Beispiel hierfür ist ein leitender Angestellter, der in seiner Firma in eine sehr bedeutende Position aufstieg. Er war begeistert, aber er hatte auch Angst. Obwohl er lange Zeit darauf hingearbeitet hatte, fühlte er sich nun, da er an seinem Ziel angekommen war, überfordert. Er hatte das Gefühl, seine Aufgabe nicht bewältigen zu können, und fing an, an einem bekannten Homosexuellentreff in der Stadt, in der er arbeitete, junge Männer anzusprechen. Er wußte selbst nicht, warum er das tat, denn er war ja sein ganzes Leben lang heterosexuell gewesen. Seine Affären lösten seine Probleme natürlich nicht. Homosexuelle Affären, die ihrer Natur nach kompensatorisch sind, helfen nie bei der Lösung der motivliefernden Probleme. Was diesem Mann half, war die Zeit. Nach und nach begriff er, daß er seine Arbeit sehr wohl bewältigen konnte, und damit verschwanden seine Ängste – und mit ihnen seine homosexuellen Wünsche.

Einige Frauen halten eine homosexuelle Affäre nicht für Untreue, sondern eher für einen Akt von Perversion, etwas Zwanghaftes, über das der Mann keine Kontrolle hat, ganz im Gegensatz zu einer freiwilligen, heterosexuellen Liaison, die die meisten Frauen eindeutig als Untreue empfinden. Aus diesem Grund, vor allem wenn keine Kinder da sind, gibt es Frauen, die homosexuelle Affären besser tolerieren können als heterosexuelle. Die Untreue wird nicht als Zurückweisung zugunsten einer attraktiveren Frau erlebt. Es gibt Fälle von Frauen, die über lange Zeit mit den homosexuellen Aktivitäten ihres Mannes lebten, dann aber auf der Scheidung bestanden, als ihr Mann sich plötzlich auch mit einer anderen Frau einließ.

Da Homosexualität trotz allem immer noch ein Tabu ist, halten wieder andere Frauen sie für weit schlimmer als eine Affäre mit einer Frau, erleben ein viel größeres Maß an Beschämung und Erniedrigung. Eine große Zahl von Frauen, die die homosexuellen Vorlieben ihrer Männer entdecken, machen sich Vorwürfe, nicht genügend Frau zu sein. Außerdem machen sie sich, wenn Kinder da sind, Sorgen um die möglichen Auswirkungen auf sie.

Heutzutage müssen homosexuelle Affären wegen AIDS als lebensbedrohlich angesehen werden. Eine Fernsehstation in Minneapolis strahlte vor einiger Zeit ein Live-Interview mit einem früheren Prostituierten aus, der Träger des AIDS-Virus ist. Er behauptete, daß die meisten seiner Kunden kleinbürgerliche verheiratete Männer gewesen seien. Er hoffte, daß sein Erscheinen auf dem Bildschirm dazu führen würde, daß einige der Männer, mit denen er Sex gehabt hatte, ihn wiedererkennen und sich auf AIDS testen lassen würden. Nach der Sendung gab es viele aufgeregte Anrufe, einschließlich dem einer Frau, deren Ehemann ihr den jungen Mann als neuen Angestellten vorgestellt hatte.

9

DIE FLUCHT VOR DER LIEBE

Sydelle war seit drei Jahren mit Paul verheiratet, ihre Ehe schien immer besser zu werden. Sie planten, ein Haus zu kaufen und Kinder zu haben. Es war schockierend und ein Rätsel für Sydelle, als sie entdeckte, daß Paul eine Affäre mit einer Mitarbeiterin begonnen hatte. »Wir waren so glücklich«, rief sie immer wieder aus. »Wie kann er sich nur mit jemand anderem einlassen wollen?«

Wenn Männer in Interviews gefragt wurden, warum sie denn ihren Frauen oder Partnerinnen untreu geworden seien, nannten sie immer die typischen Gründe wie Langeweile, Unglücklichsein, plötzliche Gelegenheit, eine Chance, wieder Romantik zu erleben, sexuelle Abwechslung, Spaß, Alkohol, Zusammenarbeit mit einer attraktiven Frau. Nur einer verstand und erwähnte, was Experten heute als den wichtigsten tieferliegenden Grund für Untreue ansehen: Probleme mit der Nähe. Untreue kann ein starkes Anzeichen dafür sein, daß jemand aufgrund zu großer Nähe aus einer Beziehung flüchtet.

Als Sydelle und Paul aufgrund seiner Affäre in meine Therapie kamen, stellte sich bald heraus, daß Paul tatsächlich mit Sydelle sehr glücklich war, aber daß es ihm gleichzeitig angst machte, sie so sehr zu lieben und zu brauchen. Er hatte das Gefühl, daß es emotional keine Rückzugsmöglichkeit mehr für ihn gäbe, wenn das Haus erst einmal gekauft und auch noch ein Kind da wäre. Seine Affäre war der unbewußte Versuch, in seiner Beziehung mit Sydelle Distanz zu schaffen und auf diese Weise seine wachsenden Ängste vor noch mehr Nähe zu beruhigen.

Wie in Pauls Fall kommen Rückzugsbedürfnisse gerade auch in besonders glücklichen Beziehungen vor. Es ist in der Tat so: je besser die Beziehung, desto größer ist die Wahrscheinlichkeit, daß Probleme mit der Nähe auftauchen. Dies mag komisch klingen, solange man die dem innewohnende Dynamik nicht versteht. Es handelt sich hier um ein auf den ersten Blick merkwürdiges Verhältnis von Angst und Glück. Menschen, die nicht mit Nähe umgehen können, fühlen sich unbewußt um so unwohler, ängstlicher oder sogar panisch, je besser, glücklicher und enger ihre Beziehung wird.

Es kommt zum Kurzschluß, zur Untreue. Eine Affäre stellt den Versuch dar, sich durch Weglaufen von seiner Angst zu befreien. Ohne zu verstehen, warum, kann der ledige Mann, der in eine solche Situation gerät, von seinem plötzlichen Bedürfnis, die Partnerinnen zu wechseln oder eine andere, ähnliche Beziehung anzufangen, völlig überrascht werden, der verheiratete Mann findet auf einmal andere Frauen ganz unwiderstehlich – obwohl er doch mit seiner Frau ein besonders glückliches Verhältnis hat.

Untreue schafft zwischen Partnern *immer* Distanz. In den meisten Fällen kühlt die Partnerschaft ab, die Affäre schafft emotionalen Raum. Untreue kann jedoch manchmal, wie ich später aufzeigen werde, auch das Gegenteil bewirken – sie kann die Beziehung zwischen Mann und Frau intensivieren.

Doppelte Schwierigkeiten

Eine unbewußte Angst vor Nähe kommt häufig mit anderen psychologischen Problemen zusammen, die ebenfalls Grund für Affären sein können. Wenn das der Fall ist, steigt die Wahrscheinlichkeit untreuen Verhaltens erheblich an.

Johns Fall gibt ein Beispiel dafür, welche Wirkungen eine derartige doppelte Problemstellung haben kann. John fing bald nach der Geburt seines ersten Kindes eine Affäre an. Seine Frau Diane war ganz mit ihrem Kind beschäftigt, und John nahm es ihr übel, daß sie ihm nicht mehr soviel Aufmerksamkeit schenkte wie zuvor. Allein schon der Ärger über die Vernachlässigung hätte ihn in die Arme der attraktiven Mitarbeiterin, die seine außereheliche Partnerin wurde, treiben können. Aber hier lag nicht der einzige Grund dafür, daß er sich plötzlich nach einer anderen Frau umgesehen hatte. Durch die Geburt fühlte er sich weit stärker als vorher gebunden. Er fühlte sich wie gefangen und erdrückt von seinen neuen Verantwortlichkeiten. So war seine Affäre sowohl Ausdruck seines Ärgers über die von ihm so empfundene Vernachlässigung durch seine Frau als auch ein Versuch, sich weniger angebunden zu fühlen. Für viele Ehemänner haben Affären diesen Zweck – sich von ihren Verantwortlichkeiten als Familienoberhaupt zu distanzieren.

Ein Macho mag Affären haben, weil er es als Vorrecht des Mannes empfindet, sich herumzutreiben, aber auch bei ihm gründet solches Verhalten nicht selten in tieferliegenden, unbewußten Problemen. Auch er kann sich in einer Zweierbeziehung erstickt und zu stark eingebunden fühlen. Sich mit anderen Frauen einzulassen, ist in seinen Augen zwar eine durchaus normale, angemessene Handlungsweise, aber darüber hinaus läßt sie ihn auch besser mit seinen möglichen Näheproblemen zurechtkommen.

Männer, die zwanghaft und süchtig von Frau zu Frau ziehen, unfähig, irgendeiner treu zu sein, stützen damit oft ihr zu schwaches Selbstwertgefühl. Sie versichern sich durch ihre Eroberungen immer wieder, daß sie begehrenswert sind. Jedoch kommt dazu sehr oft die eben beschriebene geringe Toleranz für Nähe, so daß ihre sexuellen Eskapaden eben auch ein fortlaufender Versuch sind, Nähe und Bindung zu vermeiden.

Es kann Frauen ziemlich durcheinanderbringen, wenn ein lediger Mann negativ auf Nähe reagiert. Ein typisches Szenario sieht etwa folgendermaßen aus: Sie haben eine wunderbare Zeit mit einem neuen Mann, und er scheint das auch so zu empfinden. Aber dann, möglicherweise nach Ihrem schönsten Abend bislang, ruft er plötzlich nicht mehr an und verschwindet, zumindest zieht er sich ganz offensichtlich zurück, und Sie befürchten, daß er neben Ihnen noch andere Frauen trifft. Oder er sagt Ihnen sogar, daß es so ist.

Genau das passierte Jane, einer Programmiererin. Sie lernte Arthur durch einen gemeinsamen Freund kennen. Sie verstanden sich sofort, gingen miteinander aus, und jedes Treffen war ausgesprochen harmonisch. Sie lachten zusammen und hatten viel gemeinsam, worüber sie sprechen konnten. Als sie bei ihrem fünften Treffen miteinander schliefen, war auch das wunderschön. Jane war sicher, daß Arthur genauso empfand, und sie glaubte, diese Beziehung könnte eine Zukunft haben.

Janes Wahrnehmung war richtig. Arthur genoß ihre Gesellschaft. Aber je mehr Zuneigung er für Jane verspürte, je mehr er ihre Zeit zusammen genoß, desto mehr fühlte er sich in die Enge gedrängt. Er wollte nicht mehr so oft mit Jane ausgehen. Wenn sie ihn anrief, machte er Ausflüchte, warum er sie nicht sehen könnte. Er fing an, andere Frauen zu treffen und mit ihnen auch ins Bett zu gehen, wenn er nicht mit Jane zusammen war.

Dies war Teil von Arthurs spezifischem Gefühls- und Verhaltensmuster, aber Jane war sich dessen nicht bewußt. Sie war verstört und konnte sich nicht vorstellen, was denn nicht stimmte. Hatte sie etwas getan, so fragte sie sich, was Arthur beleidigt oder abgekühlt haben könnte? Hatte er eine attraktivere Frau gefunden? Jane verstand nicht, daß Arthurs Problem in der Nähe lag und daß Frauen, wenn Männer einen »Nähe-Koller« bekommen, praktisch keine Chance haben. Je stärker sich ein Mann zu seiner Partnerin hingezogen fühlt, je intensiver seine Gefühle für sie sind, desto größer wird sein Bedürfnis, sich auf andere Frauen einzulassen, Streit heraufzubeschwören, um Distanz aufbauen oder auch ganz aus einer Beziehung fliehen zu können. Die Sache ist ihm zu brenzlig geworden, er kann damit emotional nicht mehr umgehen.

Folgende Geschichte eines Mannes mag dies nochmals veranschaulichen: »Ich hatte wirklich bei Ruth angebissen, aber trotzdem schlief ich die ganze Zeit auch mit anderen Mädchen. Ich erzählte ihr schreckliche Geschichten. So ging ich zum Beispiel abends weg und sagte ihr, daß ich zurückkommen würde, tat es dann aber nicht. Es war ein ziemliches Durcheinander. Obwohl ich verliebt in sie war, war das Herumtreiben und Wegbleiben manchmal ein Weg, um mich nicht zu sehr einzulassen, denn bei ihr hätte ich den Kopf verlieren können, und ich konnte diese Art von, na ja, Kontrollverlust nicht ertragen. Ich hatte eine tödliche Angst davor, mich auf sie einzulassen. Manchmal fühlte ich mich hilflos, ich war so schrecklich vernarrt in sie.«

WIE UNTREUE DISTANZ SCHAFFT

Affären bewirken aufgrund der Spannung, die sie erzeugen, Distanz, und zwar nicht nur, wenn sie aufgedeckt werden, sondern auch, wenn die Partnerin nichts oder noch nichts davon weiß. Eine Frau kann sich fragen, warum der Ehemann so oft von zu Hause weg ist, und sich vernachlässigt und ärgerlich fühlen. Sie spürt, daß sich seine Haltung ihr gegenüber geändert hat, und ist gekränkt. Gedanken darüber, daß sie nicht mehr oft miteinander schlafen oder daß er nicht mehr so wie früher mit ihr redet, mögen ihr im Kopf herumgehen, und möglicherweise hat sie auch den Eindruck, daß er bei Nachbarinnen oder Freundinnen Annäherungsversuche gemacht hat. Sie fühlt sich von ihm vernachlässigt und erniedrigt.

Einer Frau fällt auf, daß sie der Mann, mit dem sie sich des öfteren getroffen hat, plötzlich seltener anruft. Sie fragt sich, warum, und hört dann vielleicht, daß er mit einer anderen gesehen wurde. Sie fühlt sich verletzt.

Eine andere Frau stolpert über einen Beweis seiner Untreue, hat aber Angst, ihren Mann damit zu konfrontieren. Sie verbirgt ihre Gefühle vor ihm.

Der Mann, der eine heimliche Affäre unterhält, wird ausweichend oder unkommunikativ, in einigen Fällen mag er seine Frau sogar als Feindin empfinden. Sie hält ihn davon ab, das zu tun, was er gern offener tun möchte. Und möglicherweise hat er Angst. Was ist, wenn sie es herausfindet?

Zweifel, Unsicherheit, Ärger, Angst oder Konfusion, die mit einer Affäre einhergehen, führen, ganz gleich, ob sie unterdrückt oder offen geäußert werden, zu einer wachsenden Distanz zwischen den Partnern einer Beziehung.

Auch wenn eine Frau sich weigert, die Anzeichen für eine

Affäre zu sehen, und sich statt dessen mit einer Mauer umgibt, um nur ja nichts zu wissen, entsteht emotionale Distanz. Die Ehefrau oder Freundin hat Angst, bestimmte Themen anzuschneiden, um nicht eventuell der Wahrheit ins Auge sehen zu müssen.

FREMDER SEX UND NÄHE

Angst vor Nähe kann in einigen Fällen den Reiz von Sex in Außenbeziehungen erhöhen. Wenn ein Mann eine Affäre hat, ist die Beziehung mit seiner Geliebten – aufgrund der Erwartungen oder der Umstände – oft oberflächlich oder kurz. Die Zeit ist begrenzt. Man beschränkt seine sexuellen Begegnungen auf die Dauer einer Nacht oder auch nur einer Stunde. Selbst während einer längeren Affäre wird er versuchen, seine Gefühle unter Kontrolle zu halten, um sich nicht zu sehr auf die Sache einlassen zu müssen.

»Wenn ich anfange, etwas für eine Frau zu empfinden«, erklärte mir ein Ehemann, »beende ich die Beziehung sofort.« Wenn entstehende Gefühle solchermaßen reduziert oder gar ganz vermieden werden, wird die Angst enger und bindender Beziehungen gar nicht erst hervorgerufen. Das Ergebnis? In begrenzten oder eher oberflächlichen Beziehungen ohne gefühlsmäßiges Eintauchen fühlen sich Männer vielfach freier, ihre Sexualität zu genießen.

Für zu viele Menschen in unserer Gesellschaft schließen sich Nähe und Sex nahezu aus. Wenn sie Nähe spüren oder sich binden, können sie keine wirkliche sexuelle Lust empfinden. Wenn sie sexuelle Lust empfinden, können sie sich nicht auf Nähe und Bindung einlassen.

Es ist eine Frage des Entwicklungsstands einer Persönlichkeit. Je mehr ein Mensch Liebe und Sex miteinander verbinden kann, desto reifer ist er in emotionaler Hinsicht. Wenn ein Mann – oder eine Frau – beides nicht oder nur schwer zusammenbringen kann, bedeutet das, daß er – oder sie – über eine gewissen Stufe der psychischen Entwicklung noch nicht hinausgekommen ist.

Männer, die in dieser Hinsicht ein Problem haben, neigen dazu, ihre emotionalen und sexuellen Bedürfnisse auf eine oder mehrere Frauen aufzuteilen.

Dabei gibt es folgende Varianten:

Er kann sich einer Partnerin nahe fühlen, von ihr aber sexuell nicht angezogen werden, und von einer Geliebten sexuell angezogen werden, sich ihr aber nicht nahe fühlen

Typischerweise kann ein solcher Mann mit einer Frau zusammenleben oder eine enge Beziehung mit ihr haben, aber sobald er sich intensiv auf sie eingelassen hat, fühlt er sich von ihr sexuell weniger angezogen. Das führt dann dazu, daß er mit anderen Frauen schläft, von denen er sich sexuell angezogen fühlt, solange er ihnen emotional nicht zu nahekommt und nicht mit ihnen zusammenleben muß.

Tom hatte ohne das Wissen seiner Frau Karen eine Affäre mit Susan. Obwohl er das Gefühl hatte, daß Karen jemand sei, dem er immer vertrauen und auf den er zählen könnte, fand er den Sex mit Susan viel aufregender.

Tom erzählte seiner Frau, er würde zu einem viertägigen Kongreß nach Hawaii fahren und auf dem Rückweg noch zwei Tage in San Francisco haltmachen, um ein paar weitere Geschäfte zu erledigen. So verschaffte er sich eine Woche Urlaub mit Susan, auch wenn er Karen gegenüber wachsende Schuldgefühle aufbaute – aber er und Susan freuten sich beide darauf, zum ersten Mal etwas länger zusammensein zu können.

Tom mietete für sie beide ein Häuschen am Strand, und im Laufe der Woche lernten sie sich durch lange Gespräche besser kennen. Tom war überrascht, daß er sich von Susan immer weniger sexuell angezogen fühlte. Er war sogar erleichtert, als die Woche um war und er zu Karen zurückkehren konnte. Genau wie er in seiner Ehe Sex und Nähe nicht miteinander verbinden konnte, fühlte er sich auch von seiner Geliebten nur so lange sexuell angezogen, bis er ihr in einer häuslichen Situation näherkam.

Er kann in einer festen Beziehung weder Nähe noch Sexualität
zulassen, aber bei einer Geliebten kann er beides

Ein Mann wie dieser bringt zu Hause kaum ein Wort über die Lippen, ist gefühlsmäßig unzugänglich und nur minimal oder überhaupt nicht an Sex interessiert. Anders als der erste Mann, der Gefühle, aber nicht Sex mit seiner Partnerin teilen kann, enthält ihr dieser beides vor. Und obwohl er sich an seine Gefährtin gebunden fühlt, kann er dennoch bei seiner Geliebten mehr Nähe zulassen. In einer Affäre vermag er mehr von sich zu zeigen, auch in sexueller Hinsicht.

Hat er bei einer Partnerin das Gefühl, daß emotional nicht so viel von ihm verlangt wird, ist es keine Schwierigkeit für ihn, sich zu öffnen.

Diese Nähe ohne Bindung bedeutet für ihn eine neue Erfahrung, die er möglicherweise als Liebe mißversteht. So ist es möglich, daß er seine Frau wegen seiner Geliebten verläßt, aber ist er erst einmal mit ihr verheiratet, wird er aufhören, mit ihr zu reden, sich in seine Arbeit zurückziehen oder andere Dinge tun, mit denen er sich vor Ehefrau Nummer zwei genauso verschließt wie vorher vor Ehefrau Nummer eins.

Ganz gleich, wie intensiv und befriedigend die Sexualbeziehung zu seiner Geliebten während ihrer ersten Zeit war, in der Ehe wird er sich langsam der neuen Nähe entziehen und die Frau verwirrt allein lassen.

Eben das passierte einem Börsenmakler, der seine erste Frau wegen einer anderen verließ, die er dann heiratete. Inzwischen leben sie entfremdet nebeneinanderher, obwohl sie während ihrer Affäre ein ausgesprochen leidenschaftliches Sexualleben führten und sich sehr nahe waren. Er hat sie überredet, in ihrem Landhaus zu leben, angeblich, weil die Umgebung dort draußen in der freien Natur besser für die Kinder ist. Er sieht seine Frau nur am Wochenende.

Während der Woche lebt er in ihrer Stadtwohnung, wo er eine emotionale, sexuell aufregende Romanze mit einer dritten Frau unterhält.

Er kann sehr starke sexuelle Gefühle haben, aber er vermag
sich keiner Frau richtig nahe zu fühlen

Dieser Mann kann sich emotional auf niemanden einlassen. Er ist für seine Partnerin ebenso unzugänglich wie für die zahlreichen Geliebten, die er immer wieder hat. Er ist jedoch fähig, ein sehr ausdrucksstarker Liebhaber zu sein. Für ihn ist Sex ein Ersatz für jede Art von Nähe.

Viele dieser Männer leben nur für ihre Arbeit. Es ist ihnen angenehm, daß im Beruf Gefühle keine Rolle spielen, und sie wollen auch im Privatleben nicht von ihnen belästigt werden. Obwohl sie in aller Regel verheiratet sind – Ehefrauen erleichtern das Arbeitsleben, indem sie ihm sein Zuhause zu einer Art Servicestation ausbauen –, machen sie sich aus ihren Frauen als Menschen nicht viel. Das gilt auch für ihre Geliebten. Sie mögen Sex oder haben zumindest das Gefühl, daß er eine notwendige Ventilfunktion übernimmt, aber die Frauen, mit denen sie Affären haben, sind für sie fast gesichtslose Körper. Solche Männer neigen zu chronischer Untreue, da sie Sex ohne emotionale Beteiligung ausüben.

Die Suche nach der perfekten Frau

Hinter der Unfähigkeit einiger alleinstehender Männer, sich an eine Frau zu binden, steckt also oft eine Nähe-Phobie. Und doch sind sich viele von ihnen sicher, daß sie nach einer Frau suchen, mit der sie den Rest ihres Lebens verbringen wollen. Auf der Suche nach einem Ideal, das sie anscheinend nie finden können, wandern sie von Frau zu Frau.

George ist so ein Mann. Er sehnt sich nach einer Partnerin, die er lieben und heiraten kann. Er ist lebendig, intelligent und trifft viele Frauen, die er anziehend findet, mit denen er ausgeht und von denen er einige zu Anfang sehr gern hat. Aber nachdem er einige Wochen oder Monate mit ihnen zusammen war, fallen ihm kleine Fehler an ihnen auf. Die eine Frau ist zu gefräßig, die andere hat dicke Schenkel, die dritte zu eng zusammen stehende

Augen, die vierte ist nicht leidenschaftlich genug. Es gibt immer etwas, was George stört und weshalb er sich weiter umsieht und sich mit anderen trifft. Er glaubt, er ist auf der Suche nach der perfekten Frau, aber tatsächlich ist es so, daß George, sobald er anfängt, an einer Frau zu hängen oder sich ihr nahe zu fühlen, ein Unwohlsein empfindet und Angst bekommt. Dieser Vorgang wird ihm jedoch nicht bewußt, und plötzlich wird er kleinlich. Er beginnt, bei der Frau nach Schwachstellen zu suchen, und »entdeckt« Dinge, die er vorher nicht bemerkt hat.

Auch Frank sucht, wie er sagt, nach der idealen Frau, mit der er eine Familie gründen kann. Tatsächlich aber verwendet er seine ganze Zeit und Energie darauf, eine Frau nach der anderen ins Bett zu bekommen. Und so gerät er stets an die Frauen, die sich zwar seinen sexuellen Wünschen unterwerfen, die aber die anderen Qualitäten, die er nach seiner Aussage sucht, nicht haben. Frank ist von seinen Abenteuern immer enttäuscht. Er klagt, daß sie oberflächlich sind, was ja wirklich der Fall ist, da sie nur aus Sex bestehen. Und wenn er dann zufällig doch einmal eine Frau kennenlernt, die er auch auf andere Weise mag oder genießt, findet er schließlich doch immer etwas an ihr auszusetzen, oder er unternimmt etwas, was sie in die Flucht schlägt. Ganz gleich, wie lange er mit einer Frau zusammen ist, er trägt immer den Gedanken mit sich herum, daß sie seinen Anforderungen nicht genügt.

Für die Frauen, mit denen Frank ausgeht, ist er ein angenehmer Unterhalter, und die Beziehungen, die länger dauern, sind sogar recht freundschaftlich. Aber dahinter steht keine echte Zuneigung. Er sagt den Frauen, mit denen er sich regelmäßig trifft, sie sollten keine zu enge Beziehung oder gar Treue von ihm erwarten, aber viele bringen seine Aussagen und sein Verhalten nicht unter einen Hut. Da sie sich über eine lange Zeit hinweg ständig mit ihm treffen, fangen sie an zu glauben, daß hinter der Beziehung mehr steckt, als es in Wirklichkeit der Fall ist. Schließlich wenden sie sich von ihm ab, da er nicht aufhört, sich mit anderen zu treffen. Frank weint ihnen keine Träne nach.

Es gab in den ganzen Jahren zwei Frauen, für die sich Frank stärker interessierte und auf die er sich mehr einließ, seine Ehefrau und eine Freundin. Bei der Freundin bekam er schließlich sexuelle Funktionsstörungen, die Ehefrau zog ihn schon bald sexuell nicht mehr an. Das ist typisch für Männer, die Angst vor Nähe haben. In Beziehungen, die länger oder tiefer sind, verlieren sie das sexuelle Interesse, oder sie entwickeln sexuelle Störungen. Bei Frauen, aus denen sie sich nichts machen, können sie wahre Supermänner sein.

Einige alleinstehende Männer, die Angst vor Nähe haben, schlafen mit Frauen, die ihnen gleichgültig sind, und führen mit anderen, mit denen intimere Gespräche möglich sind, eine vollkommen platonische Beziehung. Sie fragen sich, warum sie nicht beides bei einer Frau haben.

Andere wiederum weisen all die Frauen, die sich für sie interessieren, zurück, weil sie sie langweilig oder fehlerhaft finden. Sie verlieben sich nur in Frauen, die nichts von ihnen wollen oder die nicht verfügbar sind, weil sie bereits einen Mann haben oder dreitausend Kilometer entfernt wohnen.

WIE PAARE NÄHE VERMEIDEN

Ein Paar, bei dem einer der Partner Angst vor Nähe hat, spielt ständig Verstecken und Fangen. Wenn es der Mann ist, der mehr Nähe will, ist er dauernd hinter seiner Frau her. Er will mehr Zeit mit ihr verbringen, seine Gefühle mit ihr teilen und mit ihr sprechen. Sie weicht ihm ständig aus. Sie ist mit den Kindern, mit der Hausarbeit, mit ihrem Job beschäftigt. Sie muß auf Gemeindeversammlungen gehen. Sie will nur über praktische Dinge reden, zum Beispiel ob sie im Großmarkt einkaufen sollten oder nicht. Sie spricht nie über Gefühle. Oder sie wird genau dann, wenn er meint, sie erreichen zu können und daß sich ein wenig Nähe entwickelt, wegen irgend etwas ärgerlich oder fängt einen Streit an, oder sie ist beleidigt und schmollt. Er versucht dauernd, von ihr mehr zu bekommen, als sie gewillt ist zu geben. Schließlich wird er der Sache müde, ist verärgert und fühlt sich vernachlässigt. Manchmal fängt er dann eine Affäre an, um bei jemand anderem das zu bekommen, wonach er sich sehnt.

Öfter jedoch ist es andersherum, und es ist der Mann, der mit zuviel Gefühlen nichts zu tun haben will. Er wehrt sich gegen Nähe oder Zärtlichkeit (außer vielleicht beim Sex). Wenn er zu Hause ist, sitzt er vor dem Fernseher, liest die Zeitung oder arbeitet an Unterlagen, die er sich aus dem Büro mitgebracht hat. Sie versucht dauernd, ihn dazu zu bringen, daß er mit ihr redet, Gefühle ausdrückt, ihr mehr Zeit widmet. Er wehrt sich gegen ihre Anstrengungen und fängt an, sich von ihr bedrängt und unter Druck gesetzt zu fühlen. Ihre Versuche, an ihn heranzukommen, werden von ihm als Bedrohung erlebt, was ihn mitunter sogar feindselig werden läßt. Sie fühlt sich verletzt und zurückgewiesen. Er ist verwirrt. Was will sie von mir? Bei allem, was ich tue, will sie mehr. Eine kleine Affäre kann einem solchen Mann Erleichterung bringen.

Bei manchen Paaren ist es ein wechselseitiges Problem. Wenn zwei Menschen das gleiche Bedürfnis nach Distanz haben und es ihnen gelingt, sie auf einem in etwa konstanten Niveau zu halten, können sie ein relativ ruhiges Leben miteinander führen. Anstatt viel miteinander zu reden, sehen sie zusammen fern, spielen Golf, Tennis oder Bridge oder gehen zusammen in einen Verein. Möglicherweise arrangieren sie es so, daß sie ihre Freizeit mit anderen Paaren verbringen, um nicht miteinander allein sein zu müssen. Sie können relativ getrennte Leben führen, jeder folgt seinen eigenen Interessen. So geht zum Beispiel eine Frau mit Freundinnen und Geschäftskollegen in die Oper oder in Kunstausstellungen. Ihr Mann hat wenig kulturelle Vorlieben, er spielt gern mit seinen Freunden Karten und arbeitet oft noch bis spät in die Nacht.

Der einzige gemeinsame Berührungspunkt für Paare mit sehr unterschiedlichen Interessen können die Kinder sein, deren Wohlergehen ihnen beiden am Herzen liegt. Oder wenn ihre Gemeinsamkeit darauf beruht, daß sie einen bestimmten Lebensstil führen wollen, reden sie über materielle Dinge – welches Haus sollen sie kaufen, welches Auto fahren? Nichts wirklich Persönliches wird diskutiert.

Bei Paaren, die sich wenig Zeit für gemeinsame Tätigkeiten und Gespräche nehmen, versiegt sehr oft das sexuelle Interesse.

Die Partner geben den Sex entweder ganz auf oder schlafen nur noch gelegentlich miteinander. Oder sie haben Affären, die sie irgendwie in ihrem Arbeitsalltag unterbringen.

Manchmal entsteht durch Bissigkeit, Bitterkeit oder Feindseligkeit eine riesige Kluft zwischen zwei Partnern. Auch dahinter können sich wieder Näheprobleme verbergen. Menschen, die Nähe nicht ertragen können, neigen unbewußt dazu, sich Partner auszusuchen, die nicht zu ihnen passen. Indem sie dennoch beieinanderbleiben, stellen sie sicher, daß es niemals Nähe geben wird.

Meist findet bei Paaren, die Nähe zwar suchen, sie aber nicht aushalten können, ein ewiges Vor und Zurück statt. Beide haben eine Grenze, bei deren Überschreiten unbewußte Ängste wach werden. Diese Partner werden aufeinander zugehen, aber wenn einer von ihnen bis in die Sicherheitszone des anderen vordringt, wird etwas passieren, was die Annäherung stoppt. Ein Streit bricht aus, ein Partner schleudert dem anderen eine Anschuldigung oder Kritik entgegen, oder er stürzt sich in eine wichtige Arbeit oder irgendeine andere vorgeblich unaufschiebbare Sache. Das Paar bekommt wieder Distanz und fühlt sich so eine Zeitlang wohl, aber dann werden sie sich wieder nach engerem Kontakt sehnen. Wieder werden sie sich einander nähern, bis sie ein weiteres Mal an den unsichtbaren Punkt stoßen, an dem Unbehagen und Angst einsetzen. Das Spiel geht von neuem los.

Bei Singles führt dieses Vor-und-zurück-Spiel zu einer turbulenten Werbephase, in der immer einer der Partner der Jäger ist und der andere wegläuft. Sie will mehr Nähe und Verbindlichkeit, er lehnt das ab. An irgendeinem Punkt wird er schwach und fängt an, sich in ihrem Sinne zu verhalten. Nun ist es an der Frau wegzulaufen, was ihn dazu bringt, ihr hinterherzujagen. Und vor, und zurück. Wenn die Angst vor Nähe bei beiden besteht, kann die Zeit der Werbung von Kämpfen gekennzeichnet sein und auch von Trennungen, in denen jeder mit anderen ausgeht und Heiratspläne macht, die über Bord geworfen und wieder neu aufgenommen werden – wieder und wieder.

Zwischen zwei Frauen

Wenn ein Mann zwischen zwei Frauen hin- und herpendelt – in zwei Liebesaffären verwickelt ist, die er nicht beenden kann, oder zwischen einer Ehefrau und einer Geliebten gefangen ist –, ist das oft als ein unbewußter Versuch zu verstehen, Nähe und Verbindlichkeit bei beiden Frauen zu vermeiden. Auf einer bewußten Ebene jedoch kann dieser Mann andere Entschuldigungen haben, die er für zutreffend hält. »Ich liebe sie beide. Ich kann mich nicht für eine entscheiden.« – »Ich kann meine Frau wegen der Kinder nicht verlassen.« – »Wir haben nicht genug Geld, um uns scheiden zu lassen.« Und vieles andere mehr.

Was das Ganze kompliziert, ist die Tatsache, daß sich ein Mann oft aus psychologischen Gründen zwischen zwei oder mehr Frauen stellt, weil er nicht alles, was er will, von einer Frau bekommen kann. Er kann einer Partnerin nicht wirklich nahe sein, weil er seine Bedürfnisse auf mehrere Frauen verteilen muß. Die eine Frau hat für ihn diese Qualitäten, die andere jene.

In solchen Fällen werden Frauen nicht als ganze Menschen gesehen, sondern eher als Projektionsflächen bestimmter Qualitäten, die der Mann entweder liebt oder haßt. In der Ehe kann ein Mann vor den schlechten Eigenschaften seiner Frau zu den guten seiner Geliebten flüchten. Oder vielleicht kommt er von der Geliebten zu seiner Frau zurück, weil sie etwas hat, was die Freundin nicht hatte. Männer, die das unbewußte Bedürfnis haben, auf diese Weise zu »sammeln«, verfangen sich weniger aus einer freien Entscheidung heraus als aufgrund einer psychologischen Notwendigkeit zwischen zwei (oder mehr) Frauen

Die Entscheidung für eine Frau

Männer bleiben bei ihrer ursprünglichen Partnerin

Einige Männer bekommen von Frauen in dieser Situation so viel Druck, daß sie letztlich zu einer Entscheidung gezwungen sind. So entscheiden sie sich möglicherweise, bei ihrer Frau zu bleiben.

Bevor sie jedoch ihre Näheprobleme nicht gelöst haben, wird irgendwann die unbewußte Angst wieder aufkommen. Sie fangen an, nervös zu werden, und früher oder später werden sie die alte Freundin wieder anrufen oder eine neue suchen.

Einen Werbeleiter, der in die Therapie kam, weil er seine Ehe nach jahrelangen Affären retten und verbessern wollte, juckte es in den Fingern. Er sagte zu seinem Therapeuten: »Vielleicht würde es funktionieren, wenn ich sie (seine momentane Geliebte) wenigstens jeden Abend anrufen könnte.« Interessanterweise ist es nicht so sehr der Sex als das Wissen, daß es da noch eine andere gibt, was für viele Männer, die untreu sind, am wichtigsten ist. Die andere Frau ist gleichsam ihre emotionale Hintertür, ganz gleich, wie oft sie sie tatsächlich treffen. Ein verheirateter Börsenmakler hat seine »Freundin« in den letzten fünf Jahren nur ein- oder zweimal jährlich gesehen. Er telefoniert mit ihr etwa alle sechs Wochen, und in seiner Fantasie schläft er sehr häufig mit ihr. Das ist für ihn ein ausreichender Puffer, um sich in seiner Ehe wohl fühlen zu können.

In dem Fall des Mannes, der dachte, daß ihm ein abendlicher Anruf bei seiner Geliebten helfen könnte, wies der Therapeut auf die emotionale Distanz hin, die hierdurch entstehen würde. Er wäre doch dann im Grunde trotzdem zweigeteilt, und seine Frau würde ihm seine Anrufe übelnehmen.

Männer entscheiden sich für die andere Frau

Einige Männer beschließen letztlich, ihre ursprüngliche Partnerin zu verlassen und zu ihrer Geliebten zu gehen. Es ist vorhersehbar, daß es auch in diesem Fall die gewohnten Näheprobleme wieder geben wird, sobald der Mann mit der anderen Frau zusammenlebt. Harold und Bettina zum Beispiel hatten achtzehn Jahre lang eine Affäre. Sie waren ineinander verliebt. Harold, der sicher war, daß Bettina die perfekte Frau für ihn sei, schwor, daß er seine Ehefrau verlassen würde, wenn nur Bettina ihrerseits endlich ihren Mann verließe. Das tat sie zwar nicht, aber im achtzehnten Jahr ihrer heimlichen Beziehung erlitt ihr Mann einen Herzanfall und starb. Harold tat sofort, was er für den Fall, daß seine Geliebte frei würde, angekündigt hatte. Er verließ seine Frau und zog bei Bettina ein. Zwei Monate Zusammenleben zerstörten die Liebesfantasien, die sich fast zwei Jahrzehnte lang gehalten hatten. Die beiden kamen nicht miteinander zurecht. Harold mußte ausziehen. Er begann sich wieder seiner Frau zuzuwenden.

Wenn ein Mann tatsächlich seine Geliebte heiratet, stellt er sehr oft fest, daß sich das aus seiner alten Beziehung bekannte Muster bald nach der Eheschließung erneut durchsetzt. Er fängt an, auch in der neuen Zweiersituation Platzangst zu bekommen, und die Folge ist, daß er seine neue Frau betrügt, genau wie er mit ihr seine vorherige Partnerin betrogen hat. Bald findet er sich in einer weiteren Affäre wieder, und noch einmal wird er zwischen zwei Frauen hin- und hergerissen.

Wie Affären Ihre Beziehung anheizen können

Es ist zwar verrückt, aber manchmal, wenn sich ein Mann wirklich etwas aus einer Frau macht, kann ihm eine Affäre helfen, die Beziehung zu ihr am Leben zu erhalten. Manche Männer, die eine Affäre unterhalten, betrachten ihre Ehefrau als Feindin. Sie sehen in ihr die Zuchtmeisterin, die ihnen ihre Flügel oder einen anderen Körperteil stutzen würde, wenn sie nur herausfände, was sie treiben. Männer, die ihre Frauen als strafendes Gewissen betrachten, werden während ihrer Affären unnahbar und distanziert. Ein anderer Typus Mann jedoch schafft durch eine Nebenbeziehung gerade so viel Distanz, daß er fähig wird, seiner Partnerin mehr zu geben oder auch wieder öfter mit ihr zu schlafen, was er sonst – bei zu großer Nähe – nicht könnte. Wahrscheinlich kann dieser Zusammenhang in jedem Stadium einer Beziehung zur Wirkung kommen, auch wenn eine Untersuchung herausfand, daß er besonders häufig in älteren Ehen zu finden ist. Gerade die »alten« Ehemänner unter den Befragten behaupteten, daß Affären die emotionale Nähe und die sexuelle Befriedigung erhöhen.

Sam, ein Zahnarzt aus Maine, veranschaulicht diesen paradox

anmutenden Lösungsversuch für die Angst vor Nähe. Ich fragte ihn, wann er mit seinen Affären angefangen hätte. Er lachte und gestand, daß er schon in der Nacht vor seiner Hochzeit ein sexuelles Abenteuer gehabt hätte – was übrigens häufig vorkommt, wenn Männer sehr intensive Näheprobleme haben. »Meine Affären haben mir immer das Gefühl gegeben, nicht allzusehr in der Falle zu sitzen«, erklärte er. »Ich kann dann zu Hause aufmerksamer und liebevoller sein. Ich weiß nicht, was passieren würde, wenn ich keine anderen Frauen hätte. Natürlich passe ich immer auf, daß ich mich bei einer anderen Frau nicht zu sehr verausgabe, damit ich auch noch mit meiner Frau schlafen kann. Ich will sie nicht vernachlässigen.«

Einige untreue Männer bekennen, bei ihren Geliebten absichtlich ihren Höhepunkt und Samenerguß zu unterdrücken, um nach Hause gehen und mit ihren Ehefrauen schlafen zu können.

»Wenn ich nach Hause käme und nicht mit meiner Frau schliefe, würde ich mich schuldig fühlen«, erklärte mir ein Mann.

Diese Art von Lösung ist jedoch komplizierter, als sie scheint, denn die Affäre erlaubt dem Mann zwar, sich mit seiner Frau glücklicher zu fühlen und ihr mehr zu geben, aber natürlich bringt sie beide auch ein Stück auseinander, da er einen wichtigen Teil seines Lebens vor ihr verheimlicht.

Mehr Nähe, nachdem Sie es wissen

Es ist tatsächlich so, daß Affären eine Beziehung verbessern können, wenn sie erst einmal ans Licht gekommen sind, weil der Mann erwischt wurde oder seine Untreue von sich aus zugegeben hat. Bestimmte Männer benutzen Affären als unbewußte Taktik, um mehr Nähe zu einer anscheinend unnahbaren Frau herzustellen – was durchaus gelingen kann, wenn die Frau einen Seitensprung entdeckt. Nach der Aufdeckung einer Affäre beginnen viele Paare, die sich womöglich schon lange nicht mehr richtig ausgetauscht haben, erneut miteinander über ihre Gefühle und ihre Beziehung zu kommunizieren. Sie rücken emotional wieder enger zusammen.

Es besteht jedoch die Gefahr, daß diese »Flitterwochen« nach dem Ende einer Affäre dazu führen, daß es einem oder beiden bald wieder zu eng wird. Wie Frank Pittmann, ein Familientherapeut aus Atlanta, bemerkt: »Die Gefahr, wenn eine Affäre ans Licht kommt, besteht nicht darin, daß der Untreue nun gehen wird, sondern darin, daß er bleiben und versuchen wird, näherzurücken.« Wenn die neue Nähe zu eng wird, wird zumindest einer der Partner erneut den Rückzug antreten. Bis einer erkennt, daß Näheprobleme am Werk sind, und einschreitet.

WOHER KOMMT DIE ANGST VOR NÄHE?

Es gibt die unterschiedlichsten Gründe für Angst vor Nähe. Hier seien einige der üblichsten genannt:

Männer, die Nähe schlecht ertragen können, hatten oft Eltern, die sich selbst nie nahestanden und/oder die emotional nicht sehr stark auf das Kind reagierten. So entstand das Vorbild für seine späteren Beziehungen.

Frühe Erfahrungen wie der Verlust eines Elternteils können Ängste vor dem Verlassenwerden begründen, die ihrerseits Ängste davor hervorrufen, sich zu sehr an eine Person zu binden. Im Fall von Albert, einem Geschäftsinhaber aus North Carolina, kam die Angst vor dem Verlassenwerden daher, daß er zwischen verschiedenen Familien hin und her gerissen wurde, die er immer verlassen mußte, wenn er gerade begonnen hatte, sich einzugewöhnen.

Als Erwachsener war er glücklich, sich zu verheiraten und eine eigene Familie zu haben, aber er fühlte sich bald zu einer Reihe von Affären getrieben. Wegen seiner wiederholten Untreue geschieden, lebt er nun mit einer Frau zusammen, die er zuerst als Hausmädchen angestellt hatte. Er schläft mit ihr einmal die Woche. Die übrige Zeit geht er mit anderen Frauen ins Bett. Albert findet es unerträglich, nur mit einer Frau zusammenzusein. Er hat Angst, von ihr allein gelassen zu werden.

Manchmal beruht die Angst vor Nähe auch auf einem schwachen Selbstwertgefühl. Der Mann fürchtet, daß, wenn er jemanden zu nahe an sich heranläßt, seine Fehler ans Licht kommen und er zurückgewiesen wird.

Andere Menschen hatten in ihrer Jugend Erlebnisse, die es ihnen unmöglich machten, wirkliche Nähe zu jemandem herzustellen, da sie niemandem vertrauen konnten. Männer, die ignoriert, mißbraucht oder von ihren Eltern nur als Statussymbol benutzt wurden, haben oft sehr große Probleme, sich auf eine andere Person wirklich einzulassen.

Die Angst, von der Partnerin überwältigt oder »erstickt« zu werden, läßt ebenfalls viele Männer vor wirklicher Nähe zurückschrecken. Untersuchungen haben gezeigt, daß dies vor allem auf Männer zutrifft, die überfürsorgliche, kritische oder dominierende Mütter hatten. In der Psyche dieser Männer hat jede Frau das Potential, sie wie schon ihre Mutter völlig zu erdrücken; solche Männer reagieren auf die Ehe oft wie auf ein Gefängnis, in das sie eingesperrt sind, und entwickeln das Gefühl, keine Luft mehr zu bekommen, wenn eine Beziehung über einen bestimmten Punkt hinausgeht. Das hindert sie wirkungsvoll daran, sich tiefer auf ihre Partnerin einzulassen.

Für viele Männer werden wirklich nahe Beziehungen bedrohlich, weil sie in ihren Augen einen bestimmten Grad von Abhängigkeit bedeuten können, wobei Abhängigkeit für sie etwas Beunruhigendes ist, da sie als weiblicher Wesenszug betrachtet wird. Männlich sein heißt unabhängig sein. Etwas Abhängigkeit ist in einer guten Beziehung jedoch normal und gesund, auch wenn einige Männer glauben, dadurch grundsätzlich ihre Autonomie zu verlieren.

Außerdem erinnert Abhängigkeit in einer Liebesbeziehung an die Zeit der Kindheit, als ein Mann voll und ganz auf seine Mutter angewiesen war. Abhängigkeit kann aufgrund dieser frühen Erfahrung unbewußt mit Hilflosigkeit gleichgesetzt werden.

Aus all diesen Gründen kann sich ein Mann schwach, verweiblicht und zum Kind gemacht fühlen, wenn er spürt, daß er einer Frau wirklich nahe ist oder sie braucht. Er fürchtet um seine Männlichkeit, zieht sich zurück und schafft, vielleicht durch eine Affäre, Distanz, um sich seiner Autonomie und Stärke zu versichern.

Sich verändernde Bedürfnisse

Manchmal finden Midlife-Affären, die ich ja bereits beschrieben habe, statt, weil ein Mann, der vorher in seiner Ehe Distanz haben wollte, nun feststellt, daß sich seine Bedürfnisse geändert haben. Seine Erfahrung mag ihn gelehrt haben, Ängste zu überwinden, oder er ist mittlerweile bereit, sich auch mit schmerzhaften Gefühlen auseinanderzusetzen. Vielleicht ist er gereift, und sein Bedürfnis nach Verbundenheit ist gewachsen. Aber häufig hat er eine Frau gewählt, die aufgrund ihrer eigenen Näheprobleme nicht will, daß sich etwas ändert. Sie weist seine Versuche ab, näherzurücken und die Probleme zu lösen, die sie lange Zeit voreinander verborgengehalten haben. Schließlich läßt er sich auf eine Affäre ein, um mehr emotionale Tiefe und Verständnis zu finden. So ein Mann kann es schon bald unerträglich finden, zu Hause ohne diese Erfahrung, ohne das, was er nun offensichtlich braucht, leben zu können.

Wenn es bei Ihnen ein Näheproblem gibt, sollten Sie versuchen, die Barrieren zwischen sich und Ihrem Partner niederzureißen. Ein möglicher Weg dahin wird in Kapitel 14 beschrieben. Außerdem finden Sie dort einen Abschnitt, der Ihnen helfen kann, das Problem unterschiedlicher Bedürfnisse nach Nähe zwischen Ihrem Partner und Ihnen zu lösen.

Wesentlich ist es auch für Sie zu verstehen, wie ein unbewußtes Zusammenspiel, eine sogenannte Kollusion, zwischen Partnern entsteht, um Nähe zu vermeiden, und welche Rolle Untreue dabei spielt. Mehr dazu im folgenden Kapitel.

10

WOLLEN SIE, DASS ER UNTREU IST?

Wollen Sie vielleicht sogar, daß Ihr Mann mit einer anderen Frau schläft? Auch wenn es verrückt klingen mag, insgeheim wollen das viele Frauen tatsächlich – sogar die, die sich durch die Untreue ihres Mannes am Boden zerstört fühlen.

Nehmen wir Wendy. Als sie in die Therapie kam, war sie in katastrophalem Zustand – wütend, traurig, voller Angst. Sie hatte gerade entdeckt, daß ihr Mann sich seit einem Jahr heimlich mit einer anderen Frau traf. Die beiden waren erst seit drei Jahren verheiratet.

»Was hatten denn *Sie* von der Affäre?« fragte sie ihr Therapeut. Wendy war verblüfft. »Ich? Sie meinen doch wohl, was er davon hatte?«

»Nein«, beharrte ihr Therapeut. »Sie. Denken Sie darüber nach, und erzählen Sie mir das nächste Mal, wenn Sie zu mir kommen, was Ihnen dazu eingefallen ist.«

Zuerst war Wendy geradezu verärgert wegen dieser, wie ihr schien, völlig verrückten Idee, daß sie von etwas profitiert haben sollte, was sie als Verrat ihres Mannes betrachtete. Aber sie wälzte den Gedanken hin und her, und bei der nächsten Sitzung sagte sie: »Wissen Sie, ich hasse es, es zugeben zu müssen, aber die Sache hat mir tatsächlich ein paar Vorteile gebracht. An den Abenden, an denen er nicht nach Hause kam, konnte ich mich problemlos mit meiner Mutter, meiner Schwester oder Freunden treffen – er kann meine Mutter und meine Schwester nicht ausstehen. Ich mußte nicht mehr so oft für ihn kochen. Er ist mit dem Essen sehr heikel, und ihn zu bekochen ist eine echte Qual.

Nie ist es, wie er es mag. Ich koche sowieso nicht gern. Außerdem mußte ich nicht so von der Arbeit nach Hause hetzen, wenn er sagte, daß er länger arbeiten würde.«

Zwei Sitzungen später, nachdem sie der Sache noch mehr auf den Grund gegangen war, ging Wendy sogar noch weiter. »Ich glaube, ich wollte, daß er mir untreu wird«, fing sie an. »Aber jetzt will ich es nicht mehr. Wie kann ich ihn nur dazu bringen, daß er damit aufhört?«

Ihr Therapeut riet ihr, ihrem Mann dasselbe zu sagen, was sie ihm erzählt hatte.

Wendy folgte dem Rat, und nach einem langen Gespräch am nächsten Tag versprach ihr Mann, daß er mit seiner Geliebten Schluß machen werde. Wendy geriet plötzlich in Panik. Sie rief ihren Therapeuten an und platzte heraus: »Ich habe es ihm gesagt, aber ich hätte nie erwartet, daß er so schnell handeln würde!«

Wendys Mann hielt Wort. Er besuchte seine Geliebte ein letztes Mal und beendete die Affäre.

War Wendy glücklich? Das sollte man annehmen, oder? Die Wahrheit aber ist, daß sie in eine Depression fiel. Sie war so depressiv, daß sie die meiste Zeit in völliger Teilnahmslosigkeit verharrte. Diese Depression ließ sie verstummen und machte sie für ihren Mann emotional unerreichbar. Wendy brauchte etwas, um die Distanz zwischen sich und ihrem Mann aufrechtzuerhalten. Vorher hatte das die Affäre für sie getan; nun war es die Depression. Da Wendy nicht mit Nähe umgehen konnte, kam ihr die Affäre, ohne daß es ihr bewußt geworden wäre, ganz gelegen. Ohne den dadurch entstandenen Raum fühlte sich Wendy bedroht.

Das ist kein ungewöhnlicher Fall. Viele Frauen, auch die, die besonders leiden, wenn eine Affäre ans Licht kommt, sind willige Mitarbeiterinnen bei der Affäre ihres Mannes. Untreue kann das Ergebnis eines unbewußten Zusammenspiels, eben einer Kollusion, zwischen Ihnen und Ihrem Partner sein.

Bei einer Kollusion dieses Typus gibt es im allgemeinen eine Art heimlichen Handel. Im Austausch für etwas, was von Vorteil für die Frau ist, wird dem Ehemann erlaubt, ihr untreu zu sein, was auch immer der psychologische Gewinn dabei für ihn sein mag. Mögen auch die Umstände sehr unterschiedlich sein, viele Frauen treiben mit ähnlichen Dingen Handel. Hier sind einige der üblichsten Fälle.

KOLLUSIONEN MIT DEM THEMA NÄHE

Wie Wendy finden viele Menschen ihre Beziehungen erträglicher mit Nebenbeziehungen als ohne. Jessica zum Beispiel wurde hysterisch, als die Polizei ihr mitteilte, daß ihr Mann Martin von dem Freund einer Frau, der gegenüber er in einer Bar Annäherungsversuche gemacht hatte, zusammengeschlagen worden war.

Obwohl sie niemals darüber gesprochen hatte, wußte Jessica irgendwie, daß Martin ihr manchmal untreu war. Zwei Jahre zuvor hatte er sie sogar mit Herpes angesteckt. Er und sie wußten von der Existenz der Krankheit, sprachen aber nie darüber, wo sie herkam. Jessica hatte Martin nie mit seinem Treiben konfrontiert.

Als nun über seine Schlägerei sogar im Lokalteil der Zeitung berichtet wurde, fühlte sich Jessica verwirrt und erniedrigt. Damit war es öffentlich, und sie mußte sich Martins Untreue eingestehen, mit ihren Eltern darüber sprechen, die ständig anriefen, mit dem Anwalt, den sie aufsuchen wollte, mit Martin selbst und schließlich mit einem Therapeuten.

Zusammen mit ihrem Mann kam sie völlig deprimiert in der Praxis des Therapeuten an. Martin hatte Affären, aber er wollte Jessica nicht verlieren. Er kam, weil sie ihm mit Scheidung drohte. Und Jessica schien anzunehmen, daß Scheidung wohl die einzige Alternative sei, jetzt, wo sie Martins Untreue gleichsam offiziell zur Kenntnis genommen hatte.

Zuerst weigerte sich Martin, sich zu seinen häufigen außerehelichen Beziehungen zu bekennen, aber dann wurde ihm im Rahmen der Therapie klar, daß es sinnvoll und klug sei, die Wahrheit zu sagen. Es kam eine Geschichte über viele Affären und sogar gelegentliche Orgien heraus. Er erzählte auch von seiner Familie. Sein Vater war ein geradezu chronischer Schürzenjäger gewesen. Seine Mutter wurde zwar ständig mit der Nase darauf gestoßen, aber sie hatte sich standhaft geweigert, es sich und der Verwandtschaft einzugestehen. Martin sprach zum ersten Mal in seinem Leben auch über seine Unsicherheit als Mann. Er glaubte, seine Affären zu brauchen und zur Monogamie wahrscheinlich nicht in der Lage zu sein.

Martin erzählte Jessica mehr von sich als je zuvor in ihrer Partnerschaft. Durch die Therapie wurden sie enge Freunde. Nachdem sie beschlossen hatten, zusammenzubleiben, verbrachte Martin immer mehr Zeit mit seiner Frau. Er genoß ihre neu gefundene Nähe. Er schränkte seine zahlreichen Geschäftsreisen ein, die er früher für seine Affären benutzt hatte. Anstatt sich über seine neue Aufmerksamkeit zu freuen, begann Jessica jedoch, sich eingeengt zu fühlen. Sie hätte es lieber weiter so gehabt wie vor dem Anruf der Polizei. Damals konnte sie während der Woche mit ihren Kindern meist alleine zusammensein und mit Martin am Wochenende, wenn er zu Hause war.

Jessica ermunterte ihren Mann, wieder mehr Reisen zu unternehmen. Sie sagte, er vernachlässige möglicherweise sein Geschäft. Martin machte sich erneut auf den Weg, und bald hatte er nicht nur auf seinen Reisen, sondern auch in der Stadt, in der sie lebten, Affären. Sie ließen ihn zwei oder drei Nächte die Woche nicht nach Hause kommen. Martin und Jessica sprachen nie über seine Abwesenheit, obwohl beide wußten, was los war. Martins Eskapaden kamen ihnen beiden recht, solange sie nicht publik wurden. Sie halfen Martin, mit seiner Unsicherheit umzugehen, und sie gaben Jessica den Raum, den sie brauchte, um sich wohl zu fühlen. Natürlich würde Jessica, wenn Martin nicht diskret genug wäre und eine neue Affäre ans Licht käme, genauso deprimiert und wütend sein wie das erste Mal.

Patty ist eine alleinstehende Frau, die die Untreue ihres Partners unterstützt, obwohl sie das vehement abstreiten würde. Sie ist seit über fünf Jahren mit Gregory zusammen. Obwohl sie sich mit ihm zweimal die Woche trifft, weiß sie, daß er zwischendurch bei anderen Frauen ist. Bei Freundinnen klagt sie darüber und macht von Zeit zu Zeit mit Gregory Schluß, kehrt aber immer wieder zu ihm zurück. Während ihrer Trennungsphasen geht sie mit Männern aus, die sie für attraktiv hält. Sie findet sie alle langweilig.

Patty meint, auf der bewußten Ebene, daß Gregory die anderen aufgeben und sie heiraten wird, wenn sie nur am Ball bleibt. Unbewußt jedoch ist die Beziehung so, wie sie ist, genau richtig für sie. Patty hat Angst vor einer zu engen Beziehung. Indem sie weiter mit Gregory zusammen ist, kann sie ihn für den Mangel an Verbindlichkeit verantwortlich machen und vermeiden, der Wahrheit, daß sie genausoviel Angst vor Nähe hat wie er, ins Gesicht zu sehen. Gregory ist mit dem Arrangement zufrieden. Er mag Frauen. Er mag Patty. Er hat gern eine feste Beziehung. Es war für ihn zum Problem geworden, daß die Frauen normalerweise bald die Nase von seiner Unbeständigkeit voll hatten und gingen. Patty läßt es sich gefallen und bleibt.

DIE MUTTER-KIND-KOLLUSION

Vielen Kollusionen, die zu Affären führen, liegt das Bedürfnis zugrunde, eingeschliffene Rollen innerhalb einer Beziehung aufrechtzuerhalten. Das trifft mit Sicherheit auf Cynthia und Peter zu. Sie lernten sich Ende der 60er Jahre in Chicago kennen. Peter war Hippie und Künstler, Cynthia Blumenmädchen und Designerin. Die beiden verliebten sich ineinander und heirateten. Nach ein paar Jahren bekam Cynthia einen neuen Job und wurde als Möbeldesignerin sehr erfolgreich. Peter malte ein wenig und ließ sich die meiste Zeit treiben. Cynthia finanzierte großzügig den gemeinsamen Lebensunterhalt, sie hatte ihr Flower-Power-Image schon lange aufgegeben, war eine ehrgeizige, verantwortungsbewußte, erfolgreiche Geschäftsfrau geworden. Peter jedoch war weiterhin charmant, unbestimmt und verspielt. Er übernahm im Laufe der Partnerschaft immer mehr die Rolle des abhängigen Jungen und sie die Rolle der verantwortlichen Mutter.

In den vergangenen Jahren hatte sich Peter viermal in andere Frauen verliebt. Jedesmal hatte er Cynthia die Affäre gestanden, seine große Liebe zu der anderen Frau verkündet und seine

Koffer gepackt. Meist lebte er sogar jeweils drei bis fünf Monate mit seinen Geliebten zusammen. Dann »entliebte« er sich wieder, kam zerknirscht zu Cynthia zurück, bat sie um Vergebung und versprach, ihr in Zukunft treu zu sein. Cynthia war jedesmal neu aufgebracht und zutiefst getroffen, aber ganz gleich, wie oft er seine Schwüre brach und ihr wieder untreu wurde, sie schloß ihn aufs neue in die Arme. Sie unterstützt ihn weiterhin und erlaubt ihm, seine Tage zu vertrödeln.

Cynthia und Peters Kollusion basiert auf der Aufrechterhaltung seiner Rolle als charmanter, verantwortungsloser Junge und ihrer Rolle als gute, verständnisvolle Mutter, die sich um ihn kümmert und ihm seine Launen und Eskapaden vergibt. Cynthia fördert Peters Affären. Wenn sie sich weigerte, ihn wieder aufzunehmen, würde sie ihren kleinen Jungen verlieren. Sie hätte dann niemanden mehr, für den sie die großzügige Mutter spielen könnte. Ohne seine Affären könnte Peter die Liebe seiner Frau/Mutter nicht testen und käme nicht in den Genuß des glückseligen Gefühls, von seiner guten Mami wieder in die Arme geschlossen zu werden und Vergebung für seine Sünden zu erhalten. Peters Affären sind für beide von Nutzen.

Eine andere Variation der Mutter-Kind-Kollusion funktioniert mit dem Mann in der Rolle des trotzigen, rebellischen Jungen und der Frau als seiner strengen, strafenden Mutter.

Gloria und Herb spielen diese Rollen in ihrer Ehe. Gloria ist eine eher kühle, kritische Frau. Wenn sie will, findet sie bei jedem einen Fehler. Ihre spitzen Bemerkungen verschonen auch nicht ihren Mann, der im Gegensatz zu ihr kontaktfreudig, freundlich und ziemlich temperamentvoll ist.

Herb und Gloria sind Mitglieder eines örtlichen Clubs. Am Swimming-pool, auf dem Tennisplatz, an der Bar, immer versucht Herb, mit Frauen anzubandeln. Seine Versuche finden oft in Glorias Sichtweite statt. Viele Abende kommt er nicht nach Hause, worauf Gloria mit einer wahren Flut kritischer Bemerkungen reagiert, die alles mögliche betreffen, nur nicht Herbs Affären. Herb läßt sich auch weiterhin ohne jede Scheu mit anderen Frauen ein, doch bleibt er bei Gloria. Seine Eroberungen stellen Versuche dar, seiner strengen Mutter/Frau zu trotzen und Mißbilligung und Strafe hervorzurufen – ein tiefsitzendes psychologisches Bedürfnis, das noch aus der Kindheit stammt. Gloria konfrontiert ihn nicht direkt mit seinen Tändeleien, da sie fürchtet, daß er sie verläßt oder sie ihn verlassen muß und sie so ihre Rolle verliert, die ihr große Macht verleiht. Sie und er sind in einem Zusammenspiel gefangen, in dem sie die kritische Aufseherin und er der eigensinnige, rebellische Junge ist; es sind Rollen, die sie beide weiterspielen wollen, so daß ein Ende von Herbs Affären nicht in Sicht ist.

Abhängig bleiben

Oft geht es bei den Rollen, die zwei Partner übernommen haben, um Abhängigkeit und Dominanz. In einem der möglichen Szenarien, in denen das so ist, hat die Frau Angst, Krach zu schlagen oder die schmerzvolle Wahrheit auch nur »offiziell« zur Kenntnis zu nehmen, da das einen Bruch der Beziehung bedeuten könnte, und sie befürchtet, nicht allein für sich sorgen zu können. Häufig ist gerade sie mit einem Mann verheiratet, der gerne Verantwortung übernimmt. Er liebt es, alles unter Kontrolle zu haben, und er tut in ihrer Beziehung nichts, wodurch sie sich kompetenter, unabhängiger oder fähig fühlen könnte, für sich selbst zu sorgen. Im Gegenteil, viele Männer bestärken ihre Frau in ihrer Hilflosigkeit und Angst mit Bemerkungen wie: »Was würdest du nur ohne mich machen?«

Wenn die Angst, ohne Partner zu sein, bei Ihnen die Illusion aufrechthält, daß alles in Ordnung ist, können Sie, wie zum Beispiel Joan, einen hohen Preis dafür bezahlen. Joan und ihr Ehemann John zogen in eine andere Stadt, als ihn seine Firma dorthin versetzte. Nicht lange, nachdem sie sich dort niedergelassen hatten, sprach John öfter von einem Arbeitskollegen in seiner Firma, mit dem er sich angefreundet habe. Dieser Arbeitskollege war eine Frau. John lud sie zusammen mit anderen Freunden und Bekannten zu sich nach Hause ein und dann gelegentlich auch allein. Joan kam sich komisch vor, als sie für diese Frau die Gastgeberin spielte. Aus irgendeinem Grunde mochte sie sie nicht und sagte es John. John antwortete, daß die Frau wirklich sehr nett sei und er ihr ein wenig Unterhaltung bieten wolle. Er bestand darauf, sie auch weiterhin einzuladen. Joan fügte sich, wie immer, Johns Wünschen, obwohl ihr die Gegenwart dieser Frau überhaupt nicht gefiel.

Eineinhalb Jahre nach ihrem Umzug wurde John wieder versetzt, diesmal in eine Stadt weiter südlich. Joan war erleichtert. Sie war sicher, daß die Frau jetzt von der Bildfläche verschwinden würde. Eines Tages aber, bald nachdem sie in ihrer neuen Heimat angekommen waren, ging Joan mit John auf eine Party, die von einem seiner neuen Mitarbeiter gegeben wurde. Joan war bestürzt, ihre Konkurrentin, die ebenfalls um Versetzung gebeten hatte und umgezogen war, auch hier wieder anzutreffen. Ja, sie war so aufgebracht, daß sie einen Zusammenbruch erlitt, sie fiel in Ohnmacht und fing dann unkontrolliert zu weinen an, ohne erklären zu können, warum. Ihr Mann fragte: »Was ist denn los?« Und sie konnte nichts anderes sagen als: »Ich weiß nicht.« Er brachte sie nach Hause und am nächsten Tag in die Obhut eines Psychiaters. Sie konnten Joans Verhalten auf der Party nicht begreifen. Beide, Joan und John, hatten das Gefühl, daß sie verrückt geworden sein mußte.

Joan machte sich mit ihrem Versuch, das zu verleugnen, was eigentlich nicht zu leugnen war, selbst verrückt: Ihr Mann und seine Mitarbeiterin hatten eine Affäre. Sie konnte ihre Gefühle nicht länger unterdrücken, aber sie konnte sich auch nicht erlauben, die Ursache für ihre Beunruhigung beim Namen zu nennen. Dieser innere Konflikt führte zu der scheinbar unerklärlichen Ohnmacht und dem unkontrollierten Weinanfall.

Joan bestand darauf, die Wahrheit vor sich selbst zu verleugnen, weil sie Angst vor den Konsequenzen hatte. Wenn sie die Affäre aufdeckte, würde ihr Mann sie verlassen, und sie könnte dann, so ihre Angst, nicht überleben. In der Therapie lernte sie allmählich, unabhängiger zu sein. Ihr Psychiater gab ihr den Anstoß, darüber nachzudenken, ob sie sich nicht einen Job suchen sollte. An diesem Punkt beschloß nun ihr Ehemann, daß es mit der Therapie genug sei, und verbot ihr, sie fortzusetzen. John wollte auch weiterhin tun können, wozu auch immer er Lust hatte, und dazu gehörte natürlich seine Untreue. Solange seine Frau das Gefühl hatte, ohne ihn nicht überleben zu können, war das möglich.

Viele, viele Frauen, die Angst davor haben, auf sich allein gestellt zu sein, wirken bei den außerehelichen Affären ihres Mannes mit, indem sie sich erstens weigern, zur Kenntnis zu nehmen, was sie eigentlich wissen, und ihn zweitens nicht damit konfrontieren. So gestatten sie ihrem Mann, mit seiner Affäre oder seinen Affären endlos und ungestraft fortzufahren.

Die Angst, wieder Single zu sein

Charlotte geht seit vier Jahren mit Warren. Sie sieht ihn ein- bis zweimal die Woche und ist verrückt nach ihm, und er macht sie tatsächlich verrückt, weil er ihre Liebe nicht erwidert. Sie ist sich sicher, daß er sich mit anderen Frauen trifft, doch wenn sie zusammen sind, ist es so schön, daß Charlotte den Schmerz vergißt, den sie empfindet, wenn sie eben nicht zusammen sind und sie sich fragen muß, wann Warren denn wohl anrufen wird, *ob* er anrufen oder ob er ihre Verabredung wieder abblasen wird, was er manchmal tut, und wer denn nur diese anderen Frauen sind, die er zu bevorzugen scheint. Warren mag Charlotte, aber er hat nicht die Absicht, sich an sie zu binden. Er liebt seine Freiheit.

Charlotte weiß das, aber sie weigert sich, es ganz an sich heranzulassen. Unrealistischerweise hofft sie, daß Warren vielleicht die anderen aufgeben und sich nur noch ihr widmen wird, wenn sie nur lange genug am Ball bleibt. So trifft sie sich weiter mit ihm, beklagt sich nie, aus Angst, ihn zu verjagen, und versucht auch weiterhin, ihn zu beeindrucken und ihm zu gefallen. Warren bekommt von Charlotte nur das Beste, aber sie erreicht damit, ganz gleich, wie sehr sie sich anstrengt, nicht das, was sie will: Treue und Verbindlichkeit. So gestaltet Charlotte in Wahrheit ihr eigenes Schicksal selbst, indem sie sich an einen untreuen Mann bindet – eine aussichtslose Sache. Und ihr Gewinn? Sie muß sich nicht aufraffen, um sich einen anderen Partner zu suchen. Charlotte braucht das Gefühl einer Bindung, ohne einen Mann ist sie verloren. Sie ist sich sicher, daß sie, wenn sie Warren aufgibt, nie mehr einen anderen Mann bekommen wird, zumindest keinen, der so attraktiv ist wie er. Sie findet sich mit Warrens Untreue und fehlender Verbindlichkeit ab, weil sie tödliche Angst davor hat, wieder allein zu sein.

Viele Frauen, die unbedingt einen Partner haben wollen, binden sich an Männer, die sich nicht auf sie einlassen, sie nicht lieben und ihnen darüber hinaus auch noch untreu sind. Obwohl sie die Beziehung unglücklich macht, beenden sie sie nicht, machen nicht deutlich, was sie akzeptieren und was nicht. So begründen sie ihr eigenes Unglück mit. Es ist ihnen lieber, in einer unglücklichen Beziehung zu verharren, als allein zu sein.

Sexuelle Kollusionen

Lea mag Sex nicht, Jason mag Sex. In der ersten Zeit ihrer Ehe versuchte Jason immer wieder, mit Lea zu schlafen, die sich ihm jedoch hartnäckig verweigerte. Jason gab schließlich auf und fing an, sich bei anderen Frauen zu holen, was er bei Lea nicht bekam.

An Abenden, an denen er sich mit einer Freundin trifft, ruft Jason zu Hause an und sagt, er müsse länger arbeiten. Jason hat seit Jahren immer wieder kurze Affären, und es gibt ständig eine andere Frau in seinem Leben. Lea hat Jasons Abwesenheit und Entschuldigungen die ganzen Jahre über ohne Widerrede akzeptiert. Sie fragt nie näher nach. Die Wahrheit ist, daß Lea irgendwie weiß, daß Jason ihr untreu ist. Wenn es »herauskäme«, wäre sie wütend und traurig. Aber solange es im dunkeln bleibt, ist Lea entlastet. Sie wird in sexueller Hinsicht in Ruhe gelassen. Diese Art von Kollusion, in der eine Frau ihren Mann indirekt zur Untreue ermuntert, um seinen sexuellen Wünschen an sie aus dem Weg zu gehen, ist sehr weit verbreitet.

In Allisons Fall übertrafen die leidenschaftlichen Wünsche ihres Mannes Sanford bei weitem ihre eigenen Bedürfnisse. Sie war längst nicht so temperamentvoll wie er und mit einem Mindestmaß an Sexualität vollkommen zufrieden. Ihr Mann dagegen wollte alle erdenklichen sexuellen Varianten ausprobieren, über erotische Fantasien sprechen und auch mit äußerst ausgefallen Praktiken experimentieren.

Er wünschte, seine kühle, beherrschte Frau wäre leidenschaftlicher, auch wenn er sie wegen ihres damenhaften, eleganten, distanzierten Verhaltens geheiratet hatte – gerade aufgrund ihres Äußeren hatte er sie zunächst für die ideale Ehefrau gehalten. Als er dann feststellen mußte, daß sie im Bett genauso damenhaft war wie außerhalb, beschloß Sanford, seine Bedürfnisse auf andere Weise zu befriedigen. Schon im ersten Jahr ihrer Ehe fing er mit Affären an.

Allison war einfach nur froh, daß Sanford sie nun nicht mehr mit seinen Wünschen unter Druck setzte. Und er war froh, mit Allison, die er respektierte, verheiratet zu sein. So war sie genau die Art Mutter, die er sich für seine Kinder gewünscht hatte – eine geschmackvolle und kultivierte Frau. Einmal vergaß sich Sanford und erzählte Allison, während sie miteinander schliefen, von seinen sexuellen Fantasien.

Allison murmelte: »Erzähl mir nichts von diesen Sachen«, und fügte wie beiläufig hinzu: »Was ich nicht weiß, macht mich nicht heiß.«

Sanford war sich sicher gewesen, daß Allison nichts von seinen Affären wußte. »Ich war immer sehr vorsichtig«, erzählte er mir. Tatsächlich blendete Allison jeden Gedanken aus, daß ihr Mann ihr untreu sein könnte, doch ihre Äußerung zeugte von ihren Ahnungen. Im Grunde wußte sie Bescheid, aber sie *wollte* es nicht wissen, da Sanfords außereheliche Beziehungen in sexueller Hinsicht den Druck von ihr nahmen. Und eigentlich war es so, daß Sanford nicht wollte, daß Allison so war wie seine Geliebten, denn dann hätte er sie nicht mehr respektieren können. Er wollte seine Frau, so wie sie war, kühl und elegant, seine sexuellen Wünsche befriedigte er bei seinen Freundinnen.

Einige Frauen müssen unfreiwillig die Untreue ihrer Männer zur Kenntnis nehmen, wenn ein Dritter sie damit konfrontiert. Manchmal ist es, wie in Friedas und Gilberts Fall, eine verzweifelte oder rachsüchtige Geliebte.

Frieda und Gilbert hatten auf sexuellem Gebiet noch nie zusammengepaßt. Er wollte viel Sex, während sie gerade für ein Minimum zu begeistern war. Er mochte oralen Sex, sie fand ihn ekelhaft. Nach einem Jahr Ehe hatte Gilbert seine erste Affäre. Irgendwann im siebten Ehejahr wurde Frieda von einer Frau angerufen, die ihr gegenüber behauptete, mit Gilbert ein Verhältnis zu haben.

Die Frau hoffte, der Anruf würde so viel Unfrieden stiften, daß Gilbert seine Frau verlassen würde. Die Rechnung ging nicht auf. Frieda erzählte Gilbert nie von dem Anruf. Sie tat auch weiterhin so, als wäre alles in bester Ordnung. Sie fuhr fort, die Arbeit als Grund für sein häufiges spätes Nachhausekommen zu akzeptieren.

Jetzt, im achtzehnten Jahr ihrer Ehe, hat Gilbert Angst, sich bei einer seiner Partnerinnen mit AIDS zu infizieren. In einem Versuch, seine Affären einzuschränken, fing er wieder an, von seiner Frau mehr Sex zu wollen. Wie gewohnt, verweigerte sie sich ihm.

Er sagte: »Frieda, ich bin ein Mann mit starken sexuellen Bedürfnissen. Willst du, daß ich sie woanders befriedige?« Sie platzte heraus: »Wäre das etwas Neues?«

Obwohl sie nicht weiter darüber sprachen, ist nun deutlich geworden, daß sie Bescheid weiß. Gilbert bekämpft seine Angst vor AIDS mittlerweile durch den Gebrauch von Kondomen. Frieda ignoriert auch weiterhin die Tatsache, daß er zwei- oder dreimal die Woche erst sehr spät nach Hause kommt. Frieda fördert Gilberts Affären, um dadurch von seinen sexuellen Wünschen verschont zu werden.

In einem anderen Fall ermuntert eine Frau ihren Mann unterschwellig zu Affären, da sie dadurch die Entschuldigung hat, mit ihren eigenen fortzufahren. Sie hat selbst seit rund zehn Jahren immer wieder Verhältnisse mit anderen Männern. Ihr Gewissen läßt sie in Ruhe, solange auch er ihr untreu ist.

GELD, MACHT, PRESTIGE

Es gibt viele Frauen, die mit Männern zusammen sind, die ihnen einen komfortablen Lebensstil ermöglichen. Dafür übersehen sie die Seitensprünge ihrer Partner. Das gleiche gilt für Frauen, die sich an Männer in einflußreichen Positionen hängen: Politiker, Adlige, Filmgrößen, bekannte Künstler, Musiker, Schriftsteller oder auch Manager. Eine Frau bekommt im Tausch für seine Affären den Status des Mannes und bewegt sich in seinen Kreisen.

Vielen dieser Frauen ist bewußt, daß ihre Männer fremdgehen. Neulich realisierte eine Frau, die mit einem einflußreichen Filmproduzenten verheiratet ist, daß er mit der Hauptdarstellerin seines letzten Films eine Affäre hatte. Sie war außer sich und drohte mit Scheidung. Er sagte, daß er mit ihr verheiratet bleiben wolle, daß er aber seine Affären brauche. »Könntest du nicht mit dieser einen Affäre leben?« fragte er. Sie tat es. Und da sie ihm nachgab, wird sie in Zukunft noch mit anderen Affären leben müssen. Sie ist zur Unterstützerin der außerehelichen Beziehungen ihres Mannes geworden.

Andere mit einflußreichen oder reichen Männern verheiratete Frauen verleugnen vor sich und anderen die Seitensprünge ihrer Partner, auch wenn sie für den Rest der Welt kein Geheimnis mehr sind. In therapeutischen Kreisen ist dies als Rose-Kennedy-Syndrom bekannt.

Frauen wie Grace Kelly, Nancy Sinatra, Jacqueline Kennedy-Onassis, die Frauen von Gary Cooper und Marcello Mastroianni, Königin Elizabeth oder auch Simone de Beauvoir, sie alle gehören in die Kategorie derer, die sich mit untreuen Lebensgefährten abzufinden hatten.

In einigen Kreisen kann man gleichsam von vornherein von der Untreue der Männer ausgehen. Jacqueline Kennedy hat einmal gesagt: »Ich glaube nicht, daß es hier irgendwelche treuen Männer gibt.« In einigen stark patriarchalischen Gesellschaften wird Untreue förmlich erwartet, sie wird als männliches Privileg angesehen. Frauen werden für eine ähnliche Verhaltensweise verstoßen, oder ihnen wird gar Gewalt angetan. Bei derartig ungleichen Verhältnissen herrscht zwischen den Geschlechtern oft eine starke Feindseligkeit. In einer Ehe hatte der Mann seine Frau bei zahlreichen Gelegenheiten betrogen, ohne sich die Mühe zu machen, es vor ihr zu verheimlichen. Sie hatte fünfunddreißig Jahre lang den Mund gehalten, bis ihr Mann durch eine Krankheit zum Pflegefall wurde. Seitdem ist sie zu ihm verbal aggressiv. Da sie ihn in ihrer Gewalt weiß, erinnert sie ihn immer wieder an seine vergangenen Untaten.

Heilige und Sünder

Manchmal findet sich eine Frau mit der oder den Affären ihres Mannes ab, um ihre Position als Opfer aufrechtzuerhalten. Solche Frauen sind oft an Tyrannen, Sadisten oder auch Alkoholiker gebunden, die sie verbal mißbrauchen oder an der Partnerschaft aus rein egoistischen Gründen festhalten. Die Untreue ist für diese Frauen ein Kreuz mehr, das sie tragen müssen, oder auch der spitzeste Stachel in ihrer Dornenkrone. Diese Frauen opfern sich auf dem Altar der Liebe. Sie finden sich im Namen der Treue, oder weil sie meinen: »Ich kann nicht anders, ich liebe ihn«, mit allem ab, was ihnen angetan wird.

Es sieht so aus, als hätte der Mann in diesen Arrangements alle Macht. Schließlich ist er es, der sie auf den Weg durch die Hölle schickt. Das weibliche Märtyrertum verbirgt jedoch häufig ein subtiles Machtspiel. Die Frau ist dem Mann eigentlich überlegen. Sie liebt es, moralisch über ihm zu stehen. Das ist ihr Gewinn und der Grund, warum sie sich mit seinen Affären und allem anderen abfindet.

Eine andere Art von »Heilige« ist diese Frau, die an einem verheerenden Mangel an Selbstwertgefühl leidet. Wenn ihr ein Mann untreu ist, kann sie das tief treffen, aber sie versteht es vollkommen: Natürlich fühlt er sich von anderen Frauen angezogen. Sie ist ja so unattraktiv. Was sie durch eine Affäre gewinnt, ist traurig: Sie wird in ihrem Gefühl bestätigt, daß sie der totalen Zuneigung eines Mannes nicht wert ist. Und so wird sie ihn entweder mit seiner Affäre fortfahren lassen, weil sie keine Möglichkeit sieht, einem Vergleich mit der anderen standzuhalten, oder sie wird sogar anbieten, der anderen den Vortritt zu lassen, weil sie ganz tief in ihrem Herzen »weiß«, daß er etwas Besseres als sie verdient.

UNGLÜCKLICHE BEZIEHUNGEN

Wieder andere Frauen heißen eine Affäre willkommen, weil sie dadurch die Chance erhalten, ihren Partner zu quälen. Partner in derart unglücklichen Beziehungen gehen sich häufig gegenseitig an die Kehle und tun alles Menschenmögliche, um einander das Leben schwer zu machen. Das heißt: Affären haben, sich erwischen lassen oder es dem anderen unter die Nase reiben. Die Frau in einer solchen Machtkampf-Beziehung kann selbst zu sexuellen Eskapaden tendieren, um »es ihm zu zeigen«. Keinesfalls wird sie ihren untreuen Partner aus ihrem Leben werfen, ganz gleich, ob er mit seinen Affären fortfährt, und ganz gleich, wie schlecht es beiden von ihnen geht. Hier liegt ihre Chance für einen Angriff und auch seine für einen Gegenangriff, und damit leiten sie immer neue Runden ihres ewigen Kampfes ein. Diese Männer und Frauen sind nur glücklich, wenn sie unglücklich sind. Affären und Gegenaffären sind Teile des gemeinsamen Spiels »Laß-uns-einander-unglücklich-Machen«.

Was Sie im Fall unbewußter Zusammenspiele, Kollusionen, tun können, erfahren Sie in verschiedenen Abschnitten von Kapitel 14. Aber zunächst will ich beschreiben, was Sie tun können, wenn Sie seine Untreue entdeckt haben.

11

WENN SIE DIE WAHRHEIT WISSEN

Sie haben herausgefunden, daß Ihr Mann Sie betrügt. Was tun Sie jetzt?

Als erstes müssen Sie sich klarmachen, daß die Intensität und die Macht der Gefühle, die auf Sie einstürmen, völlig normal sind, auch wenn viele Frauen das bezweifeln und denken, daß sie neurotisch sind oder nahe daran, den Verstand zu verlieren, da sie sich derartig überwältigt fühlen.

Sie sind schockiert. Sie fühlen sich verraten und sind gleichzeitig zornig, verletzt, beunruhigt, unsicher, ängstlich, verzweifelt, eifersüchtig und beschämt. Vielleicht sind Sie aber auch vor allem verwirrt und vollkommen durcheinander. Erstaunlicherweise ist es darüber hinaus möglich, daß Sie neben Ihrem Schmerz so etwas wie Erleichterung empfinden, weil Sie schon lange einen Verdacht hatten, der sich nun schließlich bestätigt.

»Nachdem ich herausgefunden hatte, daß der Mann, mit dem ich seit über zwei Jahren zusammen war, eine andere Frau geschwängert hatte, konnte ich wochenlang nicht schlafen«, erzählte mir eine 34jährige Geschiedene. »Monatelang dachte ich nur daran.«

»Ich habe es ja versucht, aber ich konnte einfach nichts essen«, erklärte eine Frau, deren Freund sich mit einer anderen Frau eingelassen hatte. »In drei Wochen verlor ich siebeneinhalb Kilo.«

»Ich war wie besessen von dem Gedanken an die andere Frau. Andauernd sah ich die beiden zusammen vor mir. Die Vorstellung ging mir nicht mehr aus dem Kopf«, erzählte mir eine verheiratete Frau.

»Sie war jung und sexy. Ich fühlte mich alt und häßlich«, erinnerte sich eine andere Ehefrau.

Kürzlich verriet eine Therapeutin bei einer Konferenz vor Kollegen ihre eigene Reaktion: »Als ich entdeckte, daß mein früherer Mann ein Verhältnis mit einer anderen hatte, entfuhr mir ein Schrei, den ich kaum als den eigenen erkannte. Es war die Stimme eines Tieres, das vor Schmerz heult, und es geschah völlig außerhalb meiner Kontrolle. Ich machte den Mund auf, und da kam dieser Schrei aus mir heraus.«

Jeder neue Stapel von Briefen, die ich erhalte, enthält etwas, das diese Qualen veranschaulicht: »Kürzlich fand ich heraus, daß mein Mann versuchte, mit einer meiner Freundinnen ins Bett zu gehen. Ich habe darüber viele schlaflose Nächte verbracht. Meine körperliche und meine geistige Gesundheit sind in Gefahr.«

»Mein Freund und ich sind seit einem Jahr zusammen. Durch ihn bekam ich eine Geschlechtskrankheit. Ich wurde geheilt. Dann, acht Monate später, stellte der Arzt genitalen Herpes fest. Ich bin so durcheinander.«

»In den vergangenen anderthalb Jahren war ich mit einem Mann befreundet. Alles lief wunderbar, bis ich feststellte, daß er immer noch mit seiner Ex-Freundin zusammen ist.«

»Neulich fand ich heraus, daß mein Mann mit Unterbrechungen zehn Jahre lang ein Verhältnis mit ein und derselben Frau gehabt hat. Ich kann kaum beschreiben, welche entsetzlichen Kämpfe dieser Enthüllung folgten. Ich schrie und weinte, er bat mich um Verzeihung und flehte mich an, mich nicht von ihm scheiden zu lassen. Ich bin besessen von Rachegedanken. Ich träume davon, ihn umzubringen.«

»Es ist mittlerweile neun Monate her, daß mein Mann mir von einer jahrelangen Affäre erzählt hat. Sie ist vorüber, aber ich bin von der ganzen Sache immer noch erschüttert – von den Lügen, dem Betrügen und Herumschleichen. Ich habe allen Respekt, alles Vertrauen in ihn verloren. Ich bin launisch, bin mal zornig, mal traurig.«

»Der Mann, mit dem ich seit zwölf Jahren verheiratet bin, hat mir gerade erzählt, daß er einen zweiwöchigen Urlaub plant, zusammen mit einer Freundin. Gestern abend sind sie abgeflogen.«

»Ich habe Probleme mit meinem Mann, der mich betrügt. Ich fühle mich tief verletzt. Ich möchte eine Schulter, an der ich mich ausweinen kann. Ich versuche, für meine Kinder stark zu sein.«

Für eine Frau ist die Entdeckung, daß ihr der Mann, dem sie immer vertraut hat, untreu geworden ist, vielleicht eine der erschütternsten Erfahrungen, die sie machen kann. Ein Liebesverrat ruft bei vielen von uns verborgene Ängste wach. Unangenehme Gefühle, die wir lange Zeit verdrängt haben, kommen wieder an die Oberfläche. Ablehnung oder Rivalität, die wir vor langen Jahren womöglich empfunden haben, werden nun noch einmal durchlebt.

So empfinden Frauen, die einen Vater hatten, der ihnen nie genug Aufmerksamkeit geschenkt hat, und die jetzt entdecken, daß ihr Mann ihnen untreu ist, das vielleicht als ebenso tiefgreifende und schmerzliche Zurückweisung. Wenn sie als Kind mit Ihren Geschwistern um die Liebe der Eltern konkurrieren mußten, spüren sie nun dieselbe Art von verzweifelter Rivalität gegenüber der anderen Frau.

Auch wenn Sie gegenwärtig eine Krise durchmachen, vergessen Sie nicht, daß dabei die Gefühle aus der Vergangenheit eine große Rolle spielen, daß sie zur Tiefe Ihrer Verzweiflung beitragen. Diese Emotionen können Ihr Urteil über die Motivation Ihres Mannes in der Weise beeinträchtigen, daß Sie seine Affäre häufig als eine viel größere Bedrohung für Ihre Beziehung betrachten, als sie es tatsächlich ist.

Bevor Untreue in Ihrem Leben zur Realität wurde, haben Sie sich möglicherweise geschworen: »Wenn er mir jemals untreu wird, mache ich Schluß. Ich werfe ihn hinaus.« Die meisten Frauen sagen vorher so etwas. Aber nun, da er Sie wirklich betrogen hat, erkennen Sie, daß Sie ihn nicht verlieren wollen, ganz gleich, wie wütend, verletzt oder enttäuscht Sie auch sein mögen. Sicherlich haben Sie Lust, auf ihn loszugehen, sind aber nicht bereit zu sagen: »Es ist vorbei«, egal, was Sie ihm im ersten Zorn nach der Entdeckung an den Kopf geworfen haben. Im Grunde wollen Sie, daß er sich ändert, daß er zu Ihnen zurückkehrt. Wie stehen die Chancen dafür? Was können Sie tun?

WAS SIE GEGEN SEINE UNTREUE TUN KÖNNEN – ALS UNVERHEIRATETE FRAU

Das Problem der Untreue, und was man dagegen tun kann, stellt sich für unverheiratete Frauen anders dar als für verheiratete. Die verheiratete Frau befindet sich in einer Beziehung, von der beide Partner in der Regel Beständigkeit erwarten. Ein Ehepaar hofft zusammenzubleiben. Natürlich gibt es Scheidungen, aber wenn man verheiratet ist, war der Ursprungsgedanke, sich gebunden zu haben, »bis daß der Tod uns scheidet«. Auch wenn das oft nicht so funktioniert, kann diese Erwartung doch als Grundbestandteil einer Ehe angesehen werden.

Wenn Sie dagegen unverheiratet sind, ist die Grundlage Ihrer Beziehung eine völlig andere, sie basiert im ersten »Rendezvous-Stadium« letztlich auf dem Prinzip des Unverbindlichen. Wenn ein unverheiratetes Paar miteinander ausgeht, befinden sich beide in einem Prozeß des Ausprobierens. Sie fangen an, sich mit einem Mann zu treffen, wobei weder Sie noch er wissen, was dabei herauskommen wird. Sie wissen nicht, ob Sie ihn lieben werden oder ob er Sie lieben wird, ob sie zueinander passen, ob die Verbindung länger als einen Abend, ein paar Tage oder mehrere Wochen und Monate dauern wird. Sie mögen vielleicht anders darüber denken, aber wenn Sie einen Mann erst näher kennenlernen, müssen Sie immer damit rechnen, daß die Beziehung scheitert.

Tatsächlich sind die ersten Rendezvous vor allem dazu da, etwas voneinander, über eine mögliche engere Beziehung und, was zu hoffen ist, im Laufe der Zeit auch über sich selbst zu erfahren, so daß Sie, wenn Sie sich endgültig an einen Mann binden, das Wissen und die Erfahrung besitzen, die für die richtige Wahl notwendig sind.

Leider haben viele Frauen entweder nie gelernt, daß diese erste Zeit eine Zeit des Ausprobierens ist, in der man auf gute wie auf schlechte Erfahrungen gefaßt sein sollte, oder sie blenden dieses Wissen aus, sobald jemand ihr Interesse weckt. Wenn das Verhältnis mit dem Mann, den sie lieben, dann nicht die gewünschte Entwicklung nimmt, wenn er sich zum Beispiel weiterhin mit anderen Frauen treffen will, wird die Sache zur Tragödie. Für eine solche Frau hat das Stadium des Sich-Kennenlernens den Charakter des Vorläufigen verloren, und anstatt in ihm den möglichen Schürzenjäger zu erkennen, der kein Interesse an einer festen Bindung hat, und ihm, wenn auch mit einem weinenden Auge, den Laufpaß zu geben, verlieren sie sich in Depressionen, Angstgefühlen und Selbstzweifeln. Statt zu erkennen, daß sie einen Schlußpunkt setzen sollten, versuchen sie verzweifelt, die Umstände zu ändern: In der Hoffnung, sein Interesse zurückzugewinnen oder ihn dazu zu bringen, ihr treu zu sein, hängen sie sich weiterhin an ihn. Frauen, die sich so verhalten, sind im allgemeinen sehr abhängig und liebebedürftig, und oft verlieren sie sich allmählich derart in romantischen Tagträumereien, daß sie nicht mehr in der Lage sind, die Realität so wahrzunehmen, wie sie ist.

Als unverheiratete Frau müssen Sie sich also ständig dessen bewußt sein, daß Sie einige Beziehungen zu untreuen Männern ohne Zögern als Irrtümer abschreiben sollten. Viele Männer sind den Versuch, sie zu ändern, nicht wert, weil sie entweder im Grunde dazu nicht in der Lage sind oder ganz einfach kein Interesse haben, sich *für Sie* zu ändern.

Außerdem müssen Sie lernen, der weitverbreiteten weiblichen Neigung zu widerstehen, sich selbst die Schuld zu geben, wenn Sie mit einer solchen Situation konfrontiert werden. Sehr viele Frauen suchen das Problem nur bei sich, wenn ein Mann ihnen untreu ist. Sie glauben, daß sie nicht attraktiv genug sind oder daß sie etwas falsch gemacht haben müssen.

Diese Frauen reagieren deshalb so, weil sie aufgrund ihrer Erziehung glauben, für den Erfolg von Beziehungen in unserer Gesellschaft verantwortlich zu sein. Wenn Probleme aufkommen, wenn eine Beziehung in die Brüche geht, erschüttert das ihre weibliche Identität. Tief in ihrem Innersten haben sie dann das Gefühl, bei einer wichtigen Aufgabe in ihrem Leben versagt zu haben. Diese grundlegende Haltung ist in vielen Frauen so tief verwurzelt, daß Selbstvorwürfe eine fast schon allgemeine weibliche Reaktion auf männliche Untreue sind, ob sie durch die tatsächlichen Umstände berechtigt sind oder nicht.

Die Unfähigkeit des Mannes, sich zu binden, oder sein Wunsch, sich mit anderen Frauen zu treffen, ist nicht grundsätzlich Ihr Fehler und sollte nicht als Zeichen dafür gedeutet werden, daß mit Ihnen etwas nicht in Ordnung ist. Nicht jede Beziehung mit einem bindungsunwilligen Mann sollte von Ihnen »bearbeitet« werden. Einige sollten Sie einfach aufgeben.

Sie müssen lernen zu unterscheiden, für welche Beziehung es sich zu kämpfen lohnt und für welche nicht, falls Untreue im Spiel ist. Dazu müssen Sie etwas über Beziehungen im allgemeinen wissen, und welche Rolle Treue dabei spielt.

Die Stadien einer Beziehung

Es ist wichtig zu verstehen, daß der Aufbau einer Beziehung ein langer Prozeß ist, etwas, das Zeit braucht, sich zu entwickeln, und das verschiedene Stadien durchläuft.

Wenn eine Frau das nicht begreift, neigt sie dazu, vorschnelle und häufig falsche Urteile über ihr männliches Gegenüber zu fällen. Anstatt sich kurz nach ihrer ersten Begegnung mit einem Mann zu sagen: »Einiges mag ich an ihm und einiges nicht, aber warten wir ab, was passiert, wenn ich ihn näher kennenlerne«, denkt sie sofort in absoluten Maßstäben: »Der ist was für mich«, oder: »Der ist nichts für mich.«

Kommt sie zu dem Schluß, der Mann sei nichts für sie, schließt sie ihn sofort aus, oder sie konzentriert sich, ohne seine guten Seiten zu sehen, nur noch auf seine Fehler. Möglicherweise schwankt sie auch zwischen ihren Gefühlen hin und her. Unter diesen Umständen kann sich durch die Haltung der Frau niemals eine gute, engagierte Beziehung entwickeln. Wenn so eine Frau jedoch entscheidet, daß ihr ein Mann gefällt, macht sie oft einen noch viel schlimmeren Fehler: Sie geht viel zu früh von einer festen Bindung aus und verhält sich nach Regeln, die völlig unangemessen sind.

So begann Dorothy, nachdem sie Randolph beim Skifahren kennengelernt hatte, mit ihm auszugehen. Nach ihrem sechsten Rendezvous fing sie an, ernsthafter über ihn nachzudenken. Er hatte eine Menge von den Qualitäten, die sie sich von einem Mann wünschte. Er war sportlich, beruflich erfolgreich und fantasiebegabt. Nach einem Monat glaubte sie, in ihn verliebt zu sein. Sie hatte kein Verlangen mehr, mit anderen Männern auszugehen, und sie nahm an, daß es bei Randolph genauso sei. Wie sich herausstellte, mochte Randolph Dorothy wirklich sehr, aber er war nicht bereit, sich schon jetzt auf irgendeine Weise fest an sie zu binden, und traf auch gelegentlich eine seiner alten Freundinnen. Dorothy erfuhr davon, als ihr eine Bekannte erzählte, sie habe Randolph in einem Lokal mit einer anderen Frau gesehen. Dorothy war wütend. Randolph konnte das nicht verstehen, weil die Beziehung für ihn gerade erst begonnen und er ihr nichts versprochen hatte. Dorothy war zu früh von falschen Voraussetzungen ausgegangen.

Ein anderer Punkt, der Frauen oft Probleme bereitet, ist es, zu verstehen, daß sich die Gefühle in einer Beziehung nicht völlig parallel entwickeln. Es kann nicht funktionieren, wenn Sie sich bereits intensiveren Kontakt wünschen, während er noch zögert. Eine Frau, die nicht am Prinzip der Gegenseitigkeit festhält, wird ihre Beziehung häufig falsch einschätzen oder stellt unrealistische Erwartungen an die beginnende Partnerschaft. Wenn sie an ihm interessiert ist und ihn öfter sehen will, erwartet sie, daß er genauso denkt. Der Mann wird in ihren Augen zum Verräter, wenn er ihren einseitigen Wünschen nicht entspricht.

Peggy beging diesen Fehler mit Patrick. Sie lernte ihn auf einer lokalen Tanzveranstaltung kennen. Sie fingen an, sich zu verabreden, und sahen sich anderthalb Monate lang etwa einmal die Woche. Dann wollte Peggy öfter mit Patrick ausgehen, da sie ihn sehr mochte. Nachdem sie vergeblich versucht hatte, ihm ihren Wunsch durch die Blume mitzuteilen, fragte sie ihn schließlich explizit, ob sie sich nicht öfter sehen könnten. Patrick sagte nein. Er wollte die Freiheit haben, neben Peggy noch andere Frauen zu treffen. Peggy war schockiert und zornig. Sie hatte angenommen, daß Patrick an ihr genausoviel Interesse hätte wie sie an ihm, ohne zu ahnen, daß er sich immer noch mit anderen Frauen traf. Sie allein war zum engagierten Partner der Beziehung geworden. Patrick hatte – zumindest zu diesem Zeitpunkt – noch andere Vorstellungen.

Infolge dieser Fehler – nicht zu erkennen, daß eine Beziehung Zeit braucht, um sich zu entwickeln, und daß dieser Prozeß bei Ihnen und bei ihm unterschiedlich fortschreiten kann – erwarten Sie auf der Grundlage Ihrer eigenen Wünsche von einem Mann oft zuviel, manchmal gar alles auf einmal. Sie wollen, daß er sich verliebt, wollen ihn ständig sehen und wollen, daß er sich schon zu Anfang an Sie bindet. Liebe, Ergebenheit und Bindung entstehen aber nicht auf Anhieb, auch wenn uns das von der Medien- und Werbewelt immer wieder auf so schwülstige Art und Weise vorgegaukelt wird. Viel öfter geschieht nichts dergleichen, und eine Beziehung bleibt schon in ihren Anfängen stecken. Wenn sich aber Liebe (im Gegensatz zu Schwärmerei) und Bindungswille wirklich einstellen, dann in aller Regel ganz allmählich und mit der Zeit, und diese Gefühle müssen sich bei beiden Partnern gleichermaßen entwickeln.

Beziehungen durchlaufen gewöhnlich drei Phasen, die jeweils etwa drei Monate dauern:

1. Stadium	2. Stadium	3. Stadium
0–3 Monate	4–6 Monate	7–9 Monate und mehr

Im ersten Stadium, das heißt, wenn Sie anfangen, sich mit jemandem zu treffen, berührt sein Leben Sie zunächst nur am Rande. Zu Beginn des zweiten Stadiums ist Ihr Engagement jedoch gewachsen, während Ihr persönlicher Freiraum beträchtlich abgenommen hat. Bedenken Sie aber, daß es auch im zweiten Stadium noch jede Menge individuellen Freiraum gibt. Im dritten Stadium, wenn Sie schließlich eine feste Bindung eingehen, sind Sie noch stärker involviert, aber trotzdem bleibt Ihnen auch jetzt eine relativ große persönliche Privatsphäre. Machen Sie nicht wie viele Menschen den Fehler zu glauben, daß in guten Beziehungen die Partner ihrer beider Leben völlig miteinander verschmelzen. Gerade in guten und funktionstüchtigen Beziehungen findet sich immer Raum für persönliche Aktivitäten und Zeit für den einzelnen.

Welche Bedeutung hat dabei die Treue? Während sich eine Beziehung entwickelt, ist es manchmal angemessen, Ausschließlichkeit zu erwarten, und manchmal nicht.

1. Stadium: Die ersten drei Monate

In den ersten drei Monaten sollten Sie Treue nicht automatisch erwarten, es sei denn, Ihr Partner und Sie haben sich beide dazu verpflichtet. Dennoch, in einer guten Beziehung springt der Funke sehr schnell über und entzündet sich ständig weiter, so daß Sie immer mehr mit dem Partner zusammensein möchten. So verabreden Sie sich möglicherweise erst einmal, dann zweimal die Woche. Dann erst beginnen Sie langsam, einige Wochenenden zusammen zu verbringen, schließlich jedes Wochenende. Gewöhnlich werden Sie miteinander schlafen, sobald Sie sich näher kennen und wenn Sie sich dabei zusammen wohl fühlen.

Beachten Sie, daß die Beziehung *zunehmend* intensiver geworden ist. Sie war nicht von heute auf morgen das, wozu sie sich entwickelt hat. Raketenstarts werden allgemein von Neurosen angetrieben. Wenn Menschen sich Hals über Kopf schon beim ersten, zweiten oder dritten Rendezvous verlieben, reagieren sie gewöhnlich eher auf ihre eigenen Fantasievorstellungen als auf das, was ihr neuer Ausgehpartner (den sie kaum kennen) wirklich ist. In dem Wunsch nach mehr Erfüllung kann dies durch ein überwältigendes Bedürfnis nach Abhängigkeit oder nach Verschmelzung mit einer anderen Person geschehen. Sie können sich unter anderem auch deswegen zu schnell verlieben, weil subtile Hinweise oder Ihr Instinkt Ihnen sagen, daß diese neue Person einige Ihrer neurotischen Bedürfnisse befriedigen wird – zum Beispiel, daß er unerreichbar oder beleidigend sein wird. Wenn Sie unter emotionalen Entbehrungen leiden, sollten Sie an erste Verabredungen mit besonderer Vorsicht herangehen. In einem solchen Fall neigen Sie dazu, aus einem verzweifelten Bedürfnis nach Liebe in jeder neuen Bekanntschaft den Mann Ihrer Träume zu sehen.

Viele Frauen neigen besonders zu einer falschen Reaktionsweise, die Frank Pittman vereinfachend »die Panik des dritten

Rendezvous« nennt. Natürlich ist sie nicht an die dritte Verabredung gebunden. Es passiert meist dann, wenn eine Frau das erste Gefühl wirklicher Zuneigung empfindet. Heute geschieht das in der Regel eher bei der Frau als beim Mann. Und ist sie unsicher und/oder besonders liebebedürftig, gerät sie eventuell in Panik, wenn sie spürt, daß ihre Zuneigung nicht oder noch nicht erwidert wird. Ihre Verzweiflung wird fühlbar. Der Mann, der das spürt, ergreift daraufhin vielleicht die Flucht oder, getrieben von ihrer Überreaktion, fängt an, sich mit anderen Frauen zu treffen.

Monogames Verhalten ergibt sich möglicherweise von selbst, wenn Sie mehr und mehr Zeit miteinander verbringen. Es ist jedoch weder selbstverständlich, noch sollte es in diesem Stadium als Versprechen interpretiert werden.

Selbst wenn er sich wirklich zu Ihnen hingezogen fühlt, muß er sich noch nicht unbedingt an irgendwelche Regeln gebunden fühlen oder bereit sein für eine enge emotionale Bindung. Für viele Männer ist monogames Verhalten gleichbedeutend mit einer festen Bindung. Eine gute Beziehung mag sich in Richtung Monogamie entwickeln, Sie mögen auch bereits darüber diskutieren, doch können Sie sie in den ersten drei Monaten weder *erwarten* noch wirklich *verlangen*. Dies ist die Zeit, in der man einander besser kennenlernt.

Wenn Monogamie noch nicht erwartet wird, sollten Sie aufgrund der AIDS-Gefahr jedoch auf jeden Fall »Safer sex« praktizieren. Das heißt, daß Sie darauf bestehen, daß er ein Kondom benutzt. Und auch eine andere Möglichkeit wird im Zeitalter von AIDS immer beliebter: Sie schlafen in diesem ersten Stadium überhaupt nicht miteinander.

Ohne Sex erlauben Sie Ihrer Beziehung so lange in eine nicht-körperliche Intimität hineinzuwachsen, bis Sie beide das Gefühl haben, zu einer emotional festen Bindung auf monogamer Basis bereit zu sein, ganz gleich, in welchem Stadium der Entwicklung es soweit ist.

2. Stadium: Vier bis sechs Monate

Wenn alles gutgeht, hat sich gewöhnlich ungefähr im vierten Monat ein bestimmtes Muster Ihres Zusammenseins gebildet. So verbringen Sie zum Beispiel jedes Wochenende und zusätzlich ein oder zwei Tage in der Woche gemeinsam. Darüber hinaus erwarten Sie, fast täglich miteinander zu telefonieren. Wenn Sie so weit gekommen sind, wird monogames Verhalten zu einer entsprechend wichtigen Angelegenheit.

Treue sollte jedoch *nur* ein Thema werden, wenn Sie einander *regelmäßig* und *zunehmend öfter* gesehen haben. Sie sollten Gedanken von Ausschließlichkeit noch aussparen, wenn Sie sich tatsächlich seltener als früher sehen, wenn Sie sich nur sporadisch verabreden oder wenn sich Ihre Beziehung nicht weiterentwikkelt, das heißt, wenn Sie sich zum Beispiel zwar regelmäßig ein- oder zweimal die Woche sehen, aber nie darüber hinauskommen. Das deutet ziemlich sicher darauf hin, daß die Beziehung auch in Zukunft keine wirklichen Fortschritte machen wird. Sie ist nicht bedeutsam genug, um irgendwelche Aufregung um die Frage der Monogamie zu rechtfertigen.

Wenn jedoch alle Anzeichen gut zu sein scheinen, wenn sich also die Nähe zwischen Ihnen positiv entwickelt und Sie beide mehr Zeit miteinander verbringen möchten, machen Sie nicht den Fehler *anzunehmen*, er verhalte sich bereits monogam. Wenn Sie das Gefühl haben, dieser Punkt sei wichtig für Sie, bringen Sie ihn zur Sprache und sagen Sie ihm, daß Sie sich Treue wünschen. Sie dürfen jedoch nicht vergessen, daß es neben den vielen Männern, die ebenso wie Sie in einer sich festigenden Liebesbeziehung zur Treue bereit sind, auch andere gibt, die sich auch im zweiten Stadium noch nicht zu einem derartigen Versprechen durchringen können.

Wenn er meint, zu einer monogamen Beziehung noch nicht bereit zu sein, dann finden Sie zumindest heraus, ob er grundsätzlich in einer fortgeschrittenen, ernsten Beziehung Treue für richtig hält oder nicht. Tut er das nicht, ist es sinnlos zu glauben, er könne vielleicht treu werden, wenn die Beziehung nur von Dauer ist.

Diskussionen über Monogamie geben einer Frau oft einen unverstellten Einblick in die Persönlichkeit ihres Partners.

Möglicherweise sind Sie bereits dem Mann begegnet, mit dem Sie nur so lange eine wunderbare Beziehung haben können, bis sich die Frage der Treue stellt. Wenn es soweit ist, kommt das, was sein Verhalten bisher vielleicht verborgen hat, an den Tag: Nein, er hat zwar im Moment kein anderes Verhältnis, aber trotzdem, völlige Treue kann er für die Zukunft nicht versprechen. Wenn er einer anderen Frau begegnet, die ihn interessiert, will er die Freiheit haben, ihr nachzulaufen. Bald nach diesem Gespräch wird ein solcher Mann Sie nicht mehr sehen wollen und verschwinden. In diesem Fall mögen Sie sich Vorwürfe machen, das Thema überhaupt angeschnitten zu haben, in Wirklichkeit haben Sie sich aber einen Gefallen getan. Sie haben erfahren, wie er wirklich über das Thema Treue denkt und daß die Beziehung nicht so stark war, wie sein Verhalten Sie glauben gemacht hatte.

Es gibt auch Männer, die zwar nach Ihnen verrückt, für jede Art von fester Bindung aber einfach noch zu jung sind. Ein Mann Anfang Zwanzig braucht wahrscheinlich noch Zeit, sich die Hörner abzustoßen und erwachsen zu werden. Egal, wie sehr er sich eine Beziehung mit Ihnen wünscht, er hat das Bedürfnis zu experimentieren, bevor er sich festlegt. Oder aber er ist jemand, der für seine Karriere kämpft und sich weigert, eine feste Bindung einzugehen, ehe er sich in seinem Beruf sicherer fühlt. Wenn das eine oder das andere zutrifft, selbst wenn es ansonsten fantastisch ist, müssen Sie erkennen, daß Sie zur falschen Zeit in sein Leben getreten sind.

Ähnliches gilt für viele frisch geschiedene Männer, wenn Sie sie bald nach ihrer Scheidung kennenlernen, was ich ja weiter oben bereits ausgeführt habe. Sie brauchen Zeit, es mit verschiedenen Frauen zu probieren, ehe sie sich erneut auf eine Beziehung festlegen. Es ist praktisch hoffnungslos, einen solchen Mann zur Treue bewegen zu wollen.

Bei einem sehr jungen Mann, der meint, er brauche mehr Erfahrung, bei einem Mann, dessen Karriere Vorrang hat, und bei einem frisch Geschiedenen ist die Aussicht auf Treue in naher

Zukunft tatsächlich sehr gering. Es gibt jedoch auch einen Typus von Mann, mit dem Sie in einer längeren Beziehung durchaus Erfolg haben können, auch wenn er im Moment nicht zur Treue bereit ist. Es ist der Mann, der vor Intimität oder festen Bindungen zwar etwas verängstigt zurückschreckt, der jedoch keine krankhafte Angst davor hat, und seine Scheu lähmt ihn nicht völlig – was eine enge Beziehung unmöglich machen würde. (Ein Mann mit einer krankhaften Angst vor Intimität oder einer Bindung kann Ihnen nicht lange nahe sein. Bereits im zweiten Stadium zeigt er Zeichen von Rückzug, oder er löst die Verbindung, wenn Ihr Anspruch auf Treue wächst, und läßt Sie ohne jede Chance zurück.)

Auch in einer guten Beziehung kann es vorkommen, daß ein Mann, selbst wenn seine Ängste nicht *zu* groß sind, sich durch einen Seitensprung gegen Intimität und Bindung zur Wehr setzt, wenn die Beziehung mit Ihnen intensiver wird.

Einige Männer tun dies, sobald besagte Ängste aufkommen, um sich zu versichern, daß sie noch nicht gefangen sind. Ein kurzer Seitensprung, von dem Sie wissen, sollte mit ihm besprochen werden, er bedeutet aber nicht unbedingt das Ende der Beziehung, es sei denn, Sie können den Gedanken daran absolut nicht ertragen. Wenn Sie so sehr dagegen sind, müssen Sie es ihm sagen und sehen, wie er darauf reagiert. Aus Angst, Sie zu verlieren, verspricht er vielleicht, es nie wieder zu tun, oder er blockt ab, wenn er das Gefühl hat, daß sich eine Schlinge um seinen Hals legt. Wenn Ihre Gefühle jedoch so stark sind, müssen Sie dieses Risiko auf sich nehmen.

Ein ein- oder zweimaliger Seitensprung unterscheidet sich erheblich von einer Situation, in der ein Mann regelmäßig mit verschiedenen Frauen schläft – wenn er zum Beispiel mit der Verläßlichkeit eines Uhrwerks einmal die Woche mit einer anderen Frau oder mit einer Reihe von Frauen ins Bett geht, obwohl er Sie häufig sieht. Diese Art von Verhalten ist ein Zeichen für zwanghafte Schürzenjägerei. Es wird immer so weitergehen, und es hat keinen Sinn, um einen solchen Mann zu kämpfen, es sei denn, Sie sind bereit, seine Untreue als Teil Ihres Lebens mit ihm grundsätzlich zu akzeptieren.

Ein Seitensprung zu der Zeit, in der die Beziehung intensiver wird, unterscheidet sich auch von dem Fall, in dem ein Mann eine oder mehr Frauen genausooft oder fast so oft trifft wie Sie. Ein Mann, der das tut, ist für eine emotionale Bindung ein hoffnungsloser Fall und sollte von Ihnen auch als solcher behandelt werden.

Wenn es Ihnen möglich ist, entscheiden Sie im Zweifelsfall zu seinen Gunsten und vermuten Sie, daß er mit sich und seinen eigenen Ängsten kämpft und deshalb einen kurzen Seitensprung unternommen hat.

Hier sind einige Anhaltspunkte, die Ihnen in jeder Phase einer Beziehung helfen werden, einen heimlichen Schürzenjäger zu durchschauen:

● Er ist nie dort, wo er sein sollte, wenn Sie ihn abends versuchen anzurufen.

● Er vermeidet, Ihnen zu erzählen, wie er seine Zeit verbringt, wenn er nicht mit Ihnen zusammen ist.

● Widersprüche in seinen Erzählungen über seinen jeweiligen Aufenthaltsort lassen Sie vermuten, daß er öfter gelogen hat.

● Er hatte früher etliche Beziehungen gleichzeitig. Zögern Sie nicht, ihn nach vergangenen Beziehungen zu fragen. Wenn sich herausstellt, daß er nie in der Lage war, länger bei einer Frau zu bleiben, oder daß er mehrfach längere Beziehungen hatte, jedoch keine mit nur einer Frau, oder daß er während einer Ehe oder einer anderen festen Beziehung die ganze Zeit über untreu war, dann kann Sie das ahnen lassen, was Sie von ihm erwarten können. Monogames Verhalten in mindestens einer längeren Beziehung ist ein Anzeichen dafür, daß er zumindest dazu fähig ist, während eine Vorgeschichte, die von Untreue geprägt ist, Ihnen das Gegenteil verdeutlicht.

Wenn Sie das Thema Untreue zur Sprache bringen und er sich weigert, über sein Verhältnis zu anderen Frauen zu sprechen oder dem offensichtlich ausweicht, dann heißt das, daß er Ihnen gegenüber nicht völlig offen und ehrlich ist – ein schlechtes Zeichen für ihn und Ihre Beziehung.

3. Stadium: Sieben bis neun Monate und mehr

In einer guten Beziehung, die sich stetig und positiv weiterentwickelt, entsteht im dritten Stadium eine feste emotionale Bindung. Vielleicht entscheiden Sie sich, zusammenzuziehen, oder fangen an, von Heirat zu sprechen. Geschieht das noch nicht, beginnt im allgemeinen einer der Partner, wachsenden Druck in diese Richtung auszuüben. Wahrscheinlich gerät die Beziehung ins Stocken oder bricht gar auseinander, wird das Problem nicht gelöst.

Möglicherweise merken Sie in diesem dritten Stadium aber auch, daß Sie mit einem Mann zusammen sind, der, auch wenn er in Ihrer Beziehung alles richtig macht, sich dennoch letztlich nicht zu einer festen Bindung entschließen kann. Oft zwingt ein solcher Mann seine Partnerin, von sich aus über das Schicksal der Beziehung zu entscheiden. Er könnte sie ewig so weiterlaufen lassen, weigert sich aber zu heiraten oder in einigen Fällen sogar, mit ihr zusammenzuziehen. Wenn sie von ihm eine intensivere Bindung verlangt, führt das unweigerlich zu ihrem Unglück. Nach langem, vergeblichem Drängen hat sie vielleicht genug von allem und macht Schluß.

In einer emotional tiefen Beziehung, die bis ins dritte Stadium hinein andauert, kommt dem Thema große Bedeutung zu, selbst wenn sich der Mann einer endgültigen Bindung widersetzt. Sie sollten inzwischen über die Treue gesprochen haben, und an diesem Punkt der Entwicklung können Sie von ihm wirklich monogames Verhalten erwarten, es sei denn, Sie haben sich anders geeinigt.

Trotz allem gibt es in diesem Stadium noch eine kritische Zeit, und wenn Sie mit dem, was ich »Das-letzte-nach-Luft-Schnappen-Syndrom« nenne, nicht richtig umgehen, könnten Sie seine Flucht zu einer anderen Frau bewirken. Wenn der Zeitpunkt einer möglichen Heirat näher rückt, machen viele Männer plötzlich einen Rückzieher. Sie wollen die Dinge noch einmal abwägen, um sicherzugehen, daß sie keinen Fehler machen, und – sehr wichtig – um sich zu versichern, daß sie ihr eigenes Leben noch unter Kontrolle haben. Oft teilen die Männer die besonders unter Frauen verbreitete Bereitschaft nicht, sich völlig in eine Liebesbeziehung hineinfallen zu lassen und in ihr aufzugehen.

Wenn er sich plötzlich etwas abkühlt und sich leicht zurückzuziehen scheint und Sie deswegen in Panik geraten, anstatt seine Reaktion als vorübergehend zu erkennen, laufen Sie Gefahr, genau das Falsche tun. Sie mögen versuchen, ihm Zügel anzulegen, und dadurch können Sie ihn in dieser sensiblen Phase zu der Überzeugung kommen lassen, daß er in seinem Verhältnis mit Ihnen die Kontrolle über sich verliert. Das kann dazu führen, daß er etwas unternimmt, um sich seiner Unabhängigkeit zu versichern, zum Beispiel einen Seitensprung. Wenn Sie verliebt sind und von Ehe sprechen und er sich plötzlich etwas distanziert, behalten Sie einen klaren Kopf und sprechen Sie mit ihm darüber, anstatt sich an ihn zu klammern. Versuchen Sie ihm klarzumachen, daß Sie ihn als eine eigenständige Person wollen. Auf diese Weise gelingt es Ihnen wahrscheinlich, dieses »Letzte-nach-Luft-Schnappen« zu vermeiden, das so viele gute Beziehungen zerstört.

DIE ERSTE REAKTION

Was tun Sie, wenn Sie glauben, daß Sie eine gute Beziehung haben, und herausfinden, daß er Ihnen untreu gewesen ist? Prüfen Sie zunächst folgendes:

Denken Sie nochmals über Ihre Beziehung nach:
Überschätzen Sie sie?

Wenn Sie mit einem Mann zusammen sind, der keine Bereitschaft zeigt, eine feste Bindung einzugehen, egal, wie lange Ihre Beziehung schon andauert, dann sind seine Affären mit anderen Frauen grundsätzlich nicht als Untreue anzusehen, sondern einfach als ein Zeichen für seine Unerreichbarkeit zu verstehen. Die Tatsache, daß Sie seine Seitensprünge mit anderen Frauen als Betrug ansehen, ist ein Symptom *Ihres* Problems: Sie weigern sich zu erkennen, was es mit Ihrem Verhältnis wirklich auf sich hat. Sie leben in einer Beziehung, in der er Ihnen nicht die gleichen Gefühle entgegenbringt wie Sie ihm. In einem solch einseitigen Verhältnis Treue zu erwarten ist verrückt.

Lassen Sie mich auch darauf hinweisen, daß seine Untreue Sie eventuell dazu verleiten kann, die Beziehung und das Gewicht, das sie für Sie hat, zu überschätzen. Seine Kontakte mit anderen Frauen können tief in Ihnen verborgene Ängste vor Liebesverlust auslösen. Diese Gefühle haben ihren Ursprung in Ihrer Kindheit, in der Sie wahrscheinlich jemand glauben machen wollte, Sie würden die Zuneigung Ihrer Eltern verlieren. Darüber hinaus kann seine Untreue auch vergessene Gefühle auslösen, die mit der Rivalität zwischen Geschwistern zusammenhängen: Vielleicht haben Sie als Kind unter Ängsten gelitten, ein oder beide Elternteile würden Ihnen Ihren Bruder oder Ihre Schwester vorziehen und ihm oder ihr mehr Liebe entgegenbringen als Ihnen. Diese starken, frühen Emotionen durchleben Sie jetzt in Ihrer gegenwärtigen Partnerschaft noch einmal neu. Und wenn Sie eifersüchtig werden, klammern Sie sich nur noch verzweifelter an Ihre Beziehung und übersteigern Ihr tatsächliches Bedürfnis nach Ihrem Geliebten, wobei diese Reaktion auf dem frühen Wunsch nach mehr Elternliebe basiert.

Ist es möglich, daß Sie zu früh Treue erwarten?

Wenn Sie sich in den ersten Wochen und Monaten Ihrer Beziehung befinden und noch in dem Stadium sind, das vor allem dazu dient herauszufinden, ob Sie einander für eine weitere Bindung tatsächlich genug mögen, dann betrachten Sie seinen Wunsch, sich mit anderen Frauen zu treffen, vielleicht als Untreue, während er ihn in diesem Stadium für sein gutes Recht hält. Er hat Ihnen schließlich nichts versprochen. Möglicherweise sind seine Verabredungen der Versuch zu sehen, wie er auf andere Frauen reagiert. Er ist noch nicht bereit, sein Verhältnis zu Ihnen zu vertiefen. Ich bekomme viele Briefe von Frauen, die über die Untreue eines Mannes schockiert sind, den sie erst seit Wochen oder ein paar Monaten kennen. Das bedeutet für diese Frauen ein sehr ernstes Problem, denn es besteht bei ihnen ein natürliches Verlangen nach Treue, sobald sie anfangen, mit einem Mann zu schlafen, den sie mögen.

Früher gab es mit dem weiblichen Bedürfnis nach Monogamie weniger Probleme, da der sexuelle Verkehr meist in viel späteren Stadien einer Beziehung einsetzte, oft erst, wenn sich das Paar verlobte, zumindest aber brauchte es eine lange Zeit der Werbung. Zudem waren damals die Männer eher bereit, sich zu binden. Heutzutage beginnt eine Frau beim dritten bis sechsten Treffen mit einem Mann zu schlafen, der sie interessiert. Die Angst vor AIDS hat den Ablauf bei bestimmten Männern und Frauen natürlich verzögert, wahrscheinlich aber nicht bei der Mehrheit.

Schon aus Selbstschutz sollten Sie sich stärker zurückhalten, nicht nur, um Ihre eigene, sondern vor allem, um auch die männliche Position besser kennenzulernen. Sie werden wesentlich weniger Kränkungen erfahren, wenn Sie die bestehenden Unterschiede besser erkennen und Treue nicht von dem Augenblick an erwarten, in dem Sie mit ihm das erste Mal ins Bett gehen. Wenn Sie dazu nicht in der Lage oder nicht bereit sind, ist es besser, auf einen Mann zu warten, der genauso fühlt wie Sie und bereit ist, Ihnen zu sagen, daß miteinander zu schlafen auch für ihn bedeutet, treu zu sein und neben Ihnen keine anderen Beziehungen zu unterhalten. Wahrscheinlich sind solche Männer schwieriger zu finden, aber es gibt sie.

Haben Sie wirklich erwartet, daß er Ihnen unwiderruflich treu ist, während Sie sich erst noch Ihre Meinung über ihn bildeten?

Sue beging diesen Fehler mit Brad. Sie begegnete ihm sechs Monate, nachdem sie mit einem anderen Schluß gemacht hatte. Sue hatte während dieser Zeit keine anderen Männer kennengelernt und sehnte sich nach einer neuen Beziehung. Sie traf Brad auf einer Party. Obwohl er ihr etwas langweilig vorkam, erschien er ihr doch ausreichend sympathisch, und als er sie am Tag nach der Party anrief und sie bat, mit ihm auszugehen, sagte sie zu. Sie fing an, ihn regelmäßig zu sehen.

Sie fand Brad nett, intelligent und sensibel. Als sie ihn mit der

Zeit besser kennenlernte, erschien er ihr aber auch passiv, ohne rechten Ehrgeiz und tatsächlich langweilig. Nach zwei Monaten bat Brad sie, mit ihm zusammenzuziehen. Sue sträubte sich dagegen, sie hatte ihm gegenüber zu viele Zweifel. Trotzdem sah sie ihn weiterhin fast drei Jahre lang regelmäßig und erwartete, daß er ihr treu blieb.

Während dieser ganzen Zeit fand sie zu keiner endgültigen Meinung über ihn. Einerseits war er ihr sehr sympathisch, aber andererseits ärgerte sie sich über seinen Mangel an persönlichem Durchsetzungsvermögen und beruflichem Ehrgeiz. Niemals sprachen sie über die Ziele ihrer Beziehung. Ganz für sich versuchte Sue zu entscheiden, ob sie Brads Frau werden sollte oder nicht. Sie gingen fest miteinander, und er schien ihr jemand zu sein, für den sie sich früher oder später entscheiden mußte. Aber dennoch zögerte sie auch weiterhin. Einmal beschloß sie schon, Brad zu heiraten, dann fand sie wieder, es fehle ihm zuviel, um zu ihr zu passen.

Sue war schockiert und wie vor den Kopf geschlagen, als Brad ihr eines Tages am Telefon mitteilte, er sei nun mit einer anderen Frau befreundet. Sie nannte ihn einen Lügner und Betrüger. Das Problem lag jedoch hauptsächlich bei ihr selbst. Sie hatte geglaubt, Brad würde so lange warten, bis sie sich entschieden hatte, und wenn es ewig dauerte. Sie hatte nicht bedacht, daß auch er sich seine eigenen Gedanken machte und daß er der Beziehung mit ihr, die zu nichts führte, müde werden und entscheiden könnte, daß *er* etwas anderes wollte. Natürlich hätte er ihr vorher von seinem Wunsch nach einer neuen Freundin erzählen können. Das große Problem in dieser Beziehung war die mangelnde Kommunikation. Und Sue beging den Fehler, fälschlicherweise anzunehmen, Brad würde auf sie warten, bis sie entschieden hatte, ob sie ihn wollte oder nicht. Machen Sie nicht den gleichen Fehler.

Glauben Sie nicht, daß alle Männer gleich sind

Viele Frauen geben dem gesamten männlichen Geschlecht die Schuld, wenn ihnen ein Freund nach dem anderen untreu ist. Die

Untreue und der Unwille dieser Männer, mit Ihnen eine feste Bindung einzugehen, oder Sie sogar zu lieben, mag besondere Gründe haben. Wenn Sie sich zum Beispiel ständig bindungsfeindliche Schürzenjäger aussuchen, weil Sie sie am aufregendsten und attraktivsten finden, und Sie andere, bindungsfreudigere Männer als langweilig ablehnen, haben Sie möglicherweise grundsätzliche Probleme mit Intimität und Nähe.

Ein Mann, der stets hinter allen Frauen her ist, ist emotional unerreichbar, was den verborgenen Absichten einiger Frauen mehr entgegenkommt, als sie denken. Sie können ihm die Schuld geben, wenn die Beziehung zu nichts führt, anstatt sich eingestehen zu müssen, daß sie selbst in Wahrheit auf Dauer keinem Mann wirklich nahe sein können oder wollen und sich deshalb immer zu Männern hingezogen fühlen, die ihnen nie ganz gehören können. Der Ursprung ihres Problems könnte wiederum in ihrer Kindheit bei ihrem Vater liegen, der ihnen nie die Art von Liebe entgegengebracht hat, die sie sich von ihm wünschten. Diese Frauen erleben dasselbe alte Drama immer wieder neu mit den Männern, die sie in ihrem Erwachsenenleben auswählen. Die Intensität der Beziehungen mit ihnen basiert auf ihrem Versuch, diese Männer zu etwas zu veranlassen, was ihr Vater niemals tat – sie voll und ganz zu lieben.

Dasselbe gilt, wenn die grundsätzlich untreuen Männer, die diese Frauen sich aussuchen, verheiratet sind und ihre Ehefrauen und wohl auch sie betrügen. Es läßt sich zwar behaupten, daß verheiratete Männer die einzig guten Männer sind, doch liegt ihre Anziehungskraft darin, daß sie unerreichbar sind.

Klammern Sie sich nicht an ihn und laufen Sie ihm nicht nach

Wenn sie glauben, daß ein Mann fremdgeht, fangen viele Frauen an, ihn ständig anzurufen und ihn zu Verabredungen zu drängen. Wie verrückt versuchen sie, von ihm Komplimente oder irgendeine andere Art von Bestätigung zu erhalten. Dadurch kann er sich jedoch leicht unter zu starken Druck gesetzt fühlen und veranlaßt werden, von Ihnen weglaufen zu wollen – genau das Gegenteil von dem, was Sie möchten.

Versuchen Sie nicht, ihn eifersüchtig zu machen

Frauen, die mit untreuen Männern zusammen sind, scheint es oft ganz normal, mit anderen Männern zu flirten und zu versuchen, die Aufmerksamkeit dieser Männer auch in anderer Hinsicht auf sich zu ziehen, in der Hoffnung, daß das den Partner zur Vernunft bringt. Das wird es nicht – im Gegenteil.

Werden Sie nicht zu seiner Sklavin

Einige Frauen glauben, daß ein Mann ihnen treu wird, wenn sie nur alles daransetzen, ihn zufriedenzustellen, und alles Erdenkliche für ihn tun. Mit dieser Taktik gewinnen Sie ihn fast nie zurück. Schlimmer, oft signalisiert ihm dieses Verhalten, daß er sich bei Ihnen alles erlauben kann.

Spionieren Sie ihm nicht nach

Ich habe Frauen gekannt, die heimlich die Schubladen und Schränke ihrer Freunde durchforsteten, deren Post lasen oder ihre Adreßbücher studierten, um irgendwelche Spuren zu finden. Einige von ihnen haben ihre Partner regelrecht verfolgt. Sie haben sie mitten in der Nacht angerufen, um herauszufinden, ob sie zu Hause waren, und versucht, seine Freunde auszufragen. Das führt nicht weiter. Richtig ist es, folgendermaßen zu reagieren:

Sprechen Sie mit ihm darüber

Einige Frauen haben Angst, die Männer, denen sie ernsthaft verbunden sind, zu fragen, ob sie sich auch mit anderen Frauen treffen. In stiller Qual behalten sie ihren Verdacht für sich. Dabei sollten sie offen und direkt sein. Ich habe noch nie an Verschweigen geglaubt, es bringt in aller Regel eher Schaden als Nutzen. Und angesichts der Bedrohung durch AIDS haben Sie im Grunde keine andere Wahl mehr. Seine sexuellen Gewohnheiten können zur existentiellen Bedrohung für Sie werden.

Sie müssen das Thema also zur Sprache bringen. In gewisser Hinsicht hilft AIDS sogar dabei, diplomatisch zu sein und ihm nicht zu drohen. Sagen Sie ihm, daß Sie sich Sorgen machen und daß Sie ganz einfach wissen müssen, ob er noch mit anderen Frauen schläft. Wohl jeder Mann wird das heute verstehen. Ein solches Gespräch eröffnet Ihnen darüber hinaus die Möglichkeit, seine grundsätzliche Einstellung zum Thema Treue und Untreue herauszufinden.

Fragen Sie ihn, was ihm die Beziehung bedeutet

Trifft er sich mit nur einer Frau? Sieht er sie gelegentlich oder regelmäßig? Was bedeutet sie ihm? Je ernster sein Engagement, desto genauer müssen Sie fragen, was ihm seine Beziehung mit Ihnen bedeutet. Vielleicht ist sie ihm weniger wichtig, als Sie beide oder einer von Ihnen denken.

Fragen Sie ihn, wohin Ihre Beziehung seiner Meinung nach führt

Ich bin stets überrascht, daß diese Frage nur selten diskutiert wird. Und doch haben die Partner sogar in einer scheinbar guten Beziehung manchmal völlig verschiedene Vorstellungen.

Bei Brenda und Mort war das der Fall. Sie studierten beide an derselben juristischen Fakultät. Sie begegneten sich auf einer Party und begannen, sich regelmäßig zu treffen. Nach zehn Monaten sahen sie sich fast jede Nacht. Zu dieser Zeit lernte Mort zufällig eine verheiratete Frau kennen, mit der er ein Verhältnis anfing. Gleichzeitig begann Brenda, ihn zu einer festen Bindung zu drängen. Sie dachte, daß sie es beide wollten, weil sie einander so oft sahen. Aber als sie das Thema zur Sprache brachte, erklärte Mort, daß ihre Beziehung zwar sehr nett und auch recht hilfreich für ihn sei, die Unbilden des Studiums zu überstehen, er aber nicht die Absicht habe, mit Brenda für alle Zeiten zusammenzuleben. Er erzählte ihr von seiner neuen Bekanntschaft. Brenda wurde leichenblaß. Sie hatte sich falsche Hoffnungen gemacht, weil sie und Mort nie wirklich darüber gesprochen hatten, wie weit sie miteinander gehen wollten.

Klärende Gespräche über die Ziele einer Partnerschaft können offenbaren, daß der Mann in Ihrem Leben Sie zwar sehr gern hat, daß er aber dennoch die Beziehung als vorübergehend ansieht und sich das Recht vorbehält, seine Zuneigung jemand anderem zuzuwenden, falls er es für richtig hält. Etwaige Untreue korrespondiert möglicherweise mit seiner Annahme, dieses Verhältnis sei durch seine Absichten definiert. Eine ehrliche Aussprache über seine Vorstellungen und über Ihre gemeinsame Zukunft gibt Ihnen nicht unbedingt die Antwort, die Sie wünschen, zumindest erfahren Sie gegebenenfalls aber, daß es für Sie keine gemeinsame Zukunft gibt und es besser ist, sich von ihm zu trennen. Wenn er Ihnen aber gesteht, daß er Sie wirklich liebt und eine gemeinsame Zukunft für möglich hält, obwohl er Ihnen untreu war, dann lohnt es sich, für ihn zu kämpfen.

Sagen Sie ihm, er solle verzichten

Sie müssen ihm Ihre Grundprinzipien klarmachen. Es ist nicht wirklich ein Befehl, sondern eine Erklärung *Ihrer* Bedürfnisse in einer ernsten Beziehung. Wenn Treue für Sie sehr wichtig ist, haben Sie das Recht zu sagen: »Wenn du dir erhalten willst, was wir zusammen haben, mußt du andere Frauen aufgeben. Ich kann nicht tolerieren, daß du mit einer anderen schläfst.« Natürlich bedeutet das ein mögliches Ende der Partnerschaft. Aber Selbstachtung und die Aufrechterhaltung Ihrer Integrität verlangen, daß Sie so handeln. Wenn Sie Grenzen setzen für das, was Sie tolerieren wollen, kann Sie das Ihren Geliebten kosten, aber auch wenn das passiert, vergessen Sie nicht, daß Sie jemanden verloren haben, der Ihnen nicht das geben kann, was *Sie* brauchen. Durch eine klare Grenzziehung können Sie oft erreichen, was Sie sich wünschen – monogames Verhalten von einem Mann, der Ihnen am Herzen liegt.

Hier ist ein Beispiel: Beth, eine Krankenschwester, ging elf Monate mit Norman, einem Chiropraktiker. Sie sahen sich mehrere Abende in der Woche. Der Freund, auf dessen Party Beth Norman kennengelernt hatte, erzählte ihr, daß Norman in den letzten vier Monaten mehrmals kurze Affären mit anderen

Frauen gehabt habe. Beth war wütend und stellte ihn zur Rede. Norman war entsetzt, als Beth ihm sagte, sie wolle ihn nicht mehr sehen, wenn er weiterhin mit anderen Frauen schlafe, aber ihm war seine Freiheit zu wichtig, und so weigerte er sich, ihr Treue zu geloben. Sie trennten sich und fingen beide an, mit anderen Leuten auszugehen. Nach zwei Monaten Trennung merkte Norman, daß ihm Beth sehr fehlte. Er rief sie an und erzählte es ihr. Sie gestand ihm, daß auch sie ihn vermisse. Er sagte, er wolle wieder mit ihr zusammensein und daß er bereit sei, die anderen Frauen aufzugeben, wenn sie ihn noch wolle. Da er jetzt in die von ihr verlangte Treue einwilligte, stimmte Beth zu. Heute leben sie zusammen, und Norman ist monogam.

Bleiben Sie Ihren Prinzipien treu

Lassen Sie sich Ihren Wunsch nach Verpflichtung zu monogamem Verhalten nicht von ihm ausreden. Er mag einwerfen: »Du machst alles kaputt. Alles ist wunderbar so, wie es ist. Warum mußt du die Dinge komplizieren?«, oder: »Du bist besitzergreifend. Ich kann besitzergreifende Frauen nicht ausstehen.« Lassen Sie sich durch Äußerungen, die Ihnen Angst einjagen, Sie in die Defensive drängen oder Ihnen Schuldgefühle einflößen sollen, nicht zu Kompromissen verleiten.

Prüfen Sie sich selbst, um zu sehen, ob ein untreuer Mann nicht möglicherweise das ist, was Sie eigentlich wollen

Durch frühe Erfahrungen haben Sie vielleicht das Bedürfnis nach jemandem, der Sie verletzt oder für den Sie gegen eine andere Frau kämpfen müssen, wie dies bei Gina der Fall war. Gina wuchs in Washington auf, bei einem Vater, der Politiker war, und einer Mutter, die zuviel trank. Gina vergötterte ihren Vater, sah ihn aber selten. Er arbeitete bis spät in die Nacht und war viel auf Reisen. Als Teenager erkannte Gina allmählich, daß ihre Mutter hauptsächlich deshalb soviel trank, weil ihr Vater ständig Affären hatte.

Heute ist Gina mit Hank befreundet, einem wohlhabenden Börsenmakler in New York. Hank hat abends oft Gäste und arbeitet auch häufig bis spät in die Nacht. Gina glaubte zunächst, sie könnte sich mit seinen Arbeitsgewohnheiten abfinden – auch sie selbst hat in ihrem Beruf ziemlich viel zu tun. Sie war zufrieden mit ihrer Regelung mit Hank, bis sie herausfand, daß er an einigen der Abende, an denen er angeblich arbeitete, Affären mit anderen Frauen hatte.

Gina schimpfte und tobte, sieht Hank, der sich auch heute noch mit anderen Frauen trifft, aber auch weiterhin. Hank geht immer offener und immer häufiger fremd. Gina ist unglücklich. Sie sagt, daß sie Hank liebt und ihn nicht aufgeben kann. Kürzlich war sie so enttäuscht und verzweifelt, daß sie einen Therapeuten aufsuchte. In den Sitzungen stellte sich dann heraus, daß Gina deswegen so an Hank hängt und sich mit seiner Untreue abfindet, weil sie bei Männern ein derartiges Verhalten gewöhnt ist. Hank ist wie ihr bezaubernder, unerreichbarer Vater, der ständig hinter den Frauen her war.

Lucys Vater war ein gepflegter Frauenheld. Er hatte mehrere Affären, von denen die ganze Stadt wußte. Lucys Mutter sah darüber hinweg. In ihrer jetzigen Beziehung mit Franklin hat Lucy einen Mann gewählt, der ihrem Vater sehr ähnlich ist. Er ist ein großer, gutaussehender Charmeur. Vor kurzem fand Lucy heraus, daß Franklin mit einigen seiner Bekanntschaften, die er immer wieder macht, auch ins Bett geht. Trotz ihrer Bestürzung fühlt sich Lucy aber auch seltsam wohl in dieser Situation. Im wesentlichen vollzieht sie in ihrer Beziehung dasselbe Rollenspiel nach, das sie schon bei ihrer Mutter und ihrem Vater erlebt hat.

Laura hatte einen ziemlich grausamen Vater, der sie und ihre Mutter oft mit zornigen Bemerkungen, Kritik und Demütigungen quälte. Jetzt wird sie verletzt durch die Untreue ihres Freundes Robert. Robert macht sich über ihre Gefühle lustig, nennt sie eine eifersüchtige, besitzergreifende Frau. Sie akzeptiert seine Kritik und, obwohl sie sie verabscheut, auch seine Affären. Sie bleibt bei ihm. Das Leben mit ihrem Vater hat sie an die grausame, unfaire Behandlung durch Männer gewöhnt.

Versuchen Sie, ihn zu retten?

Sehr oft ist Untreue verbunden mit anderen Problemen wie Alkohol oder der Unfähigkeit, sich in einem Job zu behaupten, oder auch Psychosen, die einen Mann im Grunde zu einem klinischen Fall machen könnten. Manche Frau entschuldigt seine Affären dann als Teil seiner größeren Probleme und hat das Gefühl, sich um diesen armen Menschen kümmern zu müssen, egal was er tut, und hofft, ihn bessern und retten zu können. Wenn eine Frau diese Art von Versorgerrolle übernimmt, in der sie seine Seitensprünge als Teil einer größeren Krankheit akzeptiert (oder weil sie *die* Krankheit sind), dann wird sie zu einem Teil des Problems. Sie mag sich zwar über die Last der Beziehung beklagen, in Wahrheit liebt sie aber die Rolle der Möchtegern-Retterin – sie gibt ihr das Gefühl, mächtig zu sein und gebraucht zu werden. Sie hat daher ein persönliches Interesse daran, daß er weiter trinkt, Tabletten nimmt oder sie mit anderen Frauen betrügt, es schützt ihre Rolle. Wenn sich in solchen Beziehungen der Mann doch entschließt, sein Problem zur Lösung zu bringen, wenn er möglicherweise aufhört, mit anderen Frauen zu schlafen, versucht die Frau fast immer, seine Heilung auf irgendeine Weise zu verhindern. Gelingt ihr das nicht, gibt sie ihn früher oder später auf und sucht sich einen anderen armen Mann, den sie umsorgen kann. Gehen Sie sicher, daß Sie sich nicht in einer solchen Situation befinden.

Finden Sie sich nicht mit seiner Untreue ab, weil Sie Angst haben, sonst allein bleiben zu müssen

Eine ganze Reihe alleinstehende Frauen hängen an ihren Beziehungen mit Männern, die mit anderen Frauen schlafen, weil sie glauben, daß ein halber Mann besser sei als gar keiner. Sie sind sicher, wenn sie sich weigern, sich mit der Untreue ihrer Männer abzufinden, wird ihre Beziehung zu Bruch gehen, und kein Mann wird sich jemals wieder für sie interessieren. So bleiben sie unglücklich, da die Angst zu groß ist, wieder in den Status einer alleinstehenden Frau zu geraten. Ängste wie diese sind unrealistisch. Wenn Sie entschlossen sind, einen anderen Partner zu finden, werden Sie auch Erfolg haben. Sie sollten sich nicht mit Ihrem Schmerz als Alternative zu einem neuen Versuch mit einem anderen Mann zufriedengeben.

Akzeptieren Sie seine Untreue nicht, weil Sie überzeugt sind, er sei der einzige für Sie

Die Ansicht, er sei der einzige Mann auf der Welt, der zu Ihnen paßt, basiert auf Gefühlen, die Sie schon sehr früh in Ihrem Leben hatten. Als Kind war Ihre Mutter Ihr ein und alles in der Welt – die mächtige Person, von der Ihr Überleben abhing. Nun haben Sie das Gefühl, daß Ihr Partner die Person ist, von der Ihr Überleben als Frau abhängt. Es gibt niemals nur einen Menschen, der *der Richtige* ist.

Glauben Sie nicht, daß die Untreue ein Ende nimmt, wenn Sie erst einmal verheiratet sind

Eine Heirat wirkt keine Wunder, auch wenn einige Frauen das glauben. Sie nehmen an, ein Mann werde seine Laster aufgeben, sobald er sich häuslich niedergelassen hat. Das ist falsch: War er die Zeit vor der Ehe häufig untreu, dann wird er das auch nach der Hochzeit sein. Wenn Sie sich also damit nicht abfinden können, denken Sie zweimal darüber nach, ehe Sie ihn akzeptieren und ihn gar als Ehemann in Erwägung ziehen.

Versuchen Sie, ihn zu beruhigen

Wenn Sie glauben, daß er sich nebenher sexuelle Abenteuer leistet, um seine Angst vor Vertrautheit und Bindung mit Ihnen zu bekämpfen, dann bringen Sie die Sache behutsam zur Sprache. Im allgemeinen fürchten sich Männer deswegen vor Intimität und Nähe, weil sie Angst haben, von jemandem, dem sie nahestehen, überwältigt zu werden und ihre Identität zu verlieren. Sie haben Angst, von ihrem vertrauten Partner verlassen zu werden, ihre Unabhängigkeit zu verlieren und von einer Frau kontrolliert zu werden – auch wenn sie sie lieben. Oder sie haben Angst, zurückgewiesen zu werden, wenn eine Frau sie zu gut kennenlernt und all ihre Fehler bemerkt. Ein Mann gestand mir: »Ich erinnere mich, daß ich immer alle Frauen betrog oder verließ. Ich wollte ihnen einen Schritt voraus sein. Ich dachte, daß sie mich ohnehin verlassen würden.«

Wenn Sie die Angst vor dem Verlust der Unabhängigkeit als Beispiel nehmen, können Sie die Sache ansprechen und versuchen, ihm seine Angst zu nehmen: »Weißt du, manchmal habe ich Angst, wenn ich mich dir nahe fühle. Es kann erschreckend sein, sich vorzustellen, daß jemand anders die Macht haben könnte, einem zu sagen, was man tun soll. Ich würde niemals versuchen, über dein Leben zu bestimmen. Ich möchte eine unabhängige Frau sein, und ich möchte, daß auch du ein unabhängiger Mensch bleibst.«

Erinnern Sie ihn nicht ständig an vergangene Sünden

Ihr Partner hat möglicherweise zu Anfang Ihrer Bekanntschaft, noch bevor er sich tatsächlich in Sie verliebt hat, mit anderen Frauen geschlafen, oder er hat sich noch eine Zeitlang mit einer alten Freundin getroffen. So schmerzhaft das damals gewesen sein mag, es hat keinen Sinn, ihm mit dem, was er früher einmal getan hat, Vorwürfe zu machen, obwohl er doch mittlerweile die andere Frau aufgegeben hat und Ihnen treu ist. Betrachten Sie das nüchtern und sachlich. Sie müssen Ihren Groll begraben. Wenn Sie frühere Sünden nicht vergessen, werden die alten Wunden nicht verheilen können und Ihrer gegenwärtigen Beziehung im Wege stehen.

Vergessen Sie Ihren Zorn und Ihren Schmerz

Wenn er sagt, er werde die andere nicht mehr sehen, und sich auch tatsächlich daran hält, dann lassen Sie sich nicht von dem Gedanken an seine früheren Seitensprünge verfolgen, und verwandeln Sie sich um Himmels willen nicht in einen Inquisitor, der ihn ständig kontrolliert.

Betrachten Sie seine Untreue als etwas, das der Vergangenheit angehört, und konzentrieren Sie sich auf Ihr gemeinsames Leben.

Machen Sie Schluß mit ihm

Wenn er versprochen hat, mit seinen Affären aufzuhören, Sie jedoch feststellen müssen, daß er Sie belogen hat, dann ist es Zeit, die Beziehung zu beenden. Machen Sie keinen Rückzieher, und finden Sie sich nicht damit ab, immer wieder von ihm belogen zu werden.

Gehen Sie nicht zu ihm zurück

Es ist ganz natürlich, daß man sich nach einer Trennung einsam fühlt, den Partner vermißt und ihn anrufen will, wenn man deprimiert ist. Sie trauern ihm nach, was völlig normal ist, wenn Sie eine tiefere, länger andauernde Beziehung mit ihm hatten. Auch wenn Sie eine schmerzliche Zeit durchleben, geben Sie Ihrem Wunsch, ihn um jeden Preis zurückzunehmen, nicht nach – das würde bedeuten, daß Sie sich mit seiner Untreue abfinden.

Rufen Sie statt dessen eine Freundin an, wenn Sie die Hand schon am Telefon haben und seine Nummer wählen wollten. Oder, wenn Sie glauben, seine Stimme noch einmal hören müssen, rufen Sie ihn an, hören Sie, wie er sich meldet, und legen Sie dann auf, ohne etwas zu sagen. Erlauben Sie sich das möglichst nur einmal.

Rufen Sie nicht seine Freunde, Vorgesetzten, Kollegen, seine Mutter oder neuen Freundinnen an

Setzen Sie sich nicht mit den Freunden Ihres Ex-Partners, seinen Verwandten oder Kollegen in Verbindung, um ihnen zu erzählen, was für ein verlogener Betrüger er letztlich ist. Schreiben Sie auch keine anonymen Briefe. Sie bringen sich dadurch nur selbst in Mißkredit.

Wenn Sie feststellen, daß Sie ihn nicht verlassen können,
selbst wenn er Sie weiter betrügt, dann bedenken Sie,
daß das Problem vielleicht zum Teil bei Ihnen liegt

Sie sollten aufhören, sich über ihn zu beschweren und sich statt dessen Ihrer eigenen Person zuwenden. Vielleicht haben Sie das Bedürfnis, wie ein Opfer zu leiden, sich gedemütigt oder einfach unzufrieden zu fühlen. Ich würde Ihnen raten, sich an einen fachkundigen, zugelassenen Therapeuten zu wenden, um mit seiner Hilfe herauszufinden, was Sie an Ihre schmerzliche Situation gefesselt hält. Daneben sollten Sie versuchen, andere Männer kennenzulernen und mit ihnen auszugehen. Versuchen Sie, Ihr Leben nicht auf ihn zu konzentrieren. Besuchen Sie Kurse, gehen Sie mit Freunden aus, tun Sie alles Erdenkliche, nur sitzen Sie nicht herum und warten auf seinen Anruf, während Sie sich fragen, mit wem er jetzt wohl zusammen ist. Geben Sie es auf zu glauben, daß Sie gewinnen werden, wenn Sie ihn nur lange und intensiv genug lieben, daß er dann erkennt, was für eine wundervolle Frau Sie sind, und die anderen aufgibt. Er wird es nicht tun.

Im weiteren . . .

Wenn er behauptet, er wolle sich ändern, finden Sie in Kapitel 13 Hinweise darauf, ob er dazu fähig sein wird. Kapitel 14 möchte Ihnen Wege für gemeinsame Veränderungen aufzeigen.

Lesen Sie das nächste Kapitel für verheiratete Frauen, auch wenn Sie nicht mit ihm verheiratet sind, sondern nur mit ihm zusammenleben. Ihre Beziehung wird einer Ehe in vielerlei Hinsicht gleichen.

12

STRATEGIEN
FÜR VERHEIRATETE

Untreue
in den verschiedenen Phasen einer Ehe

In der Regel hat ein früher Ehebruch eine andere Bedeutung als Untreue nach vielen Jahren. Soziologischen Studien zufolge werden Männer in frühen Ehejahren untreu, weil sie mit ihrer Ehe unzufrieden sind. Das ist jedoch nicht die ganze Geschichte. Wir müssen auch die anderen psychologischen Beweggründe und Lebenserfahrungen berücksichtigen, die als Motive für diese frühen Affären gelten können.

Wir wissen, daß Männer, die sexsüchtig sind, die Zwanghaften unter den Untreuen, sehr früh in ihrer Ehe anfangen, Affären zu haben. Wenn ein Mann wenig Selbstvertrauen hat, egal, wie er das vor dem Rest der Welt verbirgt, sucht er häufig schon bald nach den Flitterwochen seine Attraktivität durch sexuelle Eroberungen zu beweisen. Wir wissen auch, daß viele Männer, die Angst vor Nähe und Intimität haben, sich ebenfalls bereits früh mit anderen Frauen einlassen, um Distanz zu schaffen und ihren Ängsten vor einer zu festen Bindung entgegenzuwirken.

Auch andere Persönlichkeitsstörungen treiben einen Mann zu früher Untreue. Weiter oben bin ich ja bereits auf die verschiedenen Typen untreuer Männer eingegangen, unter anderem auf den Narzißten, der durch egozentrisches Verhalten, Anziehungskraft und äußerliche Überlegenheit gekennzeichnet ist – und der sich sehr früh auf Affären einläßt, weil die Ehefrau in seinen Augen fast sofort nach der Heirat an Wert verliert.

Noch einmal zurück zum Thema Nähe: Die Geburt von Kindern in den Anfangsjahren einer Ehe vertreibt oft die Angst oder Abneigung eines Mannes vor zu großer Nähe, da er merkt, daß die Frau ihn zugunsten der Kinder vernachlässigt.

Die Geburt von Kindern kann allerdings auch den Anfang sexueller Probleme bedeuten. Das Interesse an Sex miteinander läßt nicht selten bei einem oder bei beiden Partnern beträchtlich nach, so daß der Mann anderweitig nach Ausgleich sucht. Die Frau wird in den Augen des Mannes zur Mutter und damit zum verbotenen Sexobjekt.

Morton Hunt stellt in seinem Buch »The Affair« fest, daß von untreuen Männern zwei Drittel ihre Affären innerhalb der ersten fünf Jahre ihrer Ehe begannen. Trifft das auch auf Ihre Partnerschaft zu, sind Sie also sicher kein Einzelfall.

Spätere Affären, zum Beispiel während der mittleren Jahre, können eine andere Bedeutung haben. Wenn man sich einmal soziologische Studien vornimmt, sieht man, daß Männer in älteren Ehen wesentlich seltener Unzufriedenheit als Grund für ihre Untreue angeben. Viele von ihnen bezeichnen sich tatsächlich als glücklich und zufrieden mit ihren Frauen. Was führt sie dann zu anderen Frauen? Wenn diese Männer fremdgehen, suchen sie oft nach jener Leidenschaft oder – laut Hunt – Romantik, die nur mit einem neuen Partner entsteht.

Auch hier müssen wir zum besseren Verständnis über die rein soziologischen Aspekte hinausgehen und das hinzufügen, was wir über psychologische Motivationen und entscheidende Ereignisse im Lebenszyklus während der mittleren Jahre und danach wissen. Wenn sich ein Mann viele Jahre monogam verhalten konnte und dann anfängt, sich mit anderen Frauen einzulassen, spielen Näheprobleme, zwanghaftes Bedürfnis nach Sex oder Narzißmus wahrscheinlich keine Rolle. Eher möglich ist, daß er Angst vor dem Verlust seiner Jugend oder vielleicht nachlassender sexueller Potenz hat. Oder er fühlt sich in eintöniger Alltagsroutine gefangen: Möglicherweise langweilt ihn seine Arbeit, oder die Ehe selbst hat viel von ihrer Vitalität verloren, obwohl er sich im Grunde nicht über seine Frau zu beklagen hat.

Es ist auch möglich, daß sich die Bedürfnisse eines Mannes im

Laufe der Jahre geändert haben. Hat er immer versucht, vernünftig und rational zu denken und zu handeln, kann er sich nun durchaus nach mehr Gefühl, Aufregung oder Spontaneität sehnen, falls diese Eigenschaften in seiner praktischen, auf Nützlichkeit bezogenen Ehe fehlen. Wenn er sich bisher auf seine Karriere konzentriert hat, könnte er nun bereit sein, sich zu entspannen und zur Ruhe zu kommen – etwas, das er sich in jüngeren Jahren nie erlaubt hat. Ist seine Frau nicht bereit oder in der Lage, sich gleichzeitig mit ihm zu ändern, verspürt er eventuell eine wachsende Distanz und eine Unzufriedenheit, die vorher nicht vorhanden war, und falls doch, wird sie nun verstärkt. In manchen Ehen ist der Mann im Laufe der Jahre erfolgreicher, selbstbewußter und damit auch attraktiver geworden, während seine Frau, die zu Hause festsaß und nur mit den Kindern beschäftigt war, weniger neue Interessen und Fähigkeiten entwickeln konnte. Er mag sie immer noch respektieren und gernhaben oder sich ihr gegenüber ein Gefühl der Verpflichtung bewahrt haben, doch möglicherweise fühlt er sich ihr nun weit überlegen und findet sie vor allem langweilig. Also muß eine aufregende Affäre her.

Wie schon erwähnt, können entscheidende Ereignisse wie der Tod eines Elternteils, der Weggang der Kinder oder die Veränderungen durch die Rückkehr der Frau in den Beruf nach vielen Jahren des Hausfrauendaseins ebenfalls Anlaß zur Untreue geben.

Machen Sie sich klar, in welcher Situation Sie sich befinden und welchen Typus Ihr Mann psychologisch repräsentiert, damit Sie die Hintergründe für seine Affäre erkennen können.

Setzen Sie sich dann direkt mit ihm auseinander. Hüten Sie sich vor Vermutungen, die Sie bisher über seine Affäre angestellt haben. Frauen ziehen oft vorschnelle und falsche Schlüsse aus den Seitensprüngen eines Mannes. Hier nur einige Beispiele:

Er zieht die andere Frau mir vor. Meistens stimmt das ganz und gar nicht. Die andere Frau (oder die anderen Frauen) können ihm sehr wenig bedeuten. Wenn überhaupt, hat er womöglich nur wenige echte emotionale Gefühle für sie, und in einigen

Fällen respektiert er sie nicht einmal besonders. Und selbst wenn er wirkliche Gefühle für seine Geliebte hat, sind sie, verglichen mit denen für Sie und die Kinder, oft unbedeutend.

Sie hat mehr zu bieten als ich. Das Wichtigste, was die andere Frau zu bieten hat, ist die Tatsache, daß sie ein neues Gesicht und ein unbekannter Körper ist. Manchmal glaubt der Mann jedoch tatsächlich, daß er von der anderen Frau etwas bekommt, was es bei Ihnen nicht gibt. Das bedeutet meistens allerdings nur, daß er von ihr etwas anderes bekommt als von Ihnen – und nicht, daß Ihnen vollkommen die Eigenschaften fehlen, die für Ihren Mann attraktiv sind.

Es kann natürlich auch bedeuten, daß sie ihm etwas gibt, das er sich eigentlich von Ihnen wünscht. Mit anderen Worten, er würde es *lieber* von Ihnen bekommen.

Er will die Scheidung. Es gibt nur eine kleine Minderheit von Ehemännern, die entweder Affären haben, weil sie aus ihrer Ehe herauswollen, oder deren Affären so intensiv geworden sind, daß sie ihre Frau für die andere verlassen wollen. Die meisten Ehemänner, selbst diejenigen, die eine Menge Affären haben, wollen absolut keine Scheidung. Selbst wenn es eine emotionale Freundschaft mit der anderen Frau gibt, schreien die meisten Männer nicht nach Trennung. Sie sind einfach unschlüssig und wissen nicht, was sie wirklich wollen.

Wenn Sie Ihren Mann direkt auf seine Untreue ansprechen, versuchen Sie ihm keine Strafpredigt zu halten, seien Sie nicht selbstgerecht, sondern finden Sie heraus, was es mit seiner Affäre auf sich hat. Wie ernst ist sie? Was bedeutet sie in bezug auf Ihre Beziehung in der Vergangenheit, und was heißt das für Ihre Zukunft?

Direkte Taktiken

Vermeiden Sie nicht, ihn direkt mit seiner Untreue zu konfrontieren,
weil Sie hoffen, daß sich alles von selber legen wird,
oder weil Sie Angst haben, er könnte Sie verlassen

Einige Affären erledigen sich tatsächlich von selbst, jedoch oft nur, um von einer anderen ersetzt zu werden – wenn Sie keinen Wirbel machen. Ruhig zu bleiben erhöht die Wahrscheinlichkeit einer Wiederholung. Was die Trennung anbelangt, so verläßt ein Mann Sie niemals wegen eines Gesprächs; er geht höchstens, weil er Sie ohnehin verlassen will, und wird es tun, ob Sie nun ruhig bleiben oder nicht.

Fragen Sie irgendeine der vielen Frauen, deren Ehemänner eines Tages zu ihnen kamen und ihnen scheinbar aus heiterem Himmel mitteilten, daß sie die Scheidung wollten. Einige dieser Männer kamen sofort zur Sache und gestanden ein, daß es eine andere Frau gab. Die Mehrheit brachte jedoch (aus Feigheit oder mit Blick auf die Scheidungsprozedur) andere Gründe vor – Unvereinbarkeit der Charaktere, das Bedürfnis nach mehr Freiraum –, oder sie schoben einige unbedeutende oder längst vergessene Zwischenfälle in ihrer Ehe vor. Wenn auch nur widerstrebend, so willigt die Frau doch oft in die Scheidung ein, weil der Mann darauf besteht. Zu ihrer Bestürzung zieht der frisch Geschiedene dann schon am Tag nach der endgültigen Trennung mit einer anderen Frau zusammen.

Wahrscheinlich erkennt die Frau jetzt, daß seine neue Partnerin schon die ganze Zeit die Geliebte ihres Mannes gewesen ist und sich nur während des Scheidungsprozesses noch im Hintergrund gehalten hat. Hat sie ihren Kopf aber immer in den Sand gesteckt – und eine unglaublich hohe Zahl von Frauen tut das –, fragt sie sich, wie er nur so schnell eine andere gefunden haben mag. Auf jeden Fall ist sie furchtbar verletzt. Diese Männer haben die Trennung fest vor, und es spielt keine Rolle für sie, was die Ehefrau vorher tut oder nicht tut.

Wenn Sie schweigen, werden Sie ihn in der Regel dann wirklich verlieren. Wenn Sie ihn jedoch mit der Tatsache konfrontieren, daß Sie von seiner Affäre wissen, werden Sie mehr als nur eine Chance haben, ihn zu bewegen, die andere Frau wieder aufzugeben.

Sammeln Sie erst Informationen, wenn Sie sich beruhigt haben

Bestehen Sie unmittelbar nach der Entdeckung niemals hysterisch darauf, daß er Ihnen sofort alles über die Geschichte erzählt, auch wenn es die ganze Nacht dauern sollte. Der erste Teil Ihrer Strategie besteht darin, eine möglichst ruhige, zielorientierte Haltung zu bewahren, während Sie versuchen zu verstehen, was vorgefallen ist. Das bedeutet nicht, daß Sie Ihre ersten Reaktionen wie Schock, Entsetzen, Verletztheit und Zorn völlig unterdrücken müssen. Es bedeutet, daß Sie ernsthafte Untersuchungen erst dann vornehmen sollten, wenn Sie den ersten Schock überwunden haben und auf dieser Grundlage entschlossen sind, ihn festzuhalten, falls möglich.

Ein Hinweis, der ausgesprochen hilfreich sein kann: Es kann Ihnen helfen, wenn Sie es so einrichten, daß Sie Ihre ersten Gespräche an einem ruhigen, aber öffentlichen Ort stattfinden lassen. Die Anwesenheit von Fremden macht es weniger wahrscheinlich, daß Sie die Kontrolle verlieren. Wenn Sie aus der Rolle fallen oder trotz äußerster Anstrengung die Kontrolle über sich zu verlieren drohen, vertagen Sie die Diskussion und beginnen erneut an einem anderen Tag.

Vermeiden Sie fragwürdige Manöver

Einige Frauen stellen Nachforschungen an, um von anderen Leuten mehr über die Einzelheiten einer Affäre zu erfahren. Andere versuchen, den Mann mit Tricks zu einem Geständnis zu bringen. Er wird es Ihnen übelnehmen, wenn er feststellt, daß er Ihnen etwas gesteht, was Sie die ganze Zeit bereits wußten. Ihre Erkundigungen sollten der Beginn einer besseren Verständigung zwischen Ihnen beiden sein. Es ist besser, direkt auf ihn zuzugehen und ihn selbst zu fragen, was passiert ist.

Finden Sie heraus, wie lange die Affäre schon dauert

Im allgemeinen fallen Affären in eine der folgenden Kategorien. Es liegt an Ihnen, von ihm zu erfahren, welcher dieser drei Fälle auf ihn zutrifft:

1. Die einmalige, kurze Begegnung, bei der es von seiten des Mannes kein emotionales Engagement oder irgendwelche Pläne für weitere Kontakte gibt.

2. Die kurze Affäre. Nach Meinung von Therapeuten dauert sie bis zu sechs Monaten.

3. Die lange Affäre von sechs bis acht Monaten und länger. In der Regel gilt: Je kürzer die Verbindung, desto weniger ernst ist sie.

Wie oft sieht er sie?

Eine einmalige Sache erklärt sich von selbst. Sie ist vorbei, sobald sie begonnen hat. In kurzen oder langen Affären kann die Häufigkeit der Kontakte jedoch variieren. Einige Männer sehen ihre Freundin sehr oft, sagen wir ein- oder zweimal die Woche. Es gibt sogar Männer, die ihre Geliebte fast jeden Tag sehen. Andere treffen den Partner, selbst in Affären, die jahrelang dauern können, nur sporadisch – alle paar Monate oder vielleicht lediglich ein-, zweimal im Jahr, wenn sie zum Beispiel auf Geschäftsreise sind. Noch einmal, die allgemeine Regel ist: Je öfter der Mann eine Frau trifft, desto ernster ist die Affäre.

Wenn er sie häufig sieht, stellen Sie fest, ob es sich im wesentlichen um eine Bequemlichkeitsaffäre handelt

Geraten Sie nicht vollkommen in Panik, wenn sich herausstellt, daß er sie sehr oft sieht. Es kann immer noch eine »Bequemlichkeitsaffäre« sein. Ziemlich viele Männer haben es einfach gern, nebenher ständig jemanden zu sehen. Sie treffen die Frau häufig, aber in ihren Augen besteht die Affäre hauptsächlich, weil sie eher sexuelle Abwechslung suchen als tiefe Freundschaft. Eine mögliche unbewußte Motivation ist ja das bereits ausführlich beschriebene Gefühl, durch eine Affäre in der Ehe weniger eingeengt zu sein. Der tägliche Besuch bei der Geliebten ist dann wie ein »Boxenstopp«. Männer mit »Bequemlichkeitsaffären« trachten im allgemeinen nach einer Fortsetzung ihrer Ehe, was beide Frauen zur Verzweiflung treiben kann. Die Geliebte glaubt, er müsse es ernst mit ihr meinen, weil er sie so oft sieht, und die Ehefrau kann nicht verstehen, warum er soviel bei seiner Geliebten ist, wenn es nichts wirklich Ernstes ist.

Finden Sie heraus, ob er früher schon andere Affären hatte

Eine ein- oder zweimalige Begegnung kann ein singuläres Ereignis sein – etwas, das eher zufällig geschehen ist. Normalerweise ist es dann keine sehr ernste Sache. Für viele Männer sind solche kurzen Begegnungen jedoch Teil ihrer Gewohnheiten. Bei einigen gibt es diese kurzen Zwischenspiele immer wieder. Passiert es sporadisch, ist es meist die Suche nach sexueller Abwechslung. Manche Männer beschränken sich dabei auf Gelegenheiten, zu denen sie sich außerhalb der Stadt befinden, da sie sich nur sicher genug fühlen, wenn sie weit von zu Hause weg sind. Für andere sind einmalige Begegnungen etwas ganz Alltägliches – sie sind ständig auf der Suche nach möglichen Sexualpartnerinnen und gehen von einer kurzen Bekanntschaft zur nächsten. Diese Männer handeln allgemein zwanghaft, und es ist schwierig, sie davon abzubringen, solange ihnen nicht bewußt ist, daß sie »abhängig« sind. Sie müssen begreifen, daß Sex für sie dasselbe ist wie der Stoff für den Süchtigen und daß sie bereit sein müssen, dementsprechend damit umzugehen.

Ist er nur mit einer Frau zusammen?

Einige Männer haben mehrere Affären gleichzeitig. Sie sehen regelmäßig ein, zwei oder drei Geliebte. Fragen Sie ihn so ruhig und freundlich wie möglich, ob er sich nur mit einer oder auch noch mit anderen Frauen trifft.

Wenn ein Mann mehrere Geliebte gleichzeitig hat, bedeutet das eine geringere Gefahr für die bestehende Beziehung als die Hinwendung zu nur einer Frau, selbst wenn er jede seiner

Geliebten ziemlich oft sieht. Allerdings zeigt solch ein Mann ein sexuell zwanghaftes Verhalten – ein Verhalten, das schwer zu ändern ist, auch wenn er es möchte.

Don-Juanismus ist in der Regel ein Zeichen dafür, daß der Mann psychische Probleme hat. Die Tatsache, daß das so ist, besagt jedoch nicht, daß Sie an seinem Verhalten nicht mitverantwortlich sind. Viele Frauen wirken, wie in Kapitel 10 beschrieben, indirekt an der Untreue ihres Mannes mit und profitieren von ihr auf ihre Weise.

Finden Sie heraus, ob sein Partner ein Mann ist

Obwohl es keine verläßlichen Statistiken gibt, sind sich Experten darüber einig, daß homosexuelle Affären von Männern in heterosexuellen Beziehungen weit mehr verbreitet sind, als man allgemein annimmt. Lassen Sie mich als Beispiel einen Brief anführen, den ich bekommen habe:

»Ich könnte ein Buch schreiben über die 23 Jahre unserer Ehe. Ich habe zwei Kinder. Vor etwa zwei Jahren fand ich heraus, daß mein Mann während unserer gesamten Ehe immer wieder kurze Beziehungen hatte. Er hat ihnen sogar Geschenke gekauft. Auf sogenannten Geschäftsreisen hat er mit ihnen geschlafen. Mein Mann ist homosexuell. Es sind andere *Männer*, mit denen ich versuche, fertig zu werden.«

Fragen Sie ihn, was ihm die Beziehung seiner Meinung nach gibt

Versuchen Sie, Haltung zu bewahren. Zu wissen, was der Mann in die Beziehung einbringt und was er seiner Meinung nach dafür bekommt, kann Ihnen sehr weiterhelfen. Sie müssen ihn fragen, wie er persönlich die Affäre sieht. War es ein »Sich-Austoben«, um sich die Hörner abzustoßen? Damit kann man gewöhnlich leicht fertig werden.

War seine Untreue Ausdruck seiner Unzufriedenheit in der Beziehung? Hatte er das Gefühl, nicht genug Aufmerksamkeit oder Zuneigung zu bekommen? Hatte er den Eindruck, daß Sie sich voneinander entfernt haben? Hatte er das Gefühl, Sie seien zu langweilig geworden oder zu beschäftigt mit den Kindern oder Ihrer Karriere?

War es eine flüchtige Episode, hervorgerufen durch eine vorübergehend mißliche Lage, zum Beispiel durch geschäftliche Rückschläge?

Ist die Affäre ein Zeichen für eine innere Krise – Angst vor dem Alter vielleicht? Ist er deprimiert gewesen? Kann es eine Flucht vor Depressionen sein? Oder ist sie Teil einer plötzlichen manischen Phase, und er ist euphorisch und überdreht, wie es sonst nicht seine Art ist?

Hat er versucht, »mit den Wölfen zu heulen«? Werden Mehrfachbeziehungen von den Männern, mit denen er in Beruf und Gesellschaft zu tun hat, als Lebensweise akzeptiert?

Versuchen Sie, seinen Standpunkt wirklich zu verstehen

Wenn Sie versuchen herauszufinden, welchen emotionalen Bedürfnissen seine Affäre entgegenkam, dann erklären Sie ihm, daß es für Sie wichtig ist, ihn zu verstehen. Diese Äußerung sollte allerdings ernst gemeint und nicht bloß ein strategischer Trick sein, um Munition zu sammeln. Die Frauen, die ihre Beziehung mit Erfolg retten, sind diejenigen, die neben ihren eigenen Gefühlen großes Gewicht auf die ihres Mannes legen.

Vergessen Sie nicht, daß es zwei Ansätze für das Verständnis Ihres Mannes gibt. Zum einen ist da seine äußere Einschätzung der Affäre: »Es war nur eine Bettgeschichte.« – »Ich mag sie, aber ich liebe sie nicht.« – »Sie bedeutet mir überhaupt nichts.« – »Ich dachte, ich sei in sie verliebt, aber jetzt weiß ich nicht so recht.« – »Es war ein flüchtiger Reiz.« – »Ich kann ohne sie nicht mehr leben.«

Zum anderen sollten Sie sich dafür interessieren, was sie ihm seiner Ansicht nach gegeben hat – falls er sich selbst darüber im klaren ist: »Durch sie fühlte ich mich wieder lebendig.« – »Es war so aufregend – ich fühlte mich wieder wie ein Kind.« – »Sie hat mir zugehört.« – »Sie war sehr aufmerksam zu mir.« – »Sie gab mir mehr Selbstvertrauen als je zuvor.«

Wenn er Ihnen erzählt, was sie ihm emotional gegeben hat, sollten Sie versuchen, Klarheit darüber zu erhalten, ob das nicht etwas war, was entweder Ihnen oder Ihrer Ehe oder seinem Leben ganz allgemein gefehlt hat.

Wenn er sagt, es habe ihm neues Selbstvertrauen gegeben, fragen Sie ihn, ob ihm irgend etwas bei seiner Arbeit oder zu Hause das Gefühl der Machtlosigkeit gebe. Oder überlegen Sie, ob Sie ihn mit Kritik und Kränkungen geschwächt haben könnten. Wenn er sagt, durch die Affäre fühle er sich wieder lebendig, fragen Sie Ihn, ob ihr gemeinsames Leben, seine Arbeit oder beides für ihn langweilig geworden ist. Überdenken Sie selbst ihre jetzige Beziehung und überlegen Sie, ob sie auch für Sie eintönig geworden ist.

Zu der Bemerkung: »Sie verstand es, mir zuzuhören«, könnten Sie ruhig und ohne sich deshalb in der Defensive zu fühlen fragen: »Hattest du vielleicht den Eindruck, ich sei zu beschäftigt, dir zuzuhören, oder daß ich dir nicht mehr zuhören wollte?« Fragen Sie sich auch selbst, ob Sie sich nicht genug Zeit für Gespräche mit ihm genommen haben.

Wenn er sagt: »Sie war sehr aufmerksam zu mir«, könnten Sie ihn und sich selbst fragen, ob er sich in Ihrer Beziehung vernachlässigt vorgekommen ist, ob Sie seine Existenz als ebenso selbstverständlich betrachtet haben wie das Vorhandensein eines Ihrer Möbelstücke. Experten sind sich einig, daß die meisten Affären Botschaften sind und oft über die Mängel in der Ehe Auskunft geben, Mängel, an denen *Sie* beteiligt sind.

Geraten Sie nicht in die Defensive, versuchen Sie ihn aber auch nicht gleich zu verurteilen oder anzugreifen

Nur ein offenes, ehrliches Gespräch zwischen Ihnen, bei dem Sie ihm tatsächlich zuhören, kann den Beginn zu einem konstruktiven Dialog markieren. Um zu einer guten Verständigung zu kommen, müssen Sie auch Ihrem Gefühl widerstehen, sich ständig verteidigen zu müssen. Ein Beispiel: Wenn er sagt, er habe sich vernachlässigt gefühlt, reagieren Sie nicht, indem Sie ihm erklären, die Kinder hätten Sie nun einmal so in Anspruch genommen, und er sollte eigentlich erwachsen genug sein, das zu verstehen. Hören Sie statt dessen auf das, was er tatsächlich gesagt hat: Er fühlt sich zurückgesetzt, weil Sie ihm nicht genug Aufmerksamkeit geschenkt haben.

Einige Frauen fangen an, ihren Mann zu verurteilen, wenn er versucht, seine Gründe zu erklären. Sagt er zum Beispiel: »Durch sie habe ich mich wieder jung gefühlt«, antworten sie: »Du hast dich benommen wie ein alter Narr!« Derartige Urteile bringen ihn nur gegen die Ehefrau auf, behindern ihr gegenseitiges Verständnis und führen sehr oft zu einer weiteren Entfremdung.

Andere Frauen greifen ihn gleich an. Sagt er: »Immer kritisierst du mich«, geben sie zurück: »Wenn du nicht so ein Idiot wärst, müßte ich dich auch nicht ständig kritisieren.« Das bestätigt natürlich die Meinung des Mannes, daß sich seine Frau niemals ändern wird. Unterlassen Sie solche Äußerungen und überlegen Sie statt dessen, ob Sie ihm gegenüber nicht wirklich zu kritisch gewesen sind. Nur so finden Sie Ansatzpunkte, um die Beziehung wieder ins Lot zu bringen.

Sie sollten ihm zuhören in der Absicht, die Dinge zu klären, und nicht das Gefühl haben, sich verteidigen, ihn verurteilen oder angreifen zu müssen.

Erwägen Sie die Möglichkeit, daß Ihr Mann wollte,
daß Sie ihn bei seiner Affäre erwischen

Wenn er achtlos Spuren hinterließ, die zu seiner Entdeckung führten, oder wenn er so indiskret war, daß Sie ihm auf die Schliche kamen, dann wollte er möglicherweise, daß Sie von der Geschichte erfahren: Gelegentlich verhält sich ein Mann so, weil er sich von Ihnen trennen will, meist ist es jedoch eher ein hoffnungsvolles Zeichen. Es bedeutet, daß er Ihnen signalisieren wollte, daß irgendeines seiner Bedürfnisse in Ihrer Ehe nicht befriedigt wird – daß er Ihnen beiden aber die Chance gibt, das Problem anzusprechen. Dasselbe gilt für Männer, die ihre Seitensprünge freiwillig zugeben.

Nachdem Sie nun einiges über seine Affäre wissen, sollten Sie folgende Reaktionen vermeiden:

Treffen Sie keine übereilten Entscheidungen

Wenn Sie mit der Realität und den Hintergründen seiner Affäre konfrontiert werden, wollen Sie vielleicht in einer ersten Reaktion die Koffer packen und fortgehen oder ihm sagen, er solle seinerseits verschwinden. Lassen Sie sich mehr Zeit. Machen Sie sich in Ruhe klar, was Sie wollen. Finden Sie heraus, ob er bereit ist, mit Ihnen zusammenzuleben und seine Affäre aufzugeben, ehe Sie endgültige Schritte unternehmen. Auch er braucht Zeit, die Sache zu überdenken. Zuerst glaubt er vielleicht, er wolle Sie verlassen, ändert dann aber seine Meinung, nachdem ihm klargeworden ist, was er damit aufgeben würde und was Sie ihm im Grunde bedeuten.

Stellen Sie ihm kein Ultimatum

Unbedachte Äußerungen – wie »Du mußt dich entscheiden, entweder sie oder ich!« – können ihn dazu bringen, Sie tatsächlich zu verlassen, während eine behutsamere Vorgehensweise die Dinge möglicherweise wieder hätte zurechtrücken helfen.

Rufen Sie nicht Eltern, andere Verwandte oder Freunde an

Ich weiß, daß die Versuchung besteht, so viele Verbündete wie möglich zu sammeln, die sich für Sie einsetzen und den Mann dazu drängen werden, die andere Frau aufzugeben und zu Ihnen zurückzukehren. Tun Sie es nicht. Die Sache sollte zwischen Ihnen und Ihrem Mann bleiben (und leider auch der anderen Frau, die in dieser Situation eine wesentliche Rolle spielt). Wenn Sie Verwandte und Freunde hinzuziehen, bringt das die Sache nur durcheinander und kann sich schließlich gegen Sie wenden. Ihr Mann könnte zum Beispiel den Eindruck gewinnen, es sei eine Verschwörung gegen ihn im Gang, was der Lösung Ihres Problems bestimmt nicht dienlich wäre. Vielleicht denkt er sowieso schon, daß seine oder Ihre Eltern sich zu sehr in Ihre Ehe einmischen und daß, was jetzt passiert, nur ein weiterer Beweis dafür ist, worüber er sich die ganze Zeit beklagt hat und wovor er eventuell davonlaufen wollte. Er fühlt sich möglicherweise zum Kind gemacht von den Eltern, die immer noch versuchen, ihn herumzukommandieren, was ihn ebenfalls dazu verleiten könnte, seine Entscheidung zu verzerren. Es mag übertrieben klingen, aber viele Experten sind der Meinung, daß in einer Affäre manchmal zumindest zum Teil der Versuch zu sehen ist, sich von den Eltern zu distanzieren, die überengagiert sind (weil Seitensprünge gegen ihre Moralvorstellungen verstoßen), oder die Traumeltern, die unnahbar geworden sind, wieder auf sich aufmerksam zu machen.

Rufen Sie nicht die andere Frau an

Der Wunsch, die andere Frau anzurufen, um ihr zu sagen, sie solle aus dem Leben Ihres Mannes verschwinden, ist ganz normal. Geben Sie ihm aber nicht nach. Wenn Sie sie beschimpfen, verhärten Sie nur die Fronten und nehmen sich und Ihrem Mann Verständigungsmöglichkeiten. Es bringt Ihnen nichts, wenn Sie versuchen, sie aus Ihrem Leben hinauszukommandieren. Sie gehören nicht zu den Leuten, von denen sie sich etwas befehlen läßt. Denken Sie vernünftig über sie nach. In Wahrheit haben die Geliebte und die Ehefrau viel mehr gemeinsam, als die eine oder andere denken mag. Beide Frauen wollen vom selben Mann mehr, als er derzeit gibt, beide sind wahrscheinlich gekränkt, und vielleicht hat Ihr Mann sie genausooft angelogen wie Sie. Ein verheirateter Mann kann der anderen Frau erzählen, er schlafe nicht mehr mit seiner Frau, obwohl er es in Wirklichkeit doch tut. Diese Wahrheit kommt manchmal erst an den Tag, wenn die Ehefrau plötzlich schwanger ist.

Er kann der anderen Frau erzählen, er sei zu Hause unglücklich, auch wenn das gar nicht stimmt. Er kann ihr auch versprochen haben, er werde sich scheiden lassen, ohne je daran gedacht zu haben. Manche Männer betrügen ihre Geliebte ebensosehr wie ihre Frau.

Schimpfen Sie Ihrem Mann gegenüber nicht auf die andere Frau

Auch wenn sie die andere Frau nicht anrufen, um ihr die Meinung zu sagen, halten doch viele gekränkte Frauen ihren Männern gegenüber nicht mit ihrer Meinung über sie hinter dem Berg. Sie nennen sie eine Intrigantin, brandmarken sie als amoralisch, als Schlampe, Männerdiebin usw. Das führt höchstens zu einer weiteren Entfremdung zwischen Ihnen und Ihrem Mann.

Glauben Sie nicht, Sie seien die einzige,
die eine schlimme Zeit durchmacht

»Oh, sicher«, denken Sie, »ich bin völlig fertig, und er hat einen Mordsspaß mit dieser Frau.« Nicht immer. Auch Ihr Mann kann sich unglücklich fühlen, selbst wenn Sie ihn im Augenblick für einen treulosen Schuft halten. Er kann verwirrt sein, verlegen oder beschämt, und er kann sich verletzt fühlen durch all die Beschuldigungen, die Sie ihm entgegenschleudern. Er kann auch ein extrem schlechtes Gewissen haben oder seiner Affäre und der anderen Frau nachtrauern, wenn er beschlossen hat, sie gezwungenermaßen aufzugeben. Er kann sich über Dinge in der Ehe ärgern, die seine Affäre mit heraufbeschworen haben, vielleicht hat er auch bei ihr mit genau dem Druck und Ärger zu kämpfen gehabt, vor dem er eigentlich fliehen wollte. Und, was Sie nicht vergessen sollten, er kann ebenso wie Sie befürchten, daß seine Ehe in Gefahr ist. Vielleicht versteht er nicht einmal mehr, wie er überhaupt in die Sache hineingeraten ist, und steckt voller Schuldgefühle.

Ein Mann erzählte mir, wie sehr ihn seine Affäre deprimiert hat: »Ich wußte, daß ich etwas Unrechtes tat. Ich hatte meiner Frau und den Kindern gegenüber ein schlechtes Gewissen, sah das aber immer noch irgendwie vernünftig. Schließlich kamen die Depressionen, und ich fing an zu trinken, um mich besser zu fühlen.« Viele Männer fangen mitten in ihrer Affäre an, zuviel zu trinken, weil sie ein schlechtes Gewissen haben. Möglicherweise geht es ihm im Moment ähnlich schlecht wie Ihnen.

Schlafen Sie nicht mit einem anderen Mann

Viele Frauen glauben, es ihm mit gleicher Münze heimzahlen zu müssen. Im Gegenzug selbst eine Affäre zu haben ist mit das Schlimmste, was Sie tun können, auch wenn Ihnen das im Augenblick ein Gefühl des Triumphs verschaffen sollte. Sicher, es wird Ihnen beweisen, daß Sie immer noch attraktiv sind, und Ihnen helfen, mit den Mißhandlungen, die Ihr Ego erlitten hat, fertig zu werden, aber es könnte auch der Anfang für ein endloses Spiel gegenseitiger Vergeltung werden, und es ihm sehr erleichtern, sich auch in Zukunft wieder auf eine Affäre einzulassen. Statt Rache zu nehmen, sollte Ihr Ziel darin bestehen, einer möglichen Wiederholung vorzubeugen.

Reden Sie sich nicht ein, Sie müßten ihn noch einmal retten

Hat er neben seiner Untreue Probleme mit Alkohol, Tabletten oder anderen selbstzerstörerischen Gewohnheiten? Haben Sie immer versucht, ihn zu bessern, ihn zu retten, damit er nicht vor die Hunde geht?

Möglicherweise fühlen Sie sich zwanghaft verpflichtet, die Rolle der aufopfernden Frau zu spielen. Auf Ihre Weise wollen Sie weiter seine Retterin sein. Wenn Sie nicht erkennen, daß ein Teil von Ihnen will, daß er ein Wrack, ein Taugenichts, ein »schlimmer Junge« bleibt, wird nichts, was Sie gegen seine Untreue unternehmen, wirksam sein.

Erniedrigen Sie sich nicht vor ihm

Nach der Entdeckung einer Affäre glauben viele Frauen, sie könnten ihren Mann zurückgewinnen, indem sie alles tun, was er befiehlt, und ständig versuchen, ihn zufriedenzustellen, während sie ihre eigenen Bedürfnisse hintanstellen. Keine Beziehung ist es wert, zu diesem Preis gerettet zu werden, selbst wenn Sie sich »freiwillig« in die Sklaverei begeben. Ihr Ziel sollte sein, darauf hinzuwirken, daß in der Beziehung die Bedürfnisse von Ihnen *beiden* erfüllt werden.

Drohen Sie ihm nicht damit, sich etwas antun zu wollen

Das könnte ihn zwar veranlassen zu bleiben, aber aus Angst, nicht weil er sich Ihnen neu verbunden fühlt. Meistens halten Selbstmorddrohungen Ehemänner bei der Stange. Sie glauben, Sie nicht verlassen zu können, weil sie Angst vor dem haben, was Sie tun werden, fühlen sich durch die Drohung aber auch so kontrolliert und entfremdet, daß es sie bei der anderen Frau hält, die ihm dagegen geradezu wie ein Muster an geistiger Gesundheit erscheinen muß. Sollten Sie sich so deprimiert fühlen, daß Selbstmord eher eine Möglichkeit als eine Drohung zu sein scheint, dann wenden Sie sich an einen Psychiater, der Ihnen mit einer Therapie, notfalls auch mit Medikamenten helfen kann. Denken Sie daran, daß es bei allem, was Sie tun, schließlich mit darum geht, sich von Ihren möglicherweise tiefen Depressionen zu befreien.

Trinken Sie nicht zuviel

Viele Frauen wenden sich dem Alkohol zu, um den Schmerz über die Untreue des Mannes zu lindern. Auf subtile Weise stellt dies auch eine Bestrafung des Mannes dar. Sie zeigen ihm, was er ihnen angetan hat. Alkohol aber wird Sie schließlich ruinieren und ihm außerdem eher Ekel als Mitleid einflößen. Wenn Sie so auf seine Untreue reagieren, zerstören Sie nur sich selbst. Das gleiche gilt für übermäßigen Konsum von Schlaf- und Beruhigungsmitteln.

Unterschätzen Sie nicht die Gefahren seiner Untreue
für Ihre Gesundheit, ja Ihr Leben

Er kann nicht nur Syphilis, Gonorrhöe und andere heilbare Geschlechtskrankheiten mit nach Hause bringen, sondern Sie auch mit Herpes infizieren, das epidemisch und unheilbar ist, oder mit AIDS, dem wichtigsten Grund, sich heutzutage über Untreue Sorgen zu machen. Weder er noch Sie wissen, ob seine Partnerin (oder Partnerinnen) nicht Träger des Virus ist. Die Möglichkeit, sich mit AIDS zu infizieren und es weiterzugeben, haben Seiten-sprünge zu einem potentiell tödlichen Risiko gemacht.

Machen Sie ihm nicht immer wieder Szenen

Sie haben allen Grund, zornig zu sein und ihn das auch spüren zu lassen. Da Sie die Dinge aber wieder in Ordnung bringen wollen, sollten Sie versuchen, sich im Zaum zu halten.

Hören Sie auf, ihn dauernd zu bestrafen

Es gibt viele Arten, wie Frauen ihre Männer bestrafen: ihm die kalte Schulter zeigen; sich weigern, eine Unterhaltung zu beginnen und nur einsilbige Antworten geben – die »stumme Behandlung«; eine »Rühr-mich-nicht-an«-Haltung annehmen oder sich weigern, mit ihm zu schlafen; ihm jegliches Lob vorenthalten, egal, was er tut; auf alle seine Versöhnungsversuche abweisend reagieren.

Eine andauernd strafende Haltung wird Ihren Mann nur dazu bringen, sich weiter von Ihnen zu entfernen.

Hören Sie auf, ihn an seine Untreue zu erinnern, wann immer Sie sich streiten oder etwas von ihm wollen

Egal, was die Meinungsverschiedenheit verursacht, sei es seine Unordentlichkeit oder ihre Angewohnheit, Haare im Waschbek-ken zu hinterlassen, einige Frauen glauben nach einer Affäre ihres Mannes, sie hätten von nun an bei jeder Auseinandersetzung einen Joker in der Hand, indem sie ihn an seine Untreue erin-nern. Andere bringen seine Affäre jedesmal dann zur Sprache, wenn sie etwas wollen. »Das bist du mir schuldig nach allem, was du getan hast«, ist ihre Grundhaltung. Erwähnen Sie seine Un-treue nicht dort, wo sie nicht hingehört. Benutzen Sie sie nicht als Teil einer Machtpolitik – als Taktik, auf die Sie sich verlassen, um ihm einen Schritt voraus zu sein, um ihn zur Einsicht zu bringen oder um ihn so zu beeinflussen, daß er Ihnen gibt, was immer Sie sich wünschen.

Glauben Sie nicht, die Kinder merkten nichts,
solange Sie ihnen nichts erzählen

Kinder wissen fast immer Bescheid, selbst wenn Sie alles daransetzen, die Wahrheit vor ihnen zu verbergen. Während einer
Affäre oder der aus ihr entstandenen Krise können Sie ihnen nicht
weismachen, daß alles in Ordnung ist, wenn sie schon etwas
gespürt haben. Geben Sie zu, daß es im Moment Probleme gibt,
Sie aber versuchen, sie zu lösen. Machen Sie auf keinen Fall
aus Ihren Kindern Verbündete gegen ihren Vater/Ihren Mann.
Es würde ihnen großen seelischen Schaden zufügen, mit dem
sie wahrscheinlich ein Leben lang zu kämpfen hätten.

Bedrängen Sie ihn nicht

Viele Frauen beginnen ihren Männern auf den Leib zu rücken.
Nach der Entdeckung einer Affäre fangen sie an zu klammern,
oder sie beschließen: »Ich werde ihn jede Nacht lieben«, oder:
»Von nun an geht es viel romantischer bei uns zu.« Viele Therapeuten sind der Meinung, daß es besonders in der ersten Phase
nach der Entdeckung am besten sei, *nicht* emotional auf ihn
einzudringen. In Beziehungen, in denen ein Seitensprung stattgefunden hat, war der treue Partner oft derjenige, der mehr an einer
engen emotionalen Verbindung interessiert war, während der
Partner, der sich auf die Affäre eingelassen hat, im allgemeinen
mehr Distanz wollte. Wenn dieses Szenario auch auf Ihre Ehe
paßt, dürfen Sie Ihrem Mann zu diesem Zeitpunkt nicht das
Gefühl geben, von Ihnen erdrückt zu werden. Je mehr Sie ihm
nachlaufen, indem Sie sich an ihn klammern oder plötzliche
Anstrengungen unternehmen, ihm eine besonders gute Ehefrau
zu sein, desto unbehaglicher wird er sich fühlen und um so
wahrscheinlicher wird er entweder seine derzeitige Affäre fortsetzen oder eine neue beginnen, um sich eine Atempause zu
verschaffen. Wenn Sie statt dessen versuchen, ihm mehr Freiraum zu geben, indem Sie sich zurückhalten oder sich sogar ein
bißchen distanzieren, wird er sich entspannen können und nicht
das Gefühl haben, er müsse vor Ihnen davonlaufen.

Geben Sie nicht alle anderen Aktivitäten auf

Sie haben vielleicht keine Lust dazu, doch ist es für Ihre Psyche am besten, wenn Sie die ganze Krise hindurch Ihre regelmäßigen individuellen Gewohnheiten beibehalten. Wenn Sie normalerweise zweimal die Woche Sport treiben, tun Sie es auch weiterhin. Wenn Sie sich des öfteren mit Freunden zum Mittagessen oder auf einen Drink nach der Arbeit treffen, bleiben Sie dabei. Versuchen Sie zusätzlich zu Ihren Aktivitäten Dinge zu unternehmen, die Sie wirklich genießen: Tennis, Kino, Theater, was auch immer Ihnen gefällt. Sie brauchen diese Dinge, um etwaigen Depressionen, die Sie einzuholen drohen, entgegenzuwirken. Darüber hinaus hilft es Ihnen, wenn Sie unabhängig von ihm Ihr Selbstgefühl stärken.

Bewahren Sie Ihre Würde

Fangen Sie nicht an, sich zu erniedrigen, zu betteln oder hysterisch zu werden, denn das bringt ihn höchstens dazu, sich Ihnen noch mehr zu entziehen. Wenn Sie während der Krise fest mit beiden Beinen auf der Erde bleiben, wird Ihnen das helfen, Ihr Leben wieder besser in den Griff zu bekommen, egal, ob er sich erneut zu seiner Ehe bekennt oder nicht.

Verfallen Sie nicht in Resignation

Sie dürfen sich nicht erlauben, wie ein hilfloses Opfer zu denken oder zu handeln. Beschließen Sie statt dessen, die Sache in die Hand zu nehmen und etwas gegen die Situation zu tun.

Hören Sie auf, seine Affäre als unabänderliches Schicksal hinzunehmen. Betrachten Sie sie als Gelegenheit, Ihre Ehe zu verbessern, die Dinge in Ordnung zu bringen und die Probleme aufzugreifen, die noch nicht gelöst worden sind.

Hören Sie auf, ihn nur als verlogenen Betrüger zu betrachten. Versuchen Sie, ihn als Mann zu sehen, der versucht, die Lösung zu einem früheren Problem zu finden – selbst wenn die Lösung, die er wählte, eine falsche, Sie verletzende war.

Anstatt ständig darüber nachzugrübeln, was zwischen ihm und ihr vorgefallen sein könnte, versuchen Sie, sich auf die Gegenwart zu konzentrieren.

Es gibt jedoch auch zwei Dinge, die Sie *ihm* zu dieser Zeit nicht erlauben sollten:

Lassen Sie nicht zu, daß er seine Affäre oder die Androhung von weiteren dazu benutzt, Sie zu beherrschen

Kürzlich erhielt ich den folgenden Brief:

»Nach drei Jahren Ehe mit einem Mann, den ich sehr liebte, fand ich heraus, daß er mich betrog. Wir trennten uns vorübergehend, bauten aber schließlich unsere Beziehung wieder auf.

Kürzlich fand ich heraus, daß er rückfällig geworden war. Zu allem Übel hinterging er mich, während ich wegen einer Fehlgeburt im Krankenhaus lag. Er erklärte sein Verhalten damit, daß er einen so starken Geschlechtstrieb habe und dachte, daß ich eine Zeitlang nicht mehr mit ihm würde schlafen können. Weiter sagte er, unser Liebesleben genüge ihm nicht, und nur wenn ich seinen sexuellen Erwartungen entspräche, könnte er aufhören, sich mit anderen Frauen einzulassen. Seine Erwartungen: Wir müssen mindestens einmal am Tag miteinander Verkehr haben, wobei ich Make-up und Reizwäsche tragen muß; ich muß mich von ihm wie in Pornos filmen lassen; und ich muß wahnsinnig schlank werden. Zuerst willigte ich ein, weil ich ihn liebe, aber nun mißfällt es mir. Ich mag es nicht, ihm etwas vorspielen zu müssen, damit er mir treu bleibt. Er ist ein sehr egoistischer Liebhaber. Er haßt es, mich zu küssen, und andere Dinge, die ich gern habe, er kommt vorzeitig zum Höhepunkt und schläft gleich darauf ein. Ich möchte ihn befriedigen, aber ich möchte auch, daß der Sex gegenseitig ist und nicht nur Bedingung für seine Treue. Ich fühle mich verletzt und gedemütigt, und mein Selbstwertgefühl ist gleich Null. Ich brauche Hilfe.«

Das braucht sie sicher, wie Sie, wenn Sie zulassen, daß Ihr Mann die Drohung mit Untreue als Machtmittel einsetzt, um Sie zu dem zu zwingen, was er will.

Es gibt noch andere »Lösungen«, die manche Männer anzubieten haben, deren Affären entdeckt worden sind:

Eine ménage à trois: Der Mann überzeugt Sie, daß die Ehe nur dann halten wird, wenn Sie einwilligen, daß die andere Frau zu Ihnen zieht. Geben Sie nach und lassen sich darauf ein, werden Sie möglicherweise schnell am Rand eines Nervenzusammenbruchs stehen. Wenn es nicht anders geht, packen Sie die Koffer und gehen Sie, anstatt sich mit einer Situation abzufinden, die gegen Ihre Überzeugung ist.

Die offene Ehe: Nach der Entdeckung einer Affäre erklären einige Männer, daß es mit Ihnen nur weiter funktionieren kann, wenn Sie beide die Freiheit haben, sich mit anderen Partnern einzulassen. Interessanterweise ist es für manche dieser Männer eine lehrreiche Erfahrung, wenn ihre Frauen sie beim Wort nehmen und selbst ein Verhältnis anfangen. Zu ihrer Überraschung entdecken diese Männer, daß sie schrecklich eifersüchtig werden. Im allgemeinen wird die Ehe dann bald wieder zu einer »geschlossenen«. Ich plädiere jedoch nicht dafür, eine offene Ehe in der Hoffnung zu versuchen, daß es genauso kommen wird. Wenn Sie der Überzeugung sind, Ehepartner sollten nicht mit anderen Leuten ins Bett gehen, dann geben Sie nicht nach und weigern Sie sich, darauf einzugehen.

Lassen Sie sich nicht von ihm verrückt machen

Einige Männer versuchen das, indem sie trotz eindeutiger Beweise ihrer Untreue alles abstreiten. Sie lassen die Frau an ihrem Geisteszustand zweifeln, indem sie ihr sagen, sie habe nicht gesehen, was sie mit ihren eigenen Augen gesehen hat, oder daß sie verrückt ist zu glauben, was offensichtlich ist. Solche Dementis können vorkommen, egal ob Sie mit ihm verheiratet sind oder nicht.

Eine Frau schrieb mir, sie sei zu ihrem Freund nach Hause gegangen, um auf ihn zu warten, nachdem er ihr erzählt habe, er müsse bis spätabends arbeiten. Es brannte kein Licht. Als sie mit ihrem Schlüssel das dunkle Haus betrat, kam ihr Freund aus dem Schlafzimmer und gab vor, eingeschlafen zu sein. Im Schlafzim-

mer selbst fand sie eine Frau. Er bestritt energisch, daß irgend
etwas passiert sei, die Frau habe sich dorthin geflüchtet, weil sie
sich gefürchtet habe.

Der Mann einer anderen Frau ging jeden Abend herausge-
putzt allein aus und kam erst in den frühen Morgenstunden oder
einige Nächte überhaupt nicht nach Hause. Seiner Frau sagte er,
sie sei verrückt, so mißtrauisch zu sein.

In seinem Buch »Turning Points« berichtet Frank Pittman
von mehreren Frauen, die »von ihren untreuen Ehemännern
gebracht und als paranoid bezeichnet wurden. Einige sind wegen
ihrer eifersüchtigen Wahnvorstellungen sogar ins Krankenhaus
eingeliefert worden ... Eine Ehefrau verdächtigte ihren Mann,
nicht jeden Abend beim Jogging zu sein, weil sein Anzug nie
verschwitzt war. Sie ging in die Wohnung seiner Sekretärin, wo
sie ihn nackt im Schrank fand. Er sagte zu ihr, sie sei verrückt
geworden und habe sich den ganzen Vorfall nur eingebildet;
dann brachte er sie zur Therapie.«

Hier haben wir es mit einem spezifisch weiblichen Problem zu
tun. Lassen Sie es nicht zu, daß Ihr Mann Sie mit der weiblichen
Neigung, sich selbst die Schuld zu geben, quält und Sie an den
Rand des Wahnsinns treibt.

Der einzige Fall, in dem ich Ihnen zu einer verdeckten Taktik
rate, ist, wenn alles auf eine Affäre hinweist, auch wenn Sie keine
eindeutigen Beweise haben, und wenn er stets alles abstreitet und
Sie für verrückt erklärt. Suchen Sie Hilfe bei einer weiteren
Person, plazieren Sie ein Tonbandgerät in der Nähe des Telefons,
das er Ihrem Verdacht nach für heimliche Gespräche benutzt.

Wichtig ist bei alldem die Überlegung, ob er bereit ist, sich zu
ändern und mit Ihnen zu kooperieren, um Ihre Krise zu überwinden. Ist er ein Mann, der fähig ist, sich zu ändern, ganz gleich,
was er sagt?

13

KANN ER SICH ÄNDERN?

Kathy ist mit Peter seit acht Monaten zusammen. Während dieser Zeit haben sie jedes Wochenende und ein oder zwei Nächte in der Woche gemeinsam verbracht. Sie verstehen sich sehr gut, haben bei Büchern und Filmen den gleichen Geschmack, mögen jeweils die Freunde des anderen und haben einen ähnlichen Sinn für Abenteuer. Da ist nur ein Problem – ein großes. Kürzlich fand Kathy heraus, daß Peter sie betrügt. Sie stellte ihn zur Rede, und seine Antwort bestürzte sie ebenso wie seine Untreue. Peter gab zu, mit anderen Frauen zu schlafen, beteuerte aber, sie würden ihm nichts bedeuten. Er sehe sie ein- oder zweimal, und das wär's dann. Kathy dagegen bedeute ihm sehr viel, sagte er.

»Ich kann mir nicht helfen, Kathy«, erklärte er, »ich liebe dich, aber ich kann sexuell nicht treu sein. Ich habe in meinem Leben immer eine Menge Frauen gebraucht, und ich betrachte mich nicht als monogamen Typ. Ich schätze unsere gute Beziehung, und irgendwann möchte ich auch heiraten und Kinder haben, aber meine Frau muß mich nehmen, wie ich bin. Es *ist* möglich, so zu leben, Kathy. Warum kannst du es nicht versuchen?« Kathy liebt Peter, aber sie kann den Gedanken, daß er mit anderen Frauen schläft, nicht ertragen. Sie möchte, daß Peter sich ändert und ihr treu ist.

Maureen ist seit fünfzehn Jahren mit Steve verheiratet. Vor zwei Monaten erhielt sie beunruhigende Telefonanrufe von einer Frau, die sagte: »Ihr Mann ist in mich verliebt, und Sie sind ein häßliches Miststück.« Dann legte sie auf. Als Maureen ihrem Mann von den Anrufen erzählte, gab er zu, daß er mit dieser Frau über mehrere Jahre ein Verhältnis gehabt, es aber vor kurzem beendet habe. Er fügte hinzu, daß sie ihn seitdem in seinem Büro belästige und ihm abwechselnd drohe und ihn dann wieder anflehe, zu ihr zurückzukehren. Maureen war schockiert, wenn auch nicht überrascht. Sie hatte die Wahrheit schon seit geraumer Zeit geahnt, hatte aber aus Angst nicht mit ihm über ihren Verdacht gesprochen. Obwohl Steve versichert, er sei fertig mit dieser Frau, und er Maureen um Verzeihung gebeten hat, ist sie nicht überzeugt, daß Steve sich wirklich geändert hat. Sie möchte, daß er ihr treu ist, und hat Angst, daß er weitere Affären haben wird.

Peter ist ein Mann, der große Schwierigkeiten hätte, sich zu ändern und Kathy treu zu werden, während Steve unter den richtigen Bedingungen Maureen für den Rest seines Lebens treu bleiben könnte.

Wie stellen Sie fest, ob Ihr Mann sich ändern könnte? Hier sind einige Hinweise, wie Sie die Chancen dafür abschätzen können.

EIGENSCHAFTEN, DIE ER HABEN MUSS, UM SICH ÄNDERN ZU KÖNNEN

Auch wenn er die Beziehung mit Ihnen schätzt, bekennt er sich wirklich zu ihr?

Obwohl Steve eine lange Affäre mit einer anderen Frau hatte, war es für ihn doch mehr ein sexuelles als ein emotionales Verhältnis. Innerlich fühlte er sich seiner Frau nach wie vor verbunden. Er liebte sein häusliches Leben mit Maureen und den drei Kindern. Als seine Geliebte anfing, ihn immer stärker zu bedrängen, seine Frau zu verlassen, beschloß er, die Affäre zu beenden. Er wußte, daß er Maureen nie für eine andere Frau verlassen würde. In Wirklichkeit war er sogar erleichtert, als er sich von seiner Geliebten getrennt hatte; im Grunde hatte er es immer gehaßt, Maureen anzulügen. Trotz seiner Eskapaden fühlt sich Steve emotional fest an seine Ehe gebunden. Peter dagegen schätzt zwar seine Beziehung mit Kathy, fühlt sich aber nicht wirklich an sie gebunden. Steve wird sich ändern, um seine Ehe zu retten und die häusliche Harmonie wiederherzustellen, doch Peter wird sich aus Mangel an Bindung nicht für Kathy ändern. Auch wenn es ihm leid täte, sie zu verlieren, er würde sie aufgeben. Er glaubt, daß er immer eine andere Frau finden kann.

Glaubt er, daß es Dinge gibt, die Sie teilen, die Sie als Menschen verbinden, über gesetzliche oder finanzielle Verbindungen oder ein Gefühl der Verpflichtung hinaus?

Vor drei Jahren entdeckte Jennifer, daß Walter schon seit gut einem Jahr mit einer Frau aus seinem Büro eine Affäre hatte. Er gab sogar zu, in diese Frau verliebt zu sein. Nach einer sehr stürmischen Phase erzählte Walter Jennifer, daß er beschlossen habe, seine Geliebte nicht mehr zu sehen. Jennifer war erleichtert. Mit der Zeit machte sie sich jedoch immer mehr Sorgen.

Äußerlich wirkt Walter unverändert. Er benimmt sich wie der perfekte Ehemann. Er kommt jeden Abend früh nach Hause. Er ist freundlich und höflich. Dennoch hat Jennifer das starke Gefühl, daß irgend etwas nicht in Ordnung ist. Walter spricht nie viel mit ihr, allerdings war er auch lange vor der Affäre schon kein großer Redner. Er ermutigt sie, den Winter in ihrem Haus im Süden zu verbringen. Jennifer reist ab, und wie ein guter Ehemann ruft Walter sie jeden Abend an. Trotzdem spürt Jennifer nach wie vor, daß etwas nicht stimmt, und fragt ihren Mann mehrmals, ob er die andere Frau noch trifft.

Walter versichert ihr, die Beziehung mit seiner Geliebten sei längst vorbei.

In der Tat, die Affäre *ist* vorbei, aber dennoch ist Walter nicht wirklich zu seiner Frau zurückgekehrt. Er handelt Jennifer gegenüber aus einem Gefühl der Verpflichtung heraus. Sie sind seit 26 Jahren verheiratet und haben zusammen zwei Kinder großgezogen. Auch wenn er, wie er meint, allen Verpflichtungen nachkommt, besteht doch kein persönliches Band, keine Übereinstimmung oder Kommunikation mehr zwischen ihm und

Jennifer. Es gibt keine Hoffnung, die Kluft, die zwischen ihnen entstanden ist, zu schließen: Walter ist distanziert und verschlossen. Er bleibt bei Jennifer, weil er glaubt, er sei dazu verpflichtet, aber im Grunde ist er nicht gewillt, sich zu ändern. Es besteht eine emotionale Entfremdung – er ist höflich, aber fern, obwohl er physisch anwesend ist. Es gibt nichts, was Jennifer und Walter zusammenhält außer Walters Pflichtgefühl ihr gegenüber und Jennifers Glauben, daß sie ohne einen Mann, der sich um sie kümmert, nicht leben kann. Ihre Ehe ist nur noch eine leere Hülle.

Ihr Mann muß das Gefühl haben, daß Sie etwas zusammen teilen – Sinn für Humor, einen tiefen religiösen Glauben, Ihre Lebensansichten, die Freude am gemeinsamen Familienleben –, etwas, das ihn immer noch anzieht, ein Band, das sie verbindet. Gewohnheit oder Pflicht ist allein nicht genug für eine wirkliche Veränderung.

Ist er bereit, sich zu ändern?

Sie können niemals eine Person *dazu bringen,* sich zu ändern; etwas muß ihn dazu bewegen, es selbst zu wollen. Obwohl er Ihnen untreu gewesen ist, kann es gut sein, daß er sich dabei nicht wirklich wohl gefühlt hat. Vielleicht hat er sich im Lauf der Jahre verändert und will nun, obwohl er es früher nicht getan hat, all seine Gefühle in die Beziehung mit Ihnen einbringen und vertiefen. Ihm mag klargeworden sein, daß all seine Beziehungen zerbrochen sind, weil er nicht in der Lage war, jemandem lange Zeit nahe zu sein, und er fühlt sich deswegen unglücklich. Es kann ganz einfach etwas wie Angst sein – er weiß, daß er Sie verlieren könnte, und erkennt, daß er sich ändern muß, um das zu verhindern.

Vielleicht ist ihm nach ein, zwei oder drei Affären bewußt geworden, wieviel besser Sie zu ihm passen als die anderen Frauen, oder daß Sie als Mensch allen anderen, denen er bisher begegnet ist, weit überlegen sind. Was immer ihn dazu bewegen mag, möglicherweise will er sich wirklich ändern, seine Betrügereien beenden und Ihnen treu sein.

Schätzt er Monogamie,
selbst wenn er nicht immer danach gelebt hat?

Einige Männer sind der Meinung, Monogamie sei etwas Unsinniges, zumindest etwas für andere Leute, aber nicht für sie. Für die Mehrheit ist sie ein Ideal, das sie gern erreichen würden, es aber aus dem einen oder anderen Grund bisher nicht geschafft haben. Solange Ihr Mann nicht überzeugt ist, daß Monogamie etwas Erstrebenswertes ist, besteht keine Möglichkeit, ihn dazu zu bringen, sich zu ändern und Ihnen treu zu bleiben.

Ist er bereit, die Dinge auch aus Ihrem Blickwinkel zu betrachten?

Ein Mann, der sich standhaft weigert, sich in Ihre Lage zu versetzen, der sich nur um das kümmert, was er denkt und fühlt, hat wenig Chancen, sich zu ändern. Ein besonders gutes Zeichen für seine Fähigkeit, sich zu ändern, ist allerdings, wenn er Ihren Standpunkt nicht nur rational nachvollziehen, sondern auch *nachfühlen* kann. Mit anderen Worten, wenn er emotionales Einfühlungsvermögen für das besitzt, was Sie brauchen und durchmachen.

Kann er zugeben, daß er manchmal unrecht hat?

Veränderung erfordert die Einsicht eines Menschen, daß er nicht unfehlbar ist und weiß, daß es Zeiten gibt, in denen er Ihnen sagen muß, daß er im Unrecht war. Jemand, der immer darauf besteht, recht zu haben, ist unfähig, Kompromisse zu schließen, zu verhandeln oder irgend etwas Versöhnliches zu tun, das notwendig ist, um sich selbst und Ihrer Beziehung wieder neue Impulse zu geben.

Ist er bereit, Ihnen zuzuhören?

Um Ihren Standpunkt zu verstehen, muß er in der Lage sein, Sie reden zu lassen und Ihnen aufmerksam zuzuhören. Er darf Sie nicht ständig unterbrechen und widerlegen wollen, was Sie sagen, oder Sie wegen dem, was Sie versuchen, ihm zu sagen, zum Schweigen bringen.

Ist er bereit, in sich zu gehen?

Wenn er sich mit den Fragen beschäftigt, die mit seiner Untreue zu tun haben, wird er unter der Oberfläche graben und sich mit seinen inneren Vorgängen, seinen Gefühlen und Gedanken eingehend befassen müssen. Er muß bereit sein zu begreifen, daß auch unterbewußte Motive seine Handlungsweise bestimmen können.

Ist er in der Lage, sich mit Ihnen zu verständigen,
oder bereit, es zu lernen?

Jemand, der nicht offen sein will, kann sich nicht ändern. Emotional versteckt er sich nicht nur vor Ihnen, sondern auch vor sich selbst. Für ihn ist der einzige Weg, die Ursachen für seine Untreue aufzuspüren, der Versuch, offen und ehrlich zu sein, und Ihnen beiden auf diese Weise zu helfen, ihn besser zu verstehen. Er muß bereit sein, über persönliche Dinge zu reden: seine Gefühle, seine Hoffnungen, seine Triumphe und Enttäuschungen, seine Erwartungen, Ängste und Verletzlichkeiten. Ebenso muß er bereit sein, auch über unangenehme Themen zu sprechen, und ein Interesse dafür entwickeln, wie er als Mann Gefühle haben kann, die sich von Ihren als Frau unterscheiden, damit geschlechtlich bedingte Unterschiede und Haltungen Sie nicht weiter voneinander entfernen und von Ihnen beiden im Zusammenhang mit Ihrer Beziehung besser verstanden werden.

Ist er ein chronischer Lügner?

Wenn ein Mann aus Gewohnheit andere Menschen belügt, um sich zu schützen oder sich wichtig zu machen, wenn man das gleichsam als festen Bestandteil seines Charakters ansehen kann, dann ist es ziemlich unwahrscheinlich, daß er das tun kann, was für seine Veränderung notwendig ist. Aufrichtigkeit von seiten

Ihres Mannes ist eine sehr wichtige Voraussetzung für die Wiederherstellung Ihres Vertrauens in ihn.

Ist er bereit einzusehen, daß seine Untreue das Ergebnis eines beiderseitigen Problems ist?

Möglicherweise nimmt er an, die Affäre sei allein sein Fehler, eine sexuelle Eskapade oder durch die unwiderstehliche Anziehungskraft einer bestimmten Person entstanden. Oder er weigert sich, Dinge zu beklagen oder zuzugeben, deretwegen er mit Ihnen Probleme hatte. Eventuell sieht er auch den Fehler ganz allein bei Ihnen – versteht seine Untreue als bloße Reaktion auf Ihr mangelndes Interesse an Sex, Ihren Mangel an Unterstützung, Ihre Gewichtszunahme, Ihr Drängen auf Heirat oder irgendwelche anderen Fehler, die ihn, wie er meint, in die Arme der anderen »getrieben« haben.

Wenn es ihm gelingt, seinen Blickwinkel zu erweitern, wenn er erkennt, daß seine Untreue ein Symptom für ein Beziehungsproblem ist, das Sie beide gleichermaßen betrifft, verbessert es seine Chancen für eine Veränderung.

Nehmen Sie Barry. Zehn Monate war er mit Dawn ausgegangen. Seit der fünften Woche ihrer Beziehung drängte Dawn auf eine feste Bindung. Barry fühlte sich zu Dawn sehr hingezogen, war sich aber nicht sicher, wieviel er ihr als Mensch wirklich bedeutete. »Ich glaube, sie sieht mich nur als passenden und brauchbaren Ehemann«, beklagte er sich bei einem Freund. Barry gab zu, daß er sich vor einer festen Bindung fürchtete, versuchte aber, seinen Widerstand zu überwinden. Er hatte Dawn davor gewarnt, ihn zu bedrängen – er fühle sich dann überfallen.

Barrys Mutter war immer sehr stark in ihn gedrungen, und so reagierte er auf Druck sehr empfindlich. Doch trotz seiner frühen Warnungen versuchte Dawn auch weiter, ihn zu einer festen Bindung zu überreden. So zog sich Barry zurück, was Dawn wiederum veranlaßte, ihn noch mehr zu verfolgen und ihm vorzuwerfen, er versuche, von ihr wegzulaufen. Durch ihre Vorwürfe bekam Barry Schuldgefühle und wurde launisch, wenn er mit ihr zusammen war, was sie verrückt machte. »Du liebst mich nicht«, klagte sie dann. »Ich liebe dich nur, wenn du mir nicht nachläufst«, erwiderte Barry. Seine Antwort machte sie so wütend, daß sie sagte: »Unsere Beziehung führt zu nichts. Ich kann es mir nicht länger leisten, meine Zeit mit dir zu verschwenden.« Das vermittelte Barry noch mehr das Gefühl, daß sie nur daran interessiert war, einen Ehemann zu bekommen.

Bald bestand ihre einst so vielversprechende Beziehung nur noch aus einer Serie von Zusammenstößen, durch die sich Dawn benachteiligt und frustriert und Barry schuldig und ungeliebt fühlte. Das führte dazu, daß ihn andere Frauen anzogen, »die kein Theater machten«. Er ließ sich auf ein paar Affären ein. Dawn war wütend, als sie ihn ertappte, und fest überzeugt, daß alles sein Fehler sei, daß er ein Mann sei, dem man nicht trauen könne. Er war seinerseits überzeugt, der Fehler liege allein bei ihr, weil sie ihm ständig so zusetzte. In diesem Zustand kamen sie in die Therapie; trotz ihrer Probleme empfanden beide immer noch ein Gefühl der Liebe füreinander. Barry erfuhr (ebenso wie Dawn), daß sie *beide* unrecht hatten. Beide hatten sich gegenüber den Schwächen des anderen völlig unsensibel verhalten, und jeder hatte genau das getan, was den anderen in die falsche Richtung trieb.

Hank war überzeugt, daß seine Affären mit anderen Frauen deshalb angefangen hatten, weil seine Frau Cindy Sex nicht so genoß wie er. Er fühlte sich zu seinen Seitensprüngen berechtigt, weil ihn Cindy, die sich ihm so oft verweigerte, sexuell frustrierte. Als Cindy von seinen Affären erfuhr, begannen beide darüber zu sprechen, um ihre Ehe zu retten. Im Lauf der Gespräche stellte sich heraus, daß ihre Auseinandersetzungen über Sex in Wirklichkeit das Symptom eines größeren Machtkampfs zwischen ihnen waren. Hank war ein ziemlich herrschsüchtiger, dominanter Ehemann, und Cindy fühlte sich stark in die Defensive gedrängt. Sexuelle Verweigerung war ihre einzige Möglichkeit, sich zur Wehr zu setzen. Es war also kein sexuelles Problem, wie Hank geglaubt hatte. Vielmehr handelte es sich um einen Machtkampf, an dem sie *beide* beteiligt waren.

Ist er wirklich bereit, seine Geliebte aufzugeben?

Ihr Mann kann in jedem Fall unmöglich mit seiner Affäre weitermachen und gleichzeitig immer noch bereit oder fähig sein,
die notwendigen Schritte zur Verbesserung Ihrer Beziehung zu
unternehmen.

Wenn er sie abbricht, bedenken Sie, daß er wegen seiner verlorenen Geliebten möglicherweise einiges an Kummer zu bewältigen hat. Selbst wenn er sich wieder aufrichtig zu Ihnen bekennt,
mag er doch noch eine ganze Zeit Trauer und Wehmut empfinden, obwohl oder gerade weil er sie nicht mehr sieht. Versuchen
Sie, seinen Gefühlen Verständnis entgegenzubringen, und seien
Sie sich darüber im klaren, daß er sich in einer Phase befindet,
die vorübergehen wird.

Einige Männer führen weiterhin Telefongespräche mit der
früheren Geliebten, obwohl tatsächlich kein körperlicher Kontakt mehr besteht. Er muß aber bereit sein, selbst diese Art von
Verbindung zu beenden, mag er sie auch als »unschuldig« bezeichnen.

*Hat er genügend Kontrolle über sich, um zugunsten langfristiger
Ziele auf unmittelbare Befriedigung verzichten zu können?*

Der Mann, der ständig seinen kurzfristigen Wünschen nachgibt,
wird wieder in eine Affäre verwickelt werden, ganz gleich, wie
sehr er Sie liebt oder wie oft er schwört, es sei für immer vorbei
mit den Seitensprüngen. Gelegenheiten gibt es genug, und er
wird nicht die Kraft haben, ständig allen Anfechtungen zu widerstehen.

Die Verbesserung Ihrer Beziehung ist keine Angelegenheit,
die über Nacht geregelt werden kann, und er muß begreifen,
daß es trotz einigen unmittelbaren Unbehagens ein letzten Endes
lohnendes Ziel ist, das er und Sie anstreben. Er muß das Gefühl
haben, daß es eine schnelle, neue Romanze nicht wert ist, das
langfristige Ziel einer besseren Beziehung mit Ihnen zu sabo-
tieren.

Ist er bereit, an Ihrer Beziehung zu arbeiten?

Viele Leute scheinen zu glauben, daß sich Veränderungen auf wundersame Weise von selbst oder einfach durch ihren Wunsch nach Veränderung ergeben. Im Falle von Untreue gelingt eine wahre Veränderung nur dann, wenn beide Partner bereit sind, Zeit und harte Arbeit in ihre Beziehung zu investieren. Egal, wie anstrengend und anspruchsvoll beispielsweise sein oder Ihr Beruf auch sein mag, ohne Zeit und Mühe werden Sie die entstandene Kluft nicht schließen können.

Einige Paare glauben, daß die notwendige Veränderung bereits eingetreten ist, wenn der Mann die andere Frau aufgibt. Beide Partner atmen erleichtert auf und halten die Krise für beendet. Das ist ein Trugschluß, denn sie haben sich weder mit den Problemen auseinandergesetzt, die zu der Affäre geführt haben, noch an einer notwendigen Veränderung ihrer selbst oder der Beziehung gearbeitet. In Wirklichkeit haben sie das zugrundeliegende Problem nur unter den Teppich gekehrt, was die Wahrscheinlichkeit einer weiteren Affäre in Zukunft erhöht.

Kann er seine Führungsrolle aufgeben?

Ein Mann, der immer die Führung haben muß, ist ein schlechter Kandidat für Veränderungen. Er glaubt, ständig Befehle geben zu müssen, daß man ihm gehorchen und daß alles nach seinem Willen geschehen muß – eine Starrheit, die den Fluß einer Bewegung aufeinander zu verhindert.

Ist er bereit zuzulassen, daß Sie sich ändern?

Der vielleicht wichtigste Faktor bei *seiner* Änderung ist *Ihre* Fähigkeit, dasselbe zu tun, und er muß bereit sein, das zuzulassen. Gewöhnlich nehmen Paare in ihrer Beziehung bestimmte Rollen ein. So ist er zum Beispiel der fähige, starke Partner, während Sie die Gehorsame, Hilflose sind, vielleicht haben Sie immer mehr Nähe gefordert, vor der er davongelaufen ist. Oder Sie sind die Überlegene, die alles im Griff hat, während er passiv ist und Sie bestimmen läßt. Eine in Schwierigkeiten geratene Beziehung in Ordnung zu bringen bedeutet sicherlich auch, daß Sie Ihre Rollen ändern, damit zum Beispiel der Partner, der die Rolle des Hilflosen hatte, lernt, kompetenter zu werden, und derjenige, der der starke Beschützer war, lernt zuzulassen, daß Sie selbständiger mit ihm umgehen.

Ist er bereit, Alkohol und ähnliche Dinge aufzugeben,
wenn das zu seiner Untreue beigetragen hat?

Wenn er unter Alkoholeinfluß die Kontrolle verliert und behauptet, daß es nur so zu der Affäre kommen konnte, wenn er zu den Männern gehört, die immer dann anfangen, bei Frauen Annäherungsversuche zu machen, wenn sie zuviel getrunken haben, dann wird er nur treu bleiben können, wenn er sich in Zukunft vom Alkohol fernhält.

All diese Voraussetzungen für eine Veränderung gelten auch für Sie, deshalb lesen Sie, wenn nötig, diesen Abschnitt noch einmal, um zu sehen, ob denn *Sie selbst* bereit sind, die Dinge zu tun, die Sie auch von ihm erwarten. Keiner von Ihnen sollte den Fehler machen, derselbe bleiben zu wollen und gleichzeitig zu verlangen, daß der andere sich ändert.

Was ist, wenn er sich nicht ändern kann oder will?

Was ist, wenn Sie an einen Mann geraten sind, mit dem es zu keiner Änderung kommen kann? Was ist, wenn er sich weigert, mit Ihnen zu sprechen? Was ist, wenn er lügt oder die Beziehung weiter allein zu beherrschen sucht? Was ist, wenn er nicht glauben will, daß es bei ihm, bei Ihnen oder in der Beziehung Probleme gibt? Was ist, wenn er ein psychisches Problem hat – wenn er zum Beispiel ein Narzißt ist –, das eine Änderung extrem schwierig macht? Was ist, wenn er einfach nicht mit Ihnen an einer Veränderung arbeiten will?

Ihre Möglichkeiten sind sehr begrenzt, wenn diese oder andere Faktoren darauf hindeuten, daß keine Hoffnung auf Kooperation besteht, um die Krise, die durch seine Affäre herbeigeführt wurde, zu überwinden. Versuchen Sie zunächst herauszufinden, ob er gewillt ist, zusammen mit Ihnen einen Therapeuten aufzusuchen oder gar über eine Einzeltherapie nachzudenken. Wenn er einwilligt und dabei bleibt (einige Männer brechen die Therapie nach ein, zwei oder drei Sitzungen ab), können Sie ihn mit Hilfe eines Fachmanns schließlich dazu bringen, mit Ihnen auf eine Veränderung hinzuarbeiten.

Wenn er sich sperrt oder wenn er aus der Therapie aussteigt, sollten Sie eventuell beschließen, ihn zu verlassen – eine Entscheidung, die einige Frauen treffen. Oder Sie beschließen, mit seiner Untreue oder anderen Unzulänglichkeiten der Beziehung zu leben. Es gibt viele Frauen, die mit Männern zusammenleben, von denen sie wissen, daß sie sie betrügen. Sie nehmen die Untreue ihrer Männer in Kauf, da die positiven Aspekte der Beziehung für sie überwiegen. Nehmen Sie sich Zeit für diese Entscheidung, versuchen Sie sich über Ihre tatsächlichen Bedürfnisse klarzuwerden. Überwinden Sie notfalls vordergründige Ängste, um nicht in einer Beziehung verhaftet zu bleiben, die Ihrer Persönlichkeit und Ihren Dispositionen widerspricht.

Schlecht arrangiert oder falsch entschieden haben sich die Frauen, die sich ständig über die Seitensprünge ihres Mannes beklagen. Beide Partner haben sich festgefahren. Keiner von ihnen unternimmt irgend etwas, um ihr Leben zu verbessern. Diese Frauen sind oft verdrossen und verbittert.

Eine bessere Form der Anpassung erfolgt dann, wenn Sie sich darauf konzentrieren, sich selbst als Individuum ein volleres Leben zu verschaffen, eine Erfüllung zu finden, die Sie auf andere Weise mit Ihrem Mann nicht erlangen können. Einige Frauen führen ein glückliches zweites Leben mit Freunden, denen sie vertrauen und mit denen sie Dinge genießen, die mit dem Partner unmöglich sind. Sie sitzen nicht verlassen und verbittert zu Hause, wenn sie wissen, daß ihre Männer mit anderen Frauen ausgegangen sind. Statt dessen halten sie sich in Bewegung. Sie kennen den Handel, auf den sie sich eingelassen haben.

Verbünden Sie sich nicht mit Ihren Kindern, um auf versteckte Weise Rache zu nehmen. Lernen Sie, Spaß zu haben und das Beste aus dem zu machen, was Sie mit Ihren Männern teilen können, und erwarten Sie keine Wunder, wenn Sie doch wissen, daß er sich nie ändern wird.

Versuchen Sie auf jeden Fall – schon um sicherzustellen, daß Sie nicht langfristig den falschen Weg einschlagen – sich mehr mit der eigenen Persönlichkeit zu beschäftigen, zum Beispiel über eine Einzeltherapie, die Ihnen hilft, herauszufinden, warum Sie sich mit ihm so abfinden, wie er ist. Ein versteckter Grund sind vielfach alte, tief in Ihnen verborgene Ängste – Ängste davor, für sich selbst sorgen zu müssen, keinen neuen Partner finden zu können, oder Sie fürchten die finanzielle oder emotionale Last, die es bedeuten würde, Ihre Kinder allein aufzuziehen.

Häufig lernt eine Frau erst in der Therapie, ihre vordergründig rationalen Erklärungen von ihren wahren Beweggründen zu unterscheiden. Sie lernt, sich selbst zu stärken, ihr Vertrauen und ihr Selbstwertgefühl zu verbessern, sich darauf vorzubereiten, ihren Lebensunterhalt selbständig zu verdienen – alles Dinge, die ihr schließlich helfen, eher aus einer Position der Stärke als aus einer der Schwäche heraus zu entscheiden, was sie wirklich für sich will und ob ihr diese Beziehung tatsächlich soviel wert ist.

Auch ohne Therapie können Sie an sich arbeiten. Und manchmal hat diese Beschäftigung mit sich selbst zur Folge, daß, obwohl es erst nicht möglich schien, am Ende auch bei Ihrem Partner Veränderungen eingeleitet werden.

Wenn Sie von sich aus aufhören, in der Beziehung die Rolle zu spielen, die er von Ihnen erwartet, wird er als Reaktion darauf seine Rolle ebenfalls ändern müssen, auch wenn er es nicht beabsichtigt hatte. Wenn Sie ihn zum Beispiel immer gedrängt haben, mehr Zeit mit Ihnen zu verbringen, und nun anfangen, stärker Ihren eigenen Interessen nachzugehen, wird er möglicherweise verblüfft oder sogar bestürzt sein. Er wird sich fragen, was Sie vorhaben, und Sie werden feststellen, daß er nun seinerseits wissen will, warum Sie nicht früher nach Hause kommen konnten und wo Sie gewesen sind, und daß sogar er auf einmal findet, Sie sollten mehr Zeit mit ihm verbringen.

Veränderung bedeutet, daß Sie sich nicht mehr wie sein hilf-loses Opfer benehmen und Ihr Leben selbst in die Hand nehmen. Sie könnten beschließen, seinen Handlungsweisen stärker ent-gegenzutreten, anstatt alles passiv hinzunehmen. Sie könnten beschließen zu studieren, eine Ausbildung zu beenden oder eine andere Ausbildung anzufangen, um etwas für Ihre Selbständig-keit zu tun. Auch ein neues Hobby kann Ihr Selbstvertrauen stärken. Veränderungen in Ihrem Verhalten und Benehmen wer-den ihn dazu bringen, Sie mehr zu beachten und auf neue Art und Weise auf Sie zu reagieren. Vielleicht bringt er Ihnen plötz-lich mehr Respekt entgegen, oder er entscheidet, daß er das alles so nicht hinnehmen kann, und verläßt Sie. Gut möglich ist, daß er versucht, Sie aufzuhalten, um Sie wieder zu der Person zu machen, die Sie ursprünglich waren. Lassen Sie das nicht zu.

Veränderung bedeutet immer auch ein Risiko. Sie hebt den Status quo auf. Aber das Positive besteht darin, daß Sie sich durch eine derartige Veränderung ein besseres Leben aufbauen können, mit oder ohne ihn. Ihre positive Veränderung wird Ihnen helfen, sich auf eine Trennung einzustellen, falls sie nötig werden sollte. Möglicherweise finden Sie auch selbst heraus, daß die Entschei-dung für ihn (trotz seiner Affären) falsch war und Sie gut ohne ihn zurechtkommen.

14

VERBESSERUNG UND HEILUNG
DER BEZIEHUNG

Bill kann kaum erklären, warum es zu seiner Affäre kam. »Es war so einfach«, sagt er. »Da war diese attraktive Frau, und sie gab mir zu verstehen, daß ich sie haben konnte.« Bill spricht von Sandy, einer Krankenschwester, die er in der Klinik kennengelernt hat, in der er als Verwalter arbeitet. Ursprünglich dachte er nur an einen schnellen Seitensprung. Da sie ihn praktisch darum bat, würde er einmal mit ihr schlafen und sie dann vergessen. Aber ihm gefiel der Sex mit ihr. Seit drei Jahren lebte er nun mit Tina zusammen, und die ursprüngliche Spannung zwischen ihnen hatte etwas nachgelassen. Sandy war dagegen Neuland und für ihn das reinste Feuerwerk.

Außerdem lief Sandy ihm nach. Sie rief ihn im Büro an. Ihre Stimme klang aufreizend und verlockend. Bald war Bill mehr in die Sache verstrickt, als er je vorgehabt hatte. In den Mittagspausen legte er »Matineen« mit Sandy ein, und gelegentlich schützte er längere Arbeitszeiten vor, um auch noch ein nächtliches Stelldichein herauszuschinden.

Eines Abends, als er wieder einmal gesagt hatte, er müsse an diesem Tag länger arbeiten, kam Tina ins Krankenhaus, um ihn mit einigen Keksen zu überraschen, die sie für ihn gebacken hatte. Sie wollte nur kurz vorbeischauen und sie ihm dalassen, damit ihm die Arbeit nicht zu lang würde. Aber er war nicht dort, wo er sein sollte. Als sie ihn bei seiner Heimkehr zur Rede stellte, gestand er ihr alles.

Bill hatte die Konsequenzen zu tragen. Tina war wütend und befahl ihm, seine Sachen zu packen und sich aus dem Staub zu machen. Bei dem Gedanken, Tina zu verlieren, geriet Bill außer sich. Er bettelte und flehte. Tina weigerte sich, ihn anzuhören. Da sie hart blieb, zog er schließlich zu seinem Bruder. Aber er rief Tina ständig an und bekannte, daß er einen schrecklichen Fehler gemacht hatte. »Ich liebe dich doch, Tina«, beteuerte er immer wieder. »Ich möchte zurückkommen. Ich werde dich nie wieder betrügen, das verspreche ich dir. Ich will dich heiraten, Tina. Ich will dich niemals verlieren. Bitte laß mich nach Hause kommen.«

Gary ist seit zwölf Jahren verheiratet. Er und seine Frau Martha haben zwei Kinder, einen 8jährigen Jungen und ein 6jähriges Mädchen. Vor kurzem erfuhr Martha von einem Bekannten, der mit Gary beruflich zu tun hat, daß ihr Mann Frauen nachstellt und auch schon mit ihnen geschlafen hat, wenn er zu Tagungen außerhalb der Stadt war. Schluchzend fragte Martha Gary, ob das, was sie da gehört hatte, stimmte. Zuerst bestritt er es, aber schließlich gestand er seine Schuld ein. Er hatte Martha nie gern angelogen und seine Seitensprünge deshalb auf gelegentliche sehr kurze Geschichten außerhalb der Stadt beschränkt. Er mußte ihr keine Rechenschaft darüber ablegen, wo er gerade war, und dachte, daß er auf diese Weise niemandem schadete. Gary wollte nie etwas tun, was seine Frau verletzt oder seine Ehe gefährdet hätte. Und doch war es passiert. Er schwor, daß er nie wieder so dumm sein werde, wenn ihm Martha nur vergeben würde.

Bill und Gary sind Beispiele für Männer, die eine Zusammenarbeit für die Genesung einer Beziehung relativ leichtmachen. Wie Bill haben die meisten solcher Männer nur eine einzige Affäre gehabt, oder sie haben sich wie Gary nur auf wenige einmalige Zwischenspiele eingelassen. Die Affären sind vorbei, und die Männer haben für immer genug von solchen Erfahrungen. Sie sind eifrig darauf bedacht, sich erneut zu binden und alles zu tun, die Partnerschaft zu verbessern, so daß man ihre Untreue als Fehler betrachten kann, der der Vergangenheit angehört.

Mit anderen Männern sind gemeinsame Anstrengungen natürlich schwieriger. Ein verliebter Mann ist zum Beispiel ein harter Fall.

Wenn Ihr Mann in eine andere Frau verliebt ist, kann es sein, daß er nicht auf sie verzichten will. Was tun Sie dann? Einige Männer lassen Ihnen wenig Spielraum. Sie sind fest entschlossen, daß sie Sie verlassen wollen, und sie tun es auch – sie ziehen mit ihrer Geliebten zusammen. Andere sind ambivalent; sie schwanken zwischen Ihnen und ihrer neuen Liebe. Sie wollen die Beziehung mit Ihnen nicht auflösen, wollen ihre Geliebte aber auch nicht aufgeben.

Wenn sich ein Mann sicher ist, daß er Sie verlassen will, ist es am besten, Sie lassen ihn gehen. Flehen, Verhandeln, Drohen oder Kriecherei werden nichts nutzen, ist er wirklich fest entschlossen.

Wenn er sich nicht sicher ist, gehen Sie behutsam vor und stellen ihm nicht gleich ein Ultimatum. Nutzen Sie die so gewonnene Zeit, um mit ihm zu sprechen (auf welche Weise, sehen Sie im folgenden Abschnitt) und um auf Klagen seinerseits, so er welche hat, einzugehen. Ich sollte Sie jedoch warnen, denn wenn seine Liaison fortbesteht, werden Ihr Zorn und seine Unentschlossenheit Ihren Bemühungen wahrscheinlich im Wege sein.

Sollten Sie versucht sein, Ihr Äußeres attraktiver zu gestalten, um mit der anderen Frau konkurrieren zu können, seien Sie sich klar darüber, daß Sie das wahrscheinlich nicht weiterbringt. Die Tatsache, daß Sie eine Schlankheitskur gemacht oder eine neue Frisur haben, wird nur wenig Eindruck auf ihn machen. Es ist gut möglich, daß er aufgrund seiner Affäre vorübergehend keine Augen für Sie hat. Wenn ein Mann glaubt, er sei verliebt, dann konzentriert er seine emotionalen Energien auf seine Affäre. Das Gefühl von mehr Attraktivität kann Ihnen jedoch helfen, indem Sie so Ihr angeschlagenes Selbstbewußtsein stärken.

Es ist wichtig für Sie, daß Sie nur für begrenzte Zeit einen Schwebezustand zulassen, in dem er noch mit Ihnen zusammen ist und daneben seine zweite Beziehung weiter aufrechterhält. Wenn er die andere Frau nach Wochen immer noch sieht, bestehen Sie darauf, sich so lange zu trennen, bis er sie aufgibt, es sei denn, Sie fühlen sich dazu psychisch nicht in der Lage.

Allein die Trennung – ob durch Sie oder ihn herbeigeführt – wirkt oft schon Wunder. Benutzt er die Affäre, um sich unabhängiger und von Ihnen weniger kontrolliert oder in der Beziehung freier zu fühlen, dann kann sie ihren Reiz verlieren, sobald er sie nicht länger geheimhalten muß. Der Beginn einer größeren Normalität und Alltagsrealität kann sich gut zu Ihren Gunsten auswirken. Sobald er mit seiner Geliebten zusammenzieht oder sie beliebig oft sehen kann, wird er anfangen, sie realistischer zu beurteilen. Bei engerem Kontakt sieht er vielleicht Dinge, die ihm nicht gefallen. Oder er stellt fest, daß er Sie, sein Zuhause oder seine Familie mehr vermißt, als er sich je vorgestellt hat. Männer, die Heimlichkeiten anziehend finden, merken häufig, daß die Begeisterung für eine Affäre allmählich schwindet, ist das Verhältnis erst bekanntgeworden. Einer oder alle diese Faktoren bewirken, daß viele Männer die verbotene Romanze anödet, sobald sie vollkommen freie Hand haben. Wenn das passiert, wollen viele – wenn auch nicht alle – Männer zu ihren ursprünglichen Partnern zurückkehren.

Während einer Trennung besuchen etliche Männer ihr altes Zuhause, besonders wenn sie Kinder haben. Zu vorgerückter Stunde erwarten sie vielleicht, über Nacht bleiben zu können. Lassen Sie es nicht zu, selbst wenn er nicht versucht, das Bett mit Ihnen zu teilen, und anbietet, ins Gästezimmer zu gehen. Er darf seine alten Bequemlichkeiten nicht auf Abruf in Anspruch nehmen können.

Was ist, wenn Sie sich plötzlich mit ihm im Bett wiederfinden? Bringen Sie sich deswegen nicht um. Unter diesen Umständen passiert das oft genug, und es kann eine ganz aufregende Erfahrung sein, aber machen Sie nicht den Fehler, das für ein sicheres Zeichen der Versöhnung zu halten oder als Signal dafür, daß er die andere Frau aufgeben will. Wahrscheinlich zeigt es nur, wie verwirrt er ist, oder es ist seinerseits ein Versuch, Sie bei der Stange zu halten.

Eine Trennung kann eine überraschend heilsame Wirkung auf Sie haben, Erleichterung mag sich einstellen, denn schließlich ist es belastend und demütigend, mit einem Mann zusammenzubleiben, von dem Sie wissen, daß er in jemand anderen verliebt ist. Sie stellen vielleicht auch fest, daß es ohne ihn für Sie einfacher ist, sich darauf zu konzentrieren, Ihr Leben als Individuum in den Griff zu bekommen, was Sie unter allen Umständen tun sollten.

Versuchen Sie nicht, noch mehr Schuldgefühle in ihm zu wecken. Ein ambivalenter Mann, der innerlich hin und her gerissen ist, wird bereits von seinem Gewissen und seinem Verantwortungsgefühl Ihnen gegenüber gequält – und Ihre Anstrengungen, seine Schuld noch zu vergrößern, bringen Sie nicht weiter. In gewisser Hinsicht sieht er Sie als Feind – als Person, die zwischen ihm und seinen Wünschen steht. Schuldzuschreibungen oder auch Rachemanöver werden diese Ansicht bestätigen oder sogar verstärken, so daß er anfangen mag zu denken: »Ich wußte gar nicht, daß sie so bösartig werden kann«, und sich zu seiner Affäre berechtigt fühlt.

Was Ihnen *wirklich* helfen wird, ist Sympathie. Sie wird ihn entwaffnen und Sie in seinen Augen im besten Licht erscheinen lassen. *Falsche* Sympathie wird nichts nutzen – er wird sie durchschauen. Sie muß echt sein.

Noch einmal: Vergessen Sie nicht, daß er sich wahrscheinlich ziemlich elend fühlt – er ist in widerstreitende Gefühle verstrickt und steht zur Zeit womöglich durch die andere Frau unter enormem Druck, er schläft nicht gut, weil er nicht weiß, was er will. Wie vielen Männern in dieser Situation wird ihm alles zuviel. Wenn Sie früher eine einigermaßen gute Beziehung mit ihm hatten, ist trotz Ihres Zorns noch Raum für Sympathie – falls Sie sie zulassen und falls er Sie nicht belügt. Unehrlichkeit wird jegliche Sympathie, die Sie empfinden, zerstören.

Wenn er bereit ist, aufrichtig zu sein, und zugibt, daß er verwirrt und zwischen seinen Gefühlen für Sie und der anderen Frau hin- und hergerissen ist, dann fragen Sie ihn, ob er zumindest bereit wäre, die andere Beziehung für einen bestimmten Zeitraum, sagen wir zwei Monate, auszusetzen, während Sie versuchen, Ihre Probleme gemeinsam zu lösen. Wenn er sich dazu bereit erklärt oder Ihnen bereits erzählt hat, daß er sie nicht mehr sieht, Sie aber dann herausfinden, daß das nicht stimmt, entscheiden Sie im Zweifelsfall zu seinen Gunsten – aber nur einmal. Vielleicht geschah es nicht vorsätzlich, und er meinte, was er sagte, konnte aber dann einfach nicht anders und mußte mit ihr wieder Kontakt aufnehmen. Wenn er zweimal oder mehrmals gelogen hat, sagen Sie ihm, es sei vorbei, aber nur, wenn Sie überzeugt sind, daß das Problem nicht zum Teil bei Ihnen liegt, weil irgend etwas in Ihnen will, daß er seine Affäre aufrechterhält. Über die verschiedenen Arten von Kollusionen habe ich ja bereits in Kapitel 10 gesprochen.

Gail lernte ihren Freund Jim kennen, als er noch mit einer anderen zusammen war. Bald nachdem Jim angefangen hatte, sie heimlich zu treffen, verliebte er sich in Gail und beschloß, seine ursprüngliche Beziehung zu beenden, um mit ihr zusammenzuziehen. Nach sechs Monaten fing Jim an, mit einer anderen Frau fremdzugehen. Gail kam dahinter, packte ihre Sachen und verließ ihn. Jim war zerknirscht und untröstlich. Er liebte Gail wirklich und wollte sie zurückhaben. Er entschuldigte sich und versprach, von nun an treu zu sein. Sie verzieh ihm und kehrte zu ihm zurück. Sechs Monate später lernte Jim bei der Arbeit wieder jemand kennen und begann mit ihr ein Verhältnis. Gail kam auch hinter diese Eskapade. Erneut packte sie ihre Sachen und verließ ihn. Wieder war Jim zerknirscht und unglücklich. Er schrieb Gail lange, leidenschaftliche Briefe. Er rief sie an. Er versuchte Freunde als Vermittler zu gewinnen. Diesmal hatte seine Aktion keinen Erfolg. Es machte Gail traurig, aber sie fand, daß es zwar vernünftig gewesen war, ihm einmal zu verzeihen, es aber nicht gut für sie sein würde, wenn sie ihm genau die gleiche Sache nun zum zweiten Mal nachsah. Sie hatte recht. Hätte sie Jim ein zweites Mal vergeben, wäre er ein paar Monate später sicher erneut rückfällig geworden.

Sie sollten *nicht* zulassen, daß er ständig zwischen Ihnen und ihr hin und her läuft – indem er Sie für sie verläßt, dann zu Ihnen zurückkehrt oder Ihnen sagt, es sei vorbei, sie dann wiedersieht, und alles beginnt von vorn. Es ist bekannt, daß Männer jahrelang so weitermachen können. Sie müssen Grenzen setzen für das, was Sie ertragen wollen.

Ich muß darauf hinweisen, daß etliche Frauen, besonders

diejenigen, die viele Jahre verheiratet sind, einen großen Fehler machen, wenn sie Jahr für Jahr stillhalten und die Augen vor den Affären ihres Mannes verschließen, weil sie glauben, sie hätten keine andere Wahl. Meine Interviews mit untreuen Ehemännern zeigen, daß viele von ihnen so viel Wert auf ihr Familienleben legen, daß sie die Geliebte aufgeben würden, wenn ihre Frau durchgreifen und hartnäckig darauf bestehen würde. Unterschätzen Sie nie die Stärke der Bindung, die Männer Ihnen und Ihrer Familie gegenüber empfinden, ganz gleich, wo ihre Libido sie hinführt. Das trifft auf den chronischen Schürzenjäger ebenso zu wie auf den Gelegenheitsbetrüger.

Natürlich gibt es einzelne Frauen, die sich mit männlicher Untreue abfinden. So gab eine Frau, die mit einem sehr reichen Mann liiert war, mir gegenüber zu, daß sie seit langem weiß, daß er fremdgeht. Doch obwohl es sie unglücklich macht, glaubt sie, ihn nicht damit konfrontieren zu können. Sie hat zuviel Angst, den sozialen Status und den luxuriösen Lebensstil aufgeben zu müssen, den die Beziehung mit sich bringt.

Eine andere Frau hat sich seit Jahren mit dem Mann abgefunden, den sie als »Liebe meines Lebens« bezeichnet, weil sie ihrer Meinung nach mit 42 Jahren nicht mehr in der Lage ist, einen besseren zu finden. »Ich möchte vor allem nicht wieder mit fiesen Typen, Versagern und Langweilern ausgehen müssen«, sagte sie zu mir. Seine wiederholten Seitensprünge machen die Beziehung für sie jedoch unbefriedigend, so daß sie immer mehr will, als sie bekommt. Sie hat sich selbst in eine Situation gebracht, in der sie weder von ihm bekommt, was sie will, noch sich die Chance gibt, es bei einem anderen Mann zu finden.

Wenn Sie ihn schließlich vor die Entscheidung stellen, verlieren Sie natürlich eher einen unverheirateten Mann als einen, mit dem Sie verheiratet sind. Es bestehen nicht die gleichen starken Bindungen. Eine Entscheidung kann jedoch Ihren Qualen ein Ende setzen und Ihnen Ihre Würde zurückgeben. Es gibt kaum eine Frau, die sich nicht gedemütigt fühlt, wenn sie bei einem Mann bleibt, von dem sie weiß, daß er fremdgeht.

DER UMGANG MIT EINEM SCHÜRZENJÄGER

Mit einem chronischen Frauenhelden zurechtkommen zu müssen ist schwierig, aber nicht immer unmöglich. Wahrscheinlich hatten Sie seit einiger Zeit schon den Verdacht, daß er Sie betrügt, waren aber zu ängstlich, eine Entscheidung herbeizuführen, ehe Sie nicht dazu gezwungen wurden. Sie haben drei Möglichkeiten: ihn zu verlassen, seine Affären offen zu dulden oder herauszufinden, ob er willens ist, sich um eine Veränderung zu bemühen. Der Schlüssel dazu, ob Sie mit ihm kooperieren können oder nicht, liegt in der Antwort auf diese Frage: Will er aufhören, fremdzugehen, selbst wenn er meint, daß das etwas ist, was sich seiner Kontrolle entzieht?

Wenn ja, dann haben Sie einen Versuch, ihn durch gemeinsame Anstrengungen zu ändern. Zuerst müssen Sie herausfinden, ob er bereit ist, die andere Frau für begrenzte Zeit aufzugeben – sagen wir für vier Monate –, um Ihren gemeinsamen Bemühungen die Chance zu geben, tatsächlich etwas zu bewirken. Das ist eine Grundvoraussetzung. Fixieren Sie sein Einverständnis in einem schriftlichen Vertrag. Ein wichtiger Punkt bei Ihrer zukünftigen Zusammenarbeit ist, daß Sie den Reiz seines selbstzerstörerischen Verhaltens durch die Vorzüge einer echten Intimität mit Ihnen ersetzen. Er muß sich verpflichten, vor Ihnen keine Geheimnisse mehr zu haben. Das bedeutet, daß er versuchen muß, sich mit Ihnen über seine sexuellen Impulse, seine erotischen Fantasien und seine Vergangenheit auseinanderzusetzen. Statt über ihn zu richten, müssen Sie ihm verständnisvoll zuhören. Das wird die Kette von Rationalisierungen und Verleugnungen aufbrechen, die viele dieser Männer brauchen, um mit ihrem Verhalten zurechtzukommen.

Seine Fähigkeit, sich Ihnen zu öffnen, ist dann auch ein Signal dafür, daß er bereit ist, nicht mehr wie früher zu lügen und zu betrügen, sondern statt dessen eine ehrliche Beziehung mit Ihnen zu akzeptieren. Gespräche über Ihre eigenen Gefühle, Ihre Reaktion auf seine Affären, können ebenfalls helfen, seine Rationalisierungen und Verleugnungen zu widerlegen, mit denen er die Einsicht, daß er andere Menschen verletzt haben könnte, bis auf ein Minimum verdrängt hat. Er muß sich nun mit dem ganzen Ausmaß seines Problems aufrichtig auseinandersetzen.

Männer, die glauben, ihre sexuellen Impulse lägen außerhalb ihrer Kontrolle, und die sich deswegen insgeheim hilflos fühlen und sich schämen, leiden allgemein unter dem Gefühl einer gewissen Isolation. Mit Ihnen gemeinsam über seine Empfindungen, Geheimnisse und Erfahrungen zu sprechen, wird für ihn ein wichtiger Schritt zur Beendigung dieser persönlichen Isolation und Einsamkeit sein, unter der er bisher möglicherweise gelitten hat.

Da viele Männer ihren sexuellen Impulsen infolge von Angst und Streß nachgeben, sollten Sie ihm alternative Möglichkeiten zu deren Überwindung bieten. Gespräche über seine Empfindungen, wenn er sich unruhig, schwach oder hilflos fühlt oder sich über Sie ärgert, stellen ebenso eine Möglichkeit dar wie meditative Entspannungsübungen und -techniken.

Es ist auch wichtig, daß Sie an seiner Selbstachtung arbeiten. Er sollte seine Selbstzweifel und die Hintergründe, die ihnen zugrunde lagen, mit Ihnen teilen. Sie können eine Liste seiner guten Eigenschaften aufstellen und ihn stets an sie erinnern.

Er muß sich auch bereit erklären, die Schuld an seinen Eskapaden nicht länger auf andere zu schieben – zum Beispiel auf Sie. Es ist wichtig, daß solche Männer lernen, Verantwortung für ihr Verhalten zu übernehmen.

Folgen Sie den Schritten für eine Zusammenarbeit, wie sie im folgenden aufgeführt sind, damit er leichter aus sich herausgehen kann und seine Beziehung mit Ihnen vertrauter und befriedigender wird. Eines dürfen Sie jedoch nie vergessen: Natürlich ist es leicht, die ganze Schuld auf einen chronischen Schürzenjäger zu schieben. Wenn Sie mit ihm geraume Zeit zusammengelebt haben, ist es aber gut möglich, daß eine Kollusion vorliegt und Sie so indirekt an seiner Untreue beteiligt waren. Nur sehr wenige Frauen in lang andauernden, engen Beziehungen mit Schürzenjägern sind sich über die Aktivitäten ihres Partners völlig im unklaren. In gewisser Hinsicht zahlt es sich für sie aus, wenn sie seine Affären dulden. Natürlich muß er sich ändern, aber das heißt auch, daß Sie die Beziehung zwischen

Ihnen *beiden*, und die Rolle, die *Sie* bisher gespielt haben, möglicherweise zu revidieren haben.

Bleiben Ihre Bemühungen offensichtlich ohne Erfolg, braucht er die Hilfe eines professionellen Therapeuten, will er sein Sexualverhalten ändern.

EIN GEMEINSAMER WEG

Natürlich gibt es auch Männer, bei denen Sie überhaupt nichts ausrichten können. Zu den fast aussichtslosen Fällen zählen vollkommen egozentrische, narzißtische Männer ohne jedes Einfühlungsvermögen, Männer, die sehr chauvinistisch sind und Untreue für ein männliches Privileg halten, mit dem Frauen sich abfinden müssen, uneinsichtige Schürzenjäger, die kein Verlangen danach haben, sich zu ändern, und natürlich chronische Lügner.

Die meisten anderen Männer, selbst die, deren Angst vor Nähe und/oder Bindung so groß ist, daß sie sie in Affären treibt, sehr unsichere Männer, die Affären dazu benutzen, ihr Ego zu stützen, Männer, für die eine Frau entweder eine Heilige oder eine Hure ist, Prinzen, die sich von den Frauen ihr Leben lang nie genug beachtet fühlen, oder Männer, deren Eltern selbst Ehebruch begingen, was Untreue fast unvermeidlich macht, all die können sich ändern, wenn sie erstens bereit sind zu erkennen, daß sie ein Problem haben, das sich negativ auf ihr Leben auswirkt, und zweitens willens sind, daran zu arbeiten, Zeit und Mühe aufzubringen und einiges Unbehagen zu erdulden, um eine Veränderung herbeizuführen.

Manche Männer brauchen zusätzlich eine medizinische Behandlung. Wenn ein Mann zur Untreue getrieben wird, weil er versucht, seinen Depressionen davonzulaufen, oder wenn er sich mit anderen Frauen in hyperaktiven, manischen Phasen einläßt, dann sollte er sich in psychiatrische Behandlung begeben.

Sie müssen sich beide für
eine Veränderung einsetzen

Wenn er einer Veränderung zugänglich und einverstanden ist, mit Ihnen zusammenzuarbeiten, damit Ihre Beziehung in Ordnung kommt, seien Sie darauf gefaßt, daß Sie beide einige unangenehme Dinge erfahren werden. Die meisten Menschen haben Angst vor Veränderungen, weil sie Unbekanntes mit sich bringen. Bekanntes, Vertrautes ist bequemer, selbst wenn es mit Qual und Elend verbunden ist. Aus diesem Grund fällt es oft leichter, an alten Zuständen festzuhalten, statt den Gang zu wechseln, egal wie unbefriedigend Ihr Leben auch sein mag.

Wenn jedoch Ihre Beziehung seine Affäre erfolgreich überleben soll, müssen Sie sich dafür einsetzen, die Dinge auf neue Weise anzugehen. Seien Sie immer wieder auch auf Rückschläge durch Ängste und Widerstände gefaßt, und erwarten Sie keine schnellen Erfolge. Veränderungen brauchen Zeit.

Der wichtigste Ansatzpunkt für die ernsthafte Wiedervereinigung eines Paares sind Gespräche. Sie können lernen, durch persönliche Geständnisse größere Vertrautheit und besseres Verständnis zu erreichen. Gehen Sie dabei möglichst folgendermaßen vor:

Die Schaffung einer
heilenden Kommunikation

Lernen Sie, erfolgreich miteinander zu sprechen

Das bedeutet, daß Sie die Verhaltensweisen aufgeben, die sich auf Schweigen gründen, zum Beispiel nie Probleme anzusprechen, die Sie bewegen, sich zurückzuziehen, wenn Sie verletzt oder zornig sind, in der Hoffnung, das Problem werde sich schon von selbst lösen, wenn Sie es nicht ansprechen, oder zu glauben, Ihr Partner könne Ihre Gedanken lesen und wisse stets über Ihre Wünsche Bescheid.

Kevin begann eine Affäre, weil ihn seine langjährige Freundin

Sylvia enttäuschte und er wütend auf sie war. Er glaubte, sie verstehe ihn nicht und nehme seine Gefühle gar nicht wahr. Aber er sprach nie mit ihr über sich und das, was er empfand. Seiner Meinung nach mußte Sylvia diese Dinge automatisch wissen. Kevin mußte lernen, sich Sylvia mitzuteilen, damit sie verstehen konnte, was in ihm vorging. Sylvia mußte lernen, wie sie Kevin nach seinen Gefühlen fragen konnte.

In gewisser Hinsicht ist eine Affäre immer das Ergebnis von Schweigen: Er schwieg und hatte eine Affäre, anstatt zu Ihnen zu kommen und zu erklären, was er eigentlich von Ihnen brauchte. Durch Schweigen erhalten Paare unbewußt den Status quo ihrer Beziehung – die Dinge bleiben dieselben, wenn sie die Probleme nicht anschneiden und versuchen, sie zu lösen.

Wirksame Verständigung bedeutet andererseits auch, daß Sie auf wiederholte Kritik oder Jammern verzichten, die so zur Gewohnheit geworden sind, daß der andere Partner nicht mehr darauf eingeht. Sie beklagen sich zwar, aber auf so unwirksame Weise, daß Sie nicht gehört werden.

Sie müssen offen und deutlich miteinander sprechen, und zwar nicht nur über seine Affäre. Eine Affäre passiert nicht ohne Grund und Hintergründe. Sie ist meistens das Produkt Ihrer *gesamten* Beziehung, und deshalb bedeutet die Bearbeitung Ihres Problems nach einer Affäre immer, daß Sie sich mit allen Aspekten ihrer Beziehung zu befassen haben.

Erstellen Sie einen Zeitplan für Ihre gemeinsamen Gespräche

Planen Sie regelmäßige »Sitzungen«, zum Beispiel ein- oder zweimal in der Woche zwei Stunden. Diese Zeiten dürfen nicht angetastet werden – lassen Sie keine Entschuldigungen gelten, brechen Sie eine Sitzung auch nicht vorzeitig ab. Nehmen Sie sich genügend Zeit, um alles durchzusprechen. Die Gespräche sollten in jedem Fall unter vier Augen stattfinden, und Sie sollten dafür sorgen, daß Sie nicht gestört werden. Legen Sie den Hörer neben das Telefon. Wählen Sie eine Tageszeit, in der Sie sich beide relativ frisch fühlen. Beginnen Sie in einer positiven Atmosphäre, lassen Sie Ihre erste Unterhaltung möglicherweise außer

Haus in einer Umgebung stattfinden, die für Sie *beide* mit angenehmen Erinnerungen verbunden ist.

Befreien Sie sich von Feindseligkeit

Wenn Sie wegen seiner Affäre noch voller Zorn sind oder wenn er wütend ist, müssen Sie vor Ihren Gesprächen etwas dagegen unternehmen. Sie können Ihren Zorn zum Beispiel folgendermaßen unter Kontrolle bringen: Gestehen Sie sich ein, daß Sie zornig sind, anstatt es zu unterdrücken oder zu verleugnen. Gehen Sie in ein Zimmer, in dem Sie ungestört sein können, und verriegeln Sie die Tür. Setzen Sie sich hin und sagen Sie laut die denkbar schrecklichsten Dinge über Ihren Partner. Sie können auch einen Tennisschläger oder ein Handtuch oder etwas Ähnliches nehmen und mit aller Kraft gegen ein Kissen schlagen, wobei Sie sich vorstellen, das Kissen sei Ihr Partner. Das wird Ihnen helfen, aufgestaute Aggressionen zu lösen.

Merken Sie sich ein paar Regeln

Bevor Sie anfangen, miteinander zu reden, wiederholen Sie bei jeder Sitzung die folgenden Regeln, oder schreiben Sie sie auf und pinnen sie an die Wand: Wir vereinbaren, daß wir während dieses Gesprächs nicht streiten, einander demütigen, anklagen oder uns Vorwürfe machen. Wir werden das Wissen, das wir in diesen Gesprächen erlangen, nicht dazu benutzen, den anderen anzugreifen oder ihm zu schaden.

Haben Sie keine Hintergedanken

Martha wollte alles über Tims Affäre wissen, weil sie Beweise sammelte, um ihn zu verlassen. Sie sagte zu ihm: »Wir sind so lange verheiratet, laß uns darüber reden. Wir können das wieder in Ordnung bringen.« Tim erzählte ihr alles, und Martha berichtete es ihrem Anwalt. Gleiches gilt für ihn. Er mag versucht sein, so zu tun, als arbeite er mit Ihnen zusammen, das aber nur als Deckmantel benutzen, um seine Affäre fortsetzen zu können.

Beschließen Sie, grundsätzlich ehrlich miteinander zu sein

Es ist wichtig, daß Sie einander die Wahrheit sagen. Oft haben Menschen Angst vor Offenheit, weil sie befürchten, sie könnten den Partner verletzen oder seine Liebe oder Achtung verlieren. Folglich entstehen zum Nachteil der Beziehung alle möglichen Mißverständnisse, und die Probleme werden nicht gelöst. Ehrlichkeit ist eine wichtige Grundvoraussetzung, wenn Sie die Dinge wieder in Ordnung bringen wollen.

Definieren Sie die Probleme Ihrer Beziehung

Erzählen Sie einander, was Ihrer Beziehung Ihrer Meinung nach fehlt oder in ihr nicht stimmt. Stößt einer den anderen ständig vor den Kopf? Fühlt er sich von Ihnen mißachtet? Fühlen Sie sich unglücklich und benachteiligt, weil er nicht zärtlich genug zu Ihnen ist? Haben Sie zusammen zuwenig Muße oder Freizeit? Ist es eine Eltern-Kind-Beziehung geworden, in der Sie sich wie ein hilfloses Kind benehmen, während er sich wie ein Vater verhält, oder in der er passiv bleibt und Sie die Mutter sein läßt, die alle Entscheidungen trifft? Empfinden Sie sexuelle Abneigung voreinander? Beschäftigen Sie sich zu sehr mit den Kindern? Verbringt er zuviel Zeit bei seiner Arbeit? Haben Sie keinen Spaß mehr miteinander? Ist einer von Ihnen zu nachlässig bei der Körperpflege? Wenn Sie Schwierigkeiten haben, direkte Gespräche über Ihre Probleme zu beginnen, dann schreiben Sie Ihre Gedanken auf und tauschen die Papiere aus. Oder versuchen Sie es telefonisch: Sie können sprechen, müssen sich aber nicht in die Augen sehen. Schreiben oder Telefonieren wird das Eis brechen und zu Gesprächen unter vier Augen führen.

Benutzen Sie eine Sprache, die die Situation entschärft

Wenn Sie Probleme diskutieren, sollten Sie vermeiden, den Partner direkt zu kritisieren. Demütigungen, Beleidigungen, Drohungen und sarkastische Bemerkungen sollten Sie sich völlig verbieten. Die am wenigsten provozierende Art, darüber zu diskutieren, was Ihrer Meinung nach nicht stimmt, ist für beide Seiten, Ihre Sätze mit »ich« beginnen zu lassen, zum Beispiel: »Ich fühle mich nicht geliebt, wenn ich nie umarmt werde.« – »Ich fühle mich bei meinen Bemühungen, ein gutes Einkommen zu verdienen, nicht unterstützt.« – »Ich brauche Romantik, ehe ich mich sexuell erregt fühlen kann.« Sätze, die mit »du« beginnen, sollten möglichst vermieden werden: »Du bist immer so unsensibel.« – »Du kümmerst dich nie um mich.« Sätze, die mit »du« beginnen, werden leicht zu Anklagen. Sie geben dem anderen das Gefühl, sich verteidigen zu müssen, und können leicht den Auftakt zu einer hitzigen Auseinandersetzung bilden. Halten Sie sich an das, was *Sie* fühlen.

Erklären Sie genau, was die Situation Ihrer Meinung nach verbessern könnte

Beschwerden reichen nicht aus. Ohne positive Vorschläge geht es nicht, wollen Sie Ihre Beziehung verbessern. Sie müssen das, was der eine vom anderen will, klar definieren. Jeder von Ihnen kann vorher darüber nachdenken und im stillen vorformulieren, was er dem Partner mitteilen will. Um zu erklären, was jeder von Ihnen gerne möchte, können Sie sich abwechselnd laut Ihren Traum von einem perfekten gemeinsamen Tag oder Abend erzählen. Erklären Sie dabei das Verhalten, das Sie gern sehen würden. Zum Beispiel war Dave jeden Abend verärgert und verletzt: Wenn er und seine Frau Betsy nach einem harten Arbeitstag nach Hause kamen, wandte sie sich immer sofort den Kindern zu. Als Dave sich laut vorstellte, wie er es gern hätte, beschrieb er einen Abend, an dem sich seine Frau nach ihrer Heimkehr ihm zuwandte, ihn umarmte und küßte, bevor sie sich mit den Kindern beschäftigte. Betsy verstand die Botschaft. Sie begriff plötzlich, daß Dave sich vernachlässigt fühlte. Sie hatte ihm das Gefühl gegeben, für sie nicht wirklich wichtig zu sein. Das Verhalten seiner Geliebten war dem von Betsy genau entgegengesetzt. Sie überschüttete Dave mit Aufmerksamkeiten; wie in vielen Fällen von Untreue war für Dave die Hebung seines Selbstbewußtseins in der Affäre wichtiger als der Sex.

Lernen Sie, gut zuzuhören

Zu einer guten Verständigung gehört gutes Zuhören, und dazu gehört wiederum, daß Sie Ihren Partner nicht unterbrechen und Kommentare abgeben, während er spricht. Der perfekte Weg, das in die Praxis umzusetzen, ist die Vereinbarung, sich abzuwechseln: Während er spricht, hören Sie schweigend zu; während Sie sprechen, hört er schweigend zu. Sie müssen mit echter Aufmerksamkeit zuhören und Ihrem Partner zeigen, daß es Sie interessiert, was er sagt, und daß Sie ehrlich versuchen, ihn zu verstehen. Ein Mensch wird zu einem anderen nur dann wirklich offen sein, wenn er das Gefühl hat, daß ihm echte Aufmerksamkeit geschenkt wird (im Gegensatz zu bloßem Abwarten, bis man an der Reihe ist).

Erklären und bestätigen Sie

Wenn Sie ganz zu Ende gesprochen haben, sollte der andere Fragen stellen, ob irgend etwas erklärt werden muß. Am Ende Ihrer jeweiligen Zeit, bevor Sie sich vertagen, sollte einer dem anderen wiederholen, wie er das, was gesagt wurde, verstanden hat. Das wird Ihnen bestätigen, daß Sie einander richtig begriffen haben, und Ihnen eine Chance geben, Mißverständnisse auszuräumen.

Sprechen Sie über Ihre Erwartungen

In Beziehungen führen versteckte Erwartungen, die einer der Partner nicht kennt und denen er nicht entspricht, oft zu Problemen. Als Joe beispielsweise Beverley heiratete, erwartete er, daß sie die Art von Frau sei, wie seine Mutter zu seinem Vater war. Seine Mutter hatte geglaubt, der Mann solle der Herr im Haus sein, und sie hatte Joes Vater alle Entscheidungen überlassen. Beverley dagegen war der Ansicht, daß Frauen in der Ehe eine gleichberechtigte Rolle spielen sollten. Sie wurde wütend, wenn Joe Entscheidungen fällte, ohne sie nach ihrer Meinung zu fragen. Joe fühlte sich als Mann bedroht, weil Beverley darauf bestand, gefragt zu werden. Joe hatte eine Affäre, um sich männlicher zu fühlen. Dadurch, daß er mit Beverley über seine versteckten Erwartungen sprach und ihren Standpunkt akzeptieren lernte, konnte er schließlich verstehen, daß seine Männlichkeit nicht auf dem Spiel stand – Beverley war einfach eine moderne Frau. Und sobald er sich durch Beverleys Bedürfnis, an Entscheidungsprozessen teilzuhaben, nicht länger in seiner Männlichkeit bedroht fühlte, ließ sein Verlangen nach einer Geliebten nach und verschwand schließlich völlig.

Chuck, der mit Deborah zweieinhalb Jahre gegangen war, zog schließlich mit ihr zusammen. Er erwartete, daß ein Mann und eine Frau sich niemals streiten, wenn sie sich wirklich lieben. Wie in jeder Beziehung kam es zu Unstimmigkeiten, sobald das Paar die Wohnung teilte. Deborah konnte, wenn nötig, ihrem Ärger Ausdruck verleihen, aber Chuck verschwieg seine Probleme und fraß sie still in sich hinein. Da er seine Gefühle unterdrückte, sammelte sich sein Ärger an und wuchs bis zu dem Punkt, an dem er anfing zu glauben, Deborah sei nicht die richtige Frau für ihn. Auch ihre gelegentlichen Ausbrüche trugen zu diesen Gefühlen bei. Er war überzeugt, daß sie ihn nicht genug liebte, weil sie sich über ihn aufregte. Chuck begann eine heimliche Affäre mit einer Arbeitskollegin. Deborah kam dahinter. Sie waren klug genug, an diesem Punkt in eine Therapie zu gehen, wo Chucks unrealistische Erwartungen von einer reibungslosen Beziehung angesprochen wurden. In der Therapie konnte er lernen, daß einiges an Streit und Verdruß selbst in den besten Liebesbeziehungen erwartet werden kann und daß Deborah schließlich doch die richtige Frau für ihn war.

Manchmal haben sich Erwartungen auch geändert. Vielleicht wollte Ihr Partner ursprünglich, daß Sie sich ihm unterordnen, erkennt nun aber durch den Kontakt mit selbstbewußteren Frauen in seinem Arbeitsleben, daß solche Frauen viel aufregender sind. Er möchte, daß Sie sich ändern und bestimmender werden, hat es Ihnen aber nie gesagt. Statt dessen hatte er eine Affäre mit einer anderen Frau, die er aufregend findet. Oder Sie haben sich vielleicht einen Mann mit einem guten Einkommen gesucht. Sie haben ihn gewählt, weil er solide, verläßlich und fleißig ist, wünschen sich aber nun, daß er ausdrucksfähiger und romantischer wäre. Denken Sie daran, mit ihm darüber zu diskutieren, wie Ihre Erwartungen sich im Lauf der Zeit geändert haben könnten.

Sprechen Sie über Ihre familiären Hintergründe

Manchmal ist, wie ich es ja schon beschrieben habe, Ehebruch bei den Menschen durch deren Familienverhältnisse bereits vorgegeben. Ihr Mann kann aus einer Familie stammen, in der ein oder beide Elternteile Affären unterhielten. Die Sache kann sogar noch weiter auf Großväter oder Urgroßväter zurückgehen, die Frauenhelden waren. Wenn Ihr Vater Ihre Mutter betrogen hat, haben Sie sich vielleicht einen Mann ausgesucht, der ebenfalls untreu ist, weil Sie das unterschwellig von Männern erwarten. Entweder er oder Sie (oder beide) sind eventuell mit Erfahrungen aufgewachsen, die Ihnen das Gefühl vermittelten, Sie verdienten kein Glück, so daß Sie die Beziehung mit schwerwiegenden Fehlern und wesentlichen Mängeln haben andauern lassen.

Diskussionen über Ihre Herkunft könnten religiöse oder familiäre Dinge aufdecken, die ihn dazu veranlaßten, Sie als »gute« Frau zu betrachten, und daher nicht als sexuell aufregend wie die »schlechten« Frauen, mit denen er seine Affären hatte.

Gespräche über Ihre Familienverhältnisse können Ihnen helfen, Ihren Partner besser zu verstehen und sich ihm näher zu fühlen, weil Sie zum Beispiel von Jugenderlebnissen erfahren, die ihn extrem unsicher gemacht haben. Plötzlich verstehen Sie, warum er eine Frau nach der anderen braucht – er muß sich ständig versichern, daß er begehrenswert ist. Oder Sie erkennen, daß Ihre Herkunft es Ihnen wie ihm sehr schwermacht, ständig nah und vertraut zu sein, und daß die Affären die Funktion haben, den Partner ausreichend fernzuhalten, damit kein zu großer Druck entsteht.

In Beziehungen entdeckt man beim Partner manchmal Züge, die in Wirklichkeit einem Elternteil zu eigen sind. Auch das können Sie in Diskussionen über Ihre Familien herausfinden. Im allgemeinen schreiben Sie Ihrem Partner auf diese Weise negative

Eigenschaften zu, die er gar nicht besitzt – was zu Unzufriedenheit und in einigen Fällen sogar zu einer Affäre führen kann. Zum Beispiel halten Sie Ihren Partner für einen übermächtigen Mann, weil Ihr Vater das war, und reagieren negativ auf ihn. Daraufhin denkt er schließlich, Sie lieben ihn nicht mehr, und beginnt eine Affäre. Oder er hält Sie für überkritisch, weil seine Mutter so war. Durch seine verzerrten Ansichten über Sie fühlt er sich dazu berechtigt, sich mit einer anderen Frau einzulassen. Jeder von Ihnen könnte sogar Dinge tun, um dem Partner das Verhalten zu *entlocken*, das Sie mit einem Ihrer Elternteile assoziieren. So kann der Mann, der Sie wie seine kritische Mutter betrachtet, vieles verpfuschen, herumstümpern und Dinge vergessen, um Sie dazu zu bringen, ihn zu kritisieren.

Wenn Sie erst einmal nachweisen können, daß die Vergangenheit Ihre Ansichten übereinander beeinflußt, dann können Sie anfangen, sich mehr als die Individuen zu sehen, die Sie wirklich sind, denn als Echo auf eine Person aus Ihrer Kindheit.

Viele Paare haben Diskussionen über familiäre Hintergründe als außerordentlich wertvoll empfunden, und zwar nicht nur wegen der in dieser Hinsicht direkten, hilfreichen Erkenntnisse, sondern weil das Mitteilen solcher Erfahrungen als solches die Partner einander viel näher bringt.

Suchen Sie nach Mustern in Ihrem Zusammenleben

Eine Möglichkeit dazu ist die genaue Prüfung Ihrer Auseinandersetzungen. Gibt es ein Verhaltensmuster oder Thema, das immer wieder auftaucht? Verwandeln sich all Ihre Meinungsverschiedenheiten in einen Machtkampf? Wetteifern Sie beide um Dominanz und Überlegenheit? Sind ihre Kämpfe einseitig, indem der eine Partner ständig Kritik übt, während der andere immer schweigt oder nachgibt? Sind sie beiderseitig oder durch einen Partner von einem Mangel an Respekt oder Vertrauen oder beidem geprägt? Gibt es vielleicht eine Vorgeschichte *ohne* Auseinandersetzungen, in der Sie beide Ihre Meinungsverschiedenheiten unter den Teppich gekehrt und negative Gefühle wiederholt geleugnet haben, mit dem Ergebnis, daß die Beziehung öde und langweilig geworden ist – nur Form ohne Inhalt? Die gemeinsame Suche nach Mustern kann destruktive Wechselwirkungen offenbaren, die Unzufriedenheit und das Bedürfnis nach einer Affäre verursachen.

Sprechen Sie über die Unterschiede bei dem,
was Sie brauchen, um sich geliebt zu fühlen

Möglicherweise brauchen Sie besonders viel körperliche Zuwendung wie Umarmungen, um sich geliebt zu fühlen, ganz im Gegensatz zu ihm, der durch ein offenkundig verführerisches Benehmen Ihrer Liebe versichert werden will. Setzen Sie sich aufmerksam mit den Bedürfnissen ihres Partners auseinander, akzeptieren und respektieren Sie sie, behalten Sie sie im Gedächtnis und versuchen Sie, sie zu erfüllen, statt sie zurückzuweisen, zu übergehen oder schlechtzumachen. Viele Affären sind ein Versuch, von der Geliebten das zu bekommen, was man von der Lebensgefährtin nicht bekommen kann, oder jemanden zu finden, der einen nicht dauernd wegen etwas belästigt, das man nicht geben will.

Erzählen Sie von Ihren individuellen Bedürfnissen
nach Nähe und Distanz

In einer Beziehung haben die Partner oft unterschiedliche Bedürfnisse nach Nähe und Distanz. Der Wunsch nach mehr Freiraum ist in unserer Gesellschaft mit mehr Scham verbunden als der nach mehr Intimität und wird deshalb nicht diskutiert, obwohl er häufig ausgelebt wird. Das Bedürfnis nach Distanz ist *jeder* Affäre implizit. Sie müssen darüber sprechen, wieviel Nähe und wieviel Getrenntheit sich jeder von Ihnen wünscht. Es ist wichtig, zu wissen, ob Unterschiede existieren, und daran zu arbeiten, sie zu überwinden, damit der Partner, der mehr Abstand braucht, sich nicht in eine Affäre flüchten muß, weil er sich unbewußt von seinem Gefühl des Eingeengtseins in Ihrer Beziehung befreien will.

Therapeuten haben festgestellt, daß ein Rollentausch für Paare äußerst hilfreich ist. Sie müssen so tun, als seien Sie er, und er muß so tun, als sei er Sie. Versuchen Sie auf der Grundlage von dem, was Sie wissen und was er Ihnen erzählt hat, sich in ihn hineinzuversetzen. Bringen Sie seine Argumente überzeugend vor. Wenn Sie für ihn sprechen, erklären Sie, wie Sie über die Affäre, Sex, Liebe und Ihr gemeinsames Leben denken. Er muß umgekehrt dasselbe tun. Diese Übung hilft Paaren, die Positionen, Gefühle und wunden Punkte des anderen auf einer emotionalen Ebene nachzuempfinden. Sie kann eine Menge Einfühlungsvermögen zwischen Ihnen bewirken.

Sprechen Sie unterschiedliche sexuelle Bedürfnisse an

Unzählige Affären beginnen, weil es in der Beziehung sexuelle Probleme gibt. Bestehen derartige Unstimmigkeiten, sollten Sie nicht so tun, als gäbe es sie nicht, oder hoffen, daß sie schon vorbeigehen werden, wenn sie keiner anspricht. Wenn also einer von Ihnen eine Menge Sex braucht und der andere nicht, wenn der eine morgens Sex will und der andere abends, oder wenn der eine oralen Sex liebt, während der andere ihn haßt, dann müssen Sie das offen zur Sprache bringen und darüber diskutieren. Sie müssen die Unterschiede genau erklären, damit Sie Lösungen finden können.

Versuchen Sie herauszufinden,
ob es in Ihrer Beziehung Kollusionen gibt

Versuchen Sie herauszufinden, welche Art von Gleichgewicht in Ihrer Beziehung die Affäre aufrechterhält. Vielleicht hilft sie Ihnen beiden, die Sie ernsthaft miteinander befreundet sind, dabei, sich auf eine feste Bindung einzulassen. Oder Sie haben sich wie ein schwaches Vögelchen benommen, während er als Beschützer und für alles Verantwortlicher in Ihrer Beziehung aufgetreten ist, und nun ist er dieser Rolle müde geworden und wünscht sich, daß Sie tüchtiger und mehr in der Lage wären, sich selbst um die Dinge zu kümmern. Anstatt Ihnen von seiner Unzufriedenheit zu erzählen und auf eine Änderung der Situation hinzuarbeiten, hat er lieber eine Affäre (natürlich mit einer aktiven Frau). Trotzdem kann er Ihre Rolle sogar noch unterstützt haben, indem er dachte, Sie seien so empfindlich, daß Sie Kritik nicht verkraften könnten, und er deshalb nichts von seiner Unzufriedenheit erzählen dürfe. Auf der anderen Seite haben Sie vielleicht den Verdacht gehabt, daß irgendein Techtelmechtel im Gange sei, fühlten sich aber so erschreckt von der Möglichkeit, ihn zu verlieren und plötzlich auf sich selbst gestellt zu sein, daß Sie so lange nichts sagten und sich weiter »schwach« verhielten, bis Sie es nicht länger ignorieren konnten. Auf diese Weise erlaubte die Affäre Ihnen beiden, die alten Rollen aufrechtzuerhalten, anstatt die Dinge zu verändern.

Ein anderes Beispiel dafür, wie eine Affäre das Gleichgewicht erhalten kann: Sie schlossen ursprünglich eine Ehe, in der keiner dem anderen zu nahekommen konnte. Sie waren beide mit Ihren Jobs und vielleicht auch sozialen Aktivitäten beschäftigt. Ihre gemeinsame Zeit war begrenzt. Dann bot Ihnen die Firma, für die Sie arbeiteten, eine Teilzeitstelle, und Sie nahmen an. Sie konnten sich nun Ihren Aktivitäten in der Gemeinde widmen und Ihre Freunde nachmittags statt abends treffen. Das gab Ihnen abends mehr Zeit für ihn, doch keiner von Ihnen vermochte die verstärkte Nähe zu ertragen. Er hatte eine Affäre, die die Distanz zwischen Ihnen für ihn auf einem vertretbaren Niveau hielt, während Sie über sie hinwegsahen, weil sie Ihnen eine Atempause verschaffte, wenn er abends wegging.

Ein drittes Beispiel: Celeste blieb mit den Kindern zu Hause und war emotional wie finanziell von Ihrem Ehemann Grant, einem erfolgreichen Bauunternehmer, sehr abhängig. Als ihre zwei ältesten Kinder aufs College gingen und die Jüngste schließlich auf die High-School kam, entschloß sich Celeste, wieder zu arbeiten. Sie fand eine Stelle in einem Warenhaus und erarbeitete sich bald die verantwortungsvolle Position einer Einkäuferin. Sie bekam ein sehr gutes Gehalt und mußte gelegentlich auch Reisen unternehmen. Zu Hause war sie nun seltener verfügbar und finanziell und emotional unabhängiger. Grant begann ein Verhältnis mit seiner Sekretärin, einer jüngeren Frau, die ihn vergötterte. Als Celeste dahinterkam, geriet sie in Panik und fing an, ihn zu verwöhnen und sich an ihn zu klammern. Seine Affäre gab dem Machtverhältnis in der Ehe seinen früheren Status zurück, mit Grant als dem großen Macher und der Frau als seiner Untergebenen.

Denken Sie über Ihre eigene Situation nach. Gibt es etwas, das durch die Affäre zwischen Ihnen aufrechterhalten wird?

Mit der Zeit sollten Ihnen die Dinge, die ich Ihnen vorschlage, helfen, effektiv miteinander zu sprechen und versteckte Motive und Problempunkte in Ihrer Beziehung aufzuspüren. Dann sind Sie auch bereit, weiterzumachen und etwas gegen sie zu unternehmen, indem Sie die Wunden heilen, die durch die Untreue verursacht wurden. Viele Therapeuten meinen, daß es zu einer Affäre kommt, wenn sich einer der Partner verloren oder geschwächt fühlt. Mit einer Geliebten wird versucht, einen Verbündeten zu gewinnen, der einem hilft, sich stärker zu fühlen. Durch systematische Zusammenarbeit werden Sie dieser Verbündete und verringern sein Bedürfnis nach einer zusätzlichen Stütze.

Die nächsten Schritte werden helfen, die durch die Affäre verbitterte und geladene Atmosphäre zwischen Ihnen in eine harmonischere Stimmung zu verwandeln.

DIE SCHAFFUNG EINES OPTIMISTISCHEN RAHMENS

Versuchen Sie, seine Affäre in einem positiveren Licht zu sehen

Therapeuten nennen das *Reframing*. Statt gedanklich bei den Kränkungen und dem Betrug zu verweilen, gehen Sie zu einer alternativen Betrachtungsweise über. Zum Beispiel ist die Affäre ein Zeichen dafür, daß er lebendig ist. Es ist gut, lebendig zu sein. Oder die Affäre zeigt, daß er attraktiv sein kann. Es ist schön, attraktiv zu sein. Spotten Sie nicht. Wenn Sie sich ernsthaft helfen wollen, können Sie sich dazu erziehen, Ihren Standpunkt in diese Richtung zu verlagern. Diskutieren Sie gemeinsam über die neuen Einstellungen.

Sprechen Sie über die positiven Dinge in Ihrer Beziehung

In der negativen Zeit, in der Sie einer Krise gegenüberstehen, die die gesamte Existenz Ihrer Beziehung bedroht, ist es wichtig, auch an das, was funktioniert und in Ordnung ist, zu denken und dies dem anderen zu erzählen. Wenn Sie die Intelligenz des Partners bewundern, seine Art, andere Menschen zu begeistern, seine Liebenswürdigkeit, seinen scharfen Humor, dann lassen Sie es ihn wissen. Wenn er Sie für einen warmherzigen, fürsorglichen Menschen hält, jemanden, auf den man immer zählen kann, eine wunderbare Organisatorin, eine fantastische Mutter, dann sollte er es Ihnen sagen. Wenn Sie gern reisen, ins Kino gehen und die Filme hinterher diskutieren, dann erzählen Sie sich davon.

Machen Sie eine Liste der Dinge,
die Sie immer noch gemeinsam haben

Falls einer von Ihnen oder beide viele dieser Dinge aus dem Auge verloren haben sollten, wird diese Liste Sie beide an das erinnern, was Sie immer noch teilen. Vergleichen Sie Ihre Liste mit der Ihres Partners und sehen Sie, wo Sie übereinstimmen.

Erinnern Sie sich an die guten Zeiten

Holen Sie alte Fotos hervor, wenn Ihnen das hilft. Denken Sie gemeinsam an Ihre Flitterwochen, Urlaubsreisen, irgendwelche Zwischenfälle oder Zeiten, in denen Sie besonders glücklich waren. Besuchen Sie Plätze, die schöne Erinnerungen wecken.

Tun Sie so, als würden Sie ihn nie wiedersehen

Schreiben Sie ihm einen Brief, als ob er für immer fortginge. Sagen Sie ihm darin die Dinge, die Sie ihm in diesem Fall mitteilen würden. Lassen Sie ihn ebenfalls einen solchen Brief schreiben. Tauschen Sie Ihre Briefe aus.

Jeder von Ihnen übernimmt eine lästige Pflicht,
von der Sie wissen, daß sie der andere nicht gerne tut

Wenn er gern kocht, es aber haßt, abzuwaschen, dann spülen Sie für ihn das Geschirr. Wenn Sie ungern staubsaugen, lassen Sie es ihn für Sie erledigen. Ein einfacher Tausch von unangenehmen Hausarbeiten zeigt Ihren guten Willen und macht die Bühne frei für wichtigere Dinge.

Nehmen Sie die Sache in die Hand

Betrachten Sie sich als Menschen, die etwas gegen Ihre Situation tun wollen, nicht aber als verletzte oder schuldige Parteien. Schuld erzeugt Ressentiments. Zu dieser neuen Haltung gehört, daß sie Unversöhnlichkeit und Schuldzuweisungen aufgeben. Ewiger Groll und ständige Rachegelüste werden den inneren Kern Ihrer Beziehung zerstören, selbst wenn ihre äußere Hülle vorerst noch intakt bleiben sollte. Wenn es Ihnen wichtig ist, Ihre Beziehung zu erhalten und zu verbessern, dann einigen Sie sich darauf, reinen Tisch zu machen und neu anzufangen. Wann immer Sie in das Bedürfnis, zu beschuldigen oder Rache zu üben, zurückfallen, bedenken Sie, welcher Preis letzten Endes damit verbunden ist: die innere Zerstörung Ihrer Beziehung.

Machen Sie sich gegenseitig Komplimente

Partner sind mit Klagen oft schnell bei der Hand, vergessen aber die Notwendigkeit von Komplimenten. Komplimente helfen, das Positive in einer Beziehung hervorzuheben, etwas, das zu allen Zeiten wichtig ist, besonders aber in dieser kritischen Zeit. Wenn Sie etwas bewundern, das der andere gut macht oder gemacht hat, selbst wenn es eine Kleinigkeit ist, dann lassen Sie es ihn wissen. Hüten Sie sich aber vor falschem Lob. Ihre Komplimente sollten auf echter Anerkennung beruhen.

Fangen Sie an, Dinge zu tun,
an denen Sie gemeinsam Freude haben

Jeder von Ihnen sollte so viele Dinge wie möglich aufschreiben, die Sie gern tun würden oder schon immer tun wollten. Vergleichen Sie Ihre Listen. Greifen Sie sich die Aktivitäten heraus, die Ihnen beiden Spaß machen.

Geben Sie einander das Gefühl von Sicherheit

Jeden Tag sollte er Ihnen auf irgendeine Weise versichern, daß ihm seine Beziehung mit Ihnen am Herzen liegt – etwas, das Sie in dieser Zeit nach der Affäre immer wieder hören müssen. Sie müssen ihn wissen lassen, daß Ihnen Ihre Beziehung wichtiger ist als das, was er getan hat.

Lassen Sie ihn etwas zur Wiedergutmachung tun

Einige Paare haben festgestellt, daß das für die Heilung Wunder wirkt. Ein Ehemann schenkte seiner Frau ein ganz neues Schlafzimmer, weil er seine Freundin im alten empfangen hatte. Ein anderer Mann nahm als Entschädigung für einen Seitensprung seine Lebensgefährtin mit auf eine langersehnte Reise nach China. Urlaubsreisen sind besonders wirkungsvoll, weil sie Gelegenheit bieten, Freuden zu teilen und zusammen allein zu sein. Es muß eine Geste sein, die von ihm selber ausgeht und nicht erst auf Ihr Verlangen hin erfolgt. Solche Wiedergutmachungen helfen beiden Partnern, das Gefühl zu haben, daß die Situation nun ausgeglichener ist.

DIE LÖSUNG VON PROBLEMEN

Überwinden Sie Ihren Schmerz

Wenn der Schmerz, der durch die Affäre verursacht wurde, die Oberhand gewinnt, hilft es zunächst einmal, sich ganz einfach auszuweinen. Effektiver ist es, Ablenkung zu suchen und sich nicht völlig in den Kummer hineinfallen zu lassen. Mit der Zeit wird er von selbst nachlassen, es sei denn, Sie sind entschlossen, an ihm festzuhalten.

Bemühen Sie sich, ihm wieder zu vertrauen

»Wie kann ich das?« fragen Sie. »Wie kann ich ihm jemals wieder trauen nach allem, was er mir angetan hat?« Es wird vielleicht nicht einfach sein und auch nicht über Nacht passieren, aber es ist möglich, wenn Sie es wirklich wollen. Es ist bestimmt nicht so, daß er Sie in jeder erdenklichen Hinsicht betrogen hat. Lernen Sie, sich auf die Bereiche zu konzentrieren, in denen Sie ihm immer noch vertrauen können. So wissen Sie zum Beispiel, daß Sie sich auf seine Fürsorge verlassen können, wenn Sie krank sind, oder daß er Sie unterstützen würde, sollten Sie einmal Ihren Job verlieren, oder daß er Ihnen ganz ohne Frage bei einem Unfall zu Hilfe kommen würde. Denken Sie an die Fälle, in denen Sie auf ihn zählen können, wann immer Sie das Gefühl haben, daß es überhaupt keine gemeinsame Basis mehr gibt.

Ein anderer wichtiger Faktor bei der Wiederherstellung Ihres Vertrauens ist seine Fähigkeit, mit Ihnen aufrichtig zu sein. Wenn er Ihnen ehrlich versprechen kann, von nun an offen zu sein und Ausflüchte und Lügen zu vermeiden, dann werden Sie allmählich lernen, ihm wieder zu glauben. Er muß lernen, Ihnen von sich aus Informationen zu geben, um Ihnen über die wunden Punkte, die die Affäre geschlagen hat, hinwegzuhelfen. Wenn er spät noch arbeiten muß, darf er nicht vergessen, Sie anzurufen, Ihnen die Gründe zu erklären und Ihnen die Telefonnummer zu geben, unter der Sie ihn erreichen können, damit Sie sich nicht argwöhnisch fragen müssen, was er wohl wirklich vorhat. Natürlich sollte er sich anderen Frauen gegenüber zurückhalten, selbst wenn nicht jede Freundlichkeit Ihren Argwohn hervorrufen muß. Versuchen auch Sie selbst in dieser Zeit ganz besonders, in Sie gesetzte Erwartungen nicht zu enttäuschen. Sie müssen *beide* daran arbeiten, eine möglichst breite neue Vertrauensbasis zu schaffen.

Wenn Sie von Eifersucht zerfressen werden, die auch nach Beendigung der Affäre nicht nachläßt, obwohl er sich nun monogam verhält, dann sind hier einige Techniken, die Therapeuten anwenden, um Eifersucht zu überwinden. Probieren Sie sie aus, denn früher oder später untergräbt unablässige, ungerechtfertigte Eifersucht jede Beziehung.

Als erstes sollten Sie sich einen »Eifersuchtssitz« schaffen. Stellen Sie einen bestimmten Stuhl in ein Zimmer, in das Sie gehen können, um allein zu sein. Setzen Sie sich auf diesen Stuhl, wenn Sie eifersüchtig sind, und bleiben Sie so lange sitzen, bis das Gefühl nachläßt.

Sie können es auch mit der »Vortäuschungstechnik« versuchen. Wenn die Eifersucht zu sehr an Ihnen nagt, heucheln Sie Gleichgültigkeit, auch wenn Sie alles andere als gleichgültig sind. Sie dürfen ihn nicht fragen, wo er gewesen ist, ihm nicht vorwerfen, er blicke anderen Frauen nach, und ihn nicht jedesmal, wenn er das Haus verläßt, kontrollieren. Therapeuten sind der Meinung, daß Vortäuschung hilft, die Eifersucht zu überwinden. Wenn Sie sich Ihrem Partner gegenüber vernünftiger und normaler verhalten, selbst wenn Sie sich nicht danach fühlen, können Sie allmählich die Vorteile eifersuchtsfreien Verhaltens erkennen – ein reibungsloseres, gesünderes Verhältnis. Dieser Erfolg wird Sie in Ihrem Verhalten ohne Eifersucht bestärken.

Die dritte Technik soll Ihnen verfestigte Muster eifersüchtigen Verhaltens abgewöhnen, die sich in Ihr Denken eingeschliffen haben. Werden Sie unberechenbar. Sind Sie gewöhnt, ihn regelmäßig auszufragen, wenn er nach Hause kommt, müssen Sie damit aufhören, indem Sie sich mit anderen Dingen beschäftigen. Rufen Sie ihn nicht mehr regelmäßig bei der Arbeit an. Anstatt all Ihre Energien darauf zu verwenden, ihn wie ein Bluthund zu bewachen, sollten Sie Ihren eigenen Interessen nachgehen. Sie müssen sich dazu überwinden, auch wenn Sie anders empfinden. Dadurch wird das abhängige und klammernde Verhalten, das unaufhörliche Eifersucht kennzeichnet, aufgebrochen.

Eine letzte Technik sollte nur dann angewendet werden, wenn

Ihr Partner sein untreues Verhalten tatsächlich überwunden hat. Machen Sie ihn auf attraktive Frauen aufmerksam! Man nennt das, ein Symptom benutzen, um es zu zerstören.

Schließlich sollten Sie auch überlegen, ob Ihr Partner Ihre Eifersucht möglicherweise absichtlich provoziert. Einige Männer tun das, um ihre Kontrolle über die Frau abzusichern, es bestätigt ihnen die Macht, die sie über sie haben. Denken Sie sorgfältig darüber nach. Kommen Sie zu dem Schluß, daß es tatsächlich zutrifft, müssen Sie Ihren Partner wegen seines absichtlich provozierenden Verhaltens zur Rede stellen. Erklären Sie ihm, daß das den Heilungsprozeß verhindert.

Ein letztes Wort zur Eifersucht: Wenn Sie unverheiratet sind, kann sie ein Zeichen für ein enormes Engagement Ihrerseits sein, das er nicht erwidert. Sie sind ständig eifersüchtig, weil er Ihnen nicht die Liebe und Sicherheit gibt, die Sie wollen, er aber nicht. Sie können unter solchen Voraussetzungen nicht mit einem Mann zusammenarbeiten. Die Beziehung beruht nicht auf Gegenseitigkeit und entbehrt der Motivation für Veränderung.

Befreien Sie sich von den ständigen Gedanken
an die Details seiner Affäre

Viele Frauen sind von dem Verlangen besessen, jede Kleinigkeit über die Affäre ihres Partners wissen zu müssen. Am besten verlagern Sie Ihr Interesse von der Affäre auf Ihre eigene Beziehung zu Ihrem Partner. Es ist heilsam, ihn wissen zu lassen, daß Ihre Beziehung Ihnen wichtiger ist als alles, was mit seiner Geliebten geschehen ist. Wenn es Ihnen jedoch zu schwerfällt, auf Ihr Bedürfnis, alles zu erfahren, zu verzichten, dann können Sie und Ihr Partner nach der Methode »Verbrechen und Bestrafung« vorgehen: Setzen Sie sich mit der Absicht zusammen, über die näheren Einzelheiten seiner Affäre zu sprechen. Er muß so detailliert wie möglich jede vertrauliche und winzigste Kleinigkeit seiner Beziehung mit der anderen Frau beschreiben. Sie dürfen ihm so viele und so lange Fragen stellen, wie Sie wollen, und er muß sie beantworten. Sie können diese »Verhöre« wiederholen, sooft Sie möchten. Wie auch andere Frauen, die von

Ihrer Art Neugier verfolgt wurden, werden Sie feststellen, daß dieses Verfahren Sie früher oder später abstößt. Sie werden es satt bekommen, alle Details seines Verhältnisses zu erfahren, und aufhören, ständig an sie zu denken.

Fühlen Sie sich nicht als Versager

»Ich bin nicht weiblich genug«, oder: »Ich glaube, ich bin einfach nicht gut genug«, so denken viele Ehefrauen und Freundinnen, wenn sie von den Affären ihrer Partner erfahren. Manchmal haben sie sogar das Gefühl, grundsätzlich in ihrem Leben gescheitert zu sein. Sie glauben, im Wettstreit mit der anderen Frau versagt zu haben.

Das Gefühl, ein Versager zu sein, sich minderwertig vorzukommen, ist eine so verbreitete weibliche Reaktion auf Untreue, daß ich sie als normal bezeichnen würde. Die Mehrheit der Frauen, selbst wenn sie karrierebewußt und erfolgsgewohnt sind, fallen ihr bis zu einem gewissen Grad zum Opfer. Es handelt sich weitgehend um eine kulturbedingte Reaktion.

Traditionell wird Frauen beigebracht, für den Erfolg der Beziehung verantwortlich zu sein, während Männer dazu erzogen werden, außer Haus und im Beruf erfolgreich zu sein. Wenn etwas Wesentliches in der Beziehung nicht funktioniert, glauben Frauen, sie hätten bei ihrer Hauptaufgabe versagt. Ihre weibliche Identität erfährt eine tiefe Erschütterung.

Sprechen Sie mit ihm über Ihre Gefühle und die Probleme, die damit verbunden sind. Es fällt einem Mann leichter, unmittelbar Sympathie für Sie zu empfinden, wenn Sie ihm erzählen, Sie fühlten sich als Versager, als wenn Sie lediglich Ihrem Ärger Luft machen. Er erzählt Ihnen dann vielleicht etwas über das männliche Gefühl von Versagen – im Beruf oder anderen Bereichen, in denen er sich zu behaupten hat.

Sie können Ihren Reaktionen auch eine positive Seite abgewinnen: Sie zeigen Ihnen, daß Sie direkten Zugang zu Ihren Gefühlen haben, was bei vielen Männern nicht so ist.

Um mit Ihren negativen Gefühlen fertig zu werden, können Sie ein Blatt Papier nehmen und alle positiven Dinge über sich selbst aufschreiben, zum Beispiel, daß Sie eine warmherzige Frau sind, daß Sie intelligent sind und Fantasie haben. Bewahren Sie diese Liste in einer Schublade auf. Nehmen Sie sie heraus und lesen Sie sich vor, was darauf geschrieben steht, und zwar jeden Morgen, bevor Sie den Tag beginnen, und immer dann, wenn Sie anfangen, sich wieder als Versager zu fühlen.

Das nächste und beste Gegenmittel gegen das Gefühl, ein Versager zu sein, ist es, sich in Erinnerung zu rufen, daß Sie dabei sind, etwas gegen Ihre Lage zu tun. Es wird Ihnen Kraft geben und das Gefühl von Versagen ersetzen.

Seien Sie bereit zu verhandeln

Das Wesentliche bei Verhandlungen ist der Kompromiß: Um etwas zu bekommen, was Sie wollen, müssen Sie etwas geben, was er will. Keiner von Ihnen sollte erwarten, etwas zu bekommen, ohne selbst einen Fingerbreit nachzugeben. Wenn Sie beispielsweise möchten, daß er abends früher von der Arbeit nach Hause kommt, und er so lange fortbleiben will, wie er möchte, können Sie sich auf einen Mittelweg einigen. Er wird an zwei Abenden früher und den Rest der Woche später kommen. Wenn er möchte, daß Sie mehr auf Ihr Aussehen achten, und Sie es hassen, deswegen große Umstände zu machen, können Sie auf die gleiche Weise zu einer Einigung kommen.

Fangen Sie an, sich zu verändern

Von Ihren »Sitzungen« und Gesprächen her sollten Sie einige Einzelheiten kennen, die jeder von Ihnen geändert haben möchte. Erzählen Sie einander, was Sie nun bei sich ändern wollen: Wenn Sie zum Beispiel erfahren haben, daß er sich von Ihnen mehr Beachtung wünscht, wenn die Kinder da sind, erzählen Sie ihm, daß Sie es versuchen werden. Er sollte seinerseits ebenfalls zeigen, wie er versucht, Ihre Wünsche zu erfüllen – indem er Sie eventuell öfter umarmt oder seine Zuneigung auf andere Weise zeigt oder indem er mehr über seine Gefühle spricht. Sie können Ihr Bekenntnis zu Veränderung sogar noch konkreter machen, indem Sie es in einem Vertrag festhalten. Das Wesentliche an einer Veränderung ist, daß Sie sie von sich aus vornehmen, anstatt nur auf seine Wünsche zu reagieren. Ein paar Beispiele: Er bietet Ihnen nach den Mahlzeiten seine Hilfe beim Aufräumen an, statt zu warten, bis Sie ihn darum bitten. Sie sagen ihm, er solle sich nach seiner Rückkehr von der Arbeit allein etwas Ruhe gönnen, statt darauf zu warten, daß er Ihnen sagt, er brauche einige Zeit, um abzuschalten.

Sagen Sie Ihrem Partner, daß Sie seine Bemühungen zu schätzen wissen

Wenn Ihr Partner etwas unternimmt, um Ihre Bedürfnisse zu befriedigen, zeigen Sie ihm, daß Sie merken, was er tut, und daß es Ihnen gefällt. Positive Reaktionen werden ihn weiter in seinem Wunsch bestärken, mit den Verbesserungen fortzufahren.

Sorgen Sie für Überraschungen

Hundertprozentige Berechenbarkeit ist der Feind jeder Liebesbeziehung und der Nährboden für Langeweile. Langeweile muß als eine wichtige Voraussetzung für Affären gelten. Vereinbaren Sie, den anderen einmal die Woche zu überraschen. Es kann irgend etwas sein – eine neue Frisur, Flugtickets für einen Wochenendtrip an einen romantischen oder angenehmen Ort, ein Kärtchen mit der Aufschrift »Ich liebe dich«, das Sie in seinen Koffer legen, wenn er auf Geschäftsreise geht, eine Einladung zum Cocktail in einem Hotel in der Nähe seines Büros, eine einzelne Rose. Überraschungen unterbrechen nicht nur die tägliche Routine, sie machen Sie einander interessanter und lassen Sie auf neue Art und Weise auf den anderen reagieren. Sie erzeugen ein gewisses Maß an Spannung und helfen Ihnen, Ihre Beziehung zu beleben. Darüber hinaus zeugen sie von Ihrem Interesse an einer intakten Beziehung.

Die meisten von uns führen heute ein sehr aktives Leben. Wir sind so festgefahren durch unsere Arbeitszeiten, unsere tägliche Routine und die Forderungen von Kindern, Eltern und anderen Verwandten sowie durch Verabredungen mit Freunden, daß wir ganz vergessen, noch Zeit zu finden, um zusammen allein zu sein. Sie müssen sich mindestens zwei Abende in der Woche füreinander Zeit nehmen, um den emotionalen Kontakt miteinander zu pflegen. Lassen Sie den Fernsehapparat ausgeschaltet, damit Sie sich aufeinander konzentrieren können.

Alles Wichtige muß gehegt und gepflegt werden: Pflanzen müssen gegossen, Kinder umsorgt und ernährt werden, und auch Ihre Beziehung braucht Zeit.

Beenden Sie bestehende Kollusionen

Ein Anzeichen für eine Kollusion in einer Beziehung ist, wenn über einige Zeit größere Unzufriedenheit herrscht. Ein anderes besteht darin, daß es immer wieder zu Meinungsverschiedenheiten über dieselben Dinge kommt, wenn Probleme nicht gelöst werden. Ein drittes ist, wenn Ihre Beziehung offenbar in Routine erstarrt und ohne Leben ist. Da Kollusionen beide Partner in ziemlich starren Rollen gefangenhalten, vertreiben Sie Spontaneität und Freude. Ein letztes Anzeichen ist es, wenn Sie in Ihrer Beziehung in eine Rolle geraten, die Sie schon früh in Ihrem Leben innehatten, wenn es zum Beispiel scheint, daß Ihr Partner Sie auf ähnliche Weise behandelt, wie ein Elternteil oder ein anderes Familienmitglied Sie während Ihrer Kindheit behandelt hat. In vielen Kollusionen nehmen Sie alte Rollen wieder auf, und Ihr Partner übernimmt gleichsam den ergänzenden Part.

Sind einige dieser Anzeichen vorhanden, und wenn Sie glauben, in Ihrer Beziehung Muster erkennen zu können, eine Art miteinander umzugehen, die Sie beide in strikte Rollen sperrt, und daß diese Muster zu Streß und Unzufriedenheit führen, dann können Sie folgendes tun:

Führen Sie Gespräche mit Ihrem Partner über die Zeit Ihres

Umgangs miteinander, und zwar auch darüber, was der eine tut, damit der andere auf bestimmte Weise reagiert.

Wenn sich dadurch klar für Sie abzeichnet, welche Rolle Sie in Ihrer Beziehung spielen, fangen Sie an, sich anders zu verhalten. Passive Partner sollten zum Beispiel versuchen, sich durchzusetzen, kritische Partner sollten beginnen, Komplimente zu machen, anstatt herumzunörgeln, Partner, die zu abhängig sind, sollten bewußt aktiver und selbstbestimmter handeln, Partner, die zu unabhängig waren, sollten ihren Gefährten wissen lassen, wie sehr er oder sie gebraucht wird. Selbst wenn nur einer von Ihnen sich ändert, muß der andere reagieren, und die möglicherweise problemstiftende Kollusion wird sich allmählich auflösen. Da der psychologische Unterbau derartiger Rollenspiele oft sehr tief reicht, könnte es für Sie sehr schwierig sein, tatsächlich allein eine Änderung einzuleiten. In diesem Fall wenden Sie sich an einen erfahrenen Therapeuten, der Ihnen und Ihrem Partner hilft zu erkennen, wie Sie beide zu den unglücklichen Interaktionsmustern Ihrer Beziehung beitragen.

Kümmern Sie sich darum,
Ihre unterschiedlichen Bedürfnisse nach Nähe zu klären

Ich habe bereits darauf hingewiesen, daß der häufigste versteckte Grund für Untreue das Bedürfnis nach mehr Distanz in der Beziehung ist. Eine Affäre kann einem Mann helfen, sich weniger eingeengt, gefangen, abhängig und dadurch bedrängt und ängstlich zu fühlen.

Es ist deshalb wichtig, den richtigen Grad von Nähe zu entwickeln, der ihm angenehm ist. Auf diese Weise wird er sich nicht in eine Affäre flüchten müssen, um mehr Freiraum zu erlangen.

Als erstes müssen Sie an Ihrer eigenen Einstellung arbeiten. Womöglich fühlen Sie sich durch sein Bedürfnis nach größerer Distanz verletzt. Es ist gut möglich, daß Sie es als persönliche Zurückweisung empfinden, als Drohung oder als Signal, daß er Sie nicht wirklich braucht und liebt. Ein Mann kann Sie brauchen und lieben und gleichzeitig dennoch das Gefühl haben, daß er mehr Platz benötigt. Tatsächlich ist es oft so, daß er sich bedroht fühlt, gerade weil er Sie braucht und liebt. Er hat Angst, mit Ihnen zu verschmelzen und seine Identität zu verlieren, oder er interpretiert sein Bedürfnis nach Ihnen als unmännlich, da für ihn Männlichkeit gleichbedeutend mit Unabhängigkeit ist.

Es ist wichtig zu verstehen, daß sein Wunsch nach Freiraum nicht unbedingt heißt, daß er Sie ablehnt. Dann werden Sie es leichter finden zu respektieren, was er braucht, und sich auf ein Maß an Nähe einzulassen, mit der Sie beide leben können. Sie können den Weg auch dadurch ebnen, daß Sie mehr Bewußtsein für Ihre eigenen Bedürfnisse nach Vertrautheit entwickeln. Frauen haben oft ein schlechtes Gewissen, wenn sie sich insgeheim wünschen, der Familie oder dem Partner eine Weile zu entkommen. Anstatt zu erkennen, daß das Verlangen nach mehr Alleinsein ganz normal ist, halten sie es für illoyal. Sie schämen sich zuzugeben, daß auch sie manchmal allein sein müssen. Ohne sich dessen bewußt zu sein, befriedigen Frauen ihre unterschwelligen Bedürfnisse nach mehr Freiraum oft auf indirekte Weise. Wenn Sie lange in der Badewanne herumtrödeln oder sich stundenlang in ein Buch vertiefen, kann das ein versteckter Weg sein, mehr Zeit für sich zu gewinnen. Lernen Sie, Ihr Bedürfnis nach Alleinsein zu erkennen und zu respektieren. Denken Sie über Beschäftigungen nach, an denen Sie ganz für sich allein Ihre Freude haben, und gehen Sie ihnen nach. Sie werden lernen, daß Sie nicht ständig mit Ihrem Partner zusammensein müssen, um sich wohl zu fühlen. Und er wird nicht mehr das Gefühl haben, daß Sie sich bei allem, was Sie tun, von ihm abhängig machen.

Eine gute Möglichkeit, über unterschiedliche Bedürfnisse nach Distanz und Nähe zu diskutieren, besteht darin, herauszufinden, wie Sie beide gleichzeitig allein und doch zusammensein können. Es gibt Kompromisse, die Sie beide befriedigen werden. So können Sie sich beispielsweise lesend im selben Zimmer aufhalten. Er kann Musik hören, eventuell mit einem Kopfhörer, während Sie stricken, nähen oder sich auf andere Weise beschäftigen. Sie können zusammen im selben Kino verschiedene Filme ansehen und sich anschließend im Foyer treffen. Sie können in Kunstgalerien und Museen jeder für sich durch die Räume schlendern.

In Ihren gemeinsamen Gesprächen können Sie darüber hinaus versuchen herauszufinden, was eigentlich an zu großer Nähe so abschreckend ist. In vielen Fällen hilft die Aufdeckung der Ursachen, zumindest einen Teil der Abneigung zu überwinden. Der Mensch verliert dann allmählich seine Angst und ist in der Lage, Intimität und Nähe besser zu ertragen.

Schließlich müssen Sie sich natürlich eingehend mit dem für Untreue zentralen Thema der Sexualität befassen, Probleme ausmachen und Strategien entwickeln, wie Sie sie in den Griff bekommen. Unterhalten Sie und Ihr Partner ein für beide Seiten befriedigendes Sexualleben, wird die Wahrscheinlichkeit von Affären weniger groß sein.

15

FAKTOR SEXUALITÄT

Tom ist mit Molly seit drei Jahren zusammen, er übernachtet bei ihr drei- bis fünfmal in der Woche. Er spielt ernsthaft mit dem Gedanken, Molly zu heiraten. »Sie ist die beste Frau der Welt«, erklärt er. »Ich liebe sie wirklich.« Doch dann folgt ein großes »Aber«: »Da ist nur ein Problem – der Sex. Molly ist einfach nicht locker genug. Sie ist beim Sex irgendwie verklemmt. Nie will sie etwas Neues ausprobieren. Sie will nur mit mir schlafen, wenn das Licht aus ist. Ich bin da viel freier. Der Sex mit Molly ist zwar schon okay, aber irgend etwas fehlt mir dabei.«

Kürzlich lernte Tom durch seine Arbeit eine andere Frau kennen. »Sie war wirklich sehr attraktiv«, erzählt er. Sie hatten ein Geschäftsessen, und eine Sache ergab die andere – eines Abends endeten Tom und diese Frau miteinander im Bett. »Ich vermute, daß ich mich nach mehr Spontaneität, mehr Leidenschaft sehnte«, sagt er. »Molly ist so eine wunderbare Frau, es würde mir das Herz brechen, wenn sie mich verließe.«

Sauls Frau Nancy war nie so an Sex interessiert wie er, und nun, mit fünfzig, glaubt sie, daß sie für immer genug davon hat; sie verweigert sich ihm. »Ich kann nicht anders, ich habe einfach keine Lust«, sagt sie. »Und was wird aus mir?« fragte er sie kürzlich. »Es tut mir leid«, antwortete Nancy. »Ich weiß es nicht.« Saul ist 25 Jahre lang ein treuer Ehemann gewesen, und er haßt den Gedanken, Nancy zu betrügen, aber manchmal denkt er ernsthaft daran, eine Affäre anzufangen.

Tom und Saul sind Männer, die damit zu kämpfen haben, daß die Frauen, die ihnen wirklich etwas bedeuten, andere sexuelle Bedürfnisse haben als sie selbst. Das sind Gegensätze, die sehr häufig zu Untreue und Affären führen.

Auch wenn ich den Ursachen für Untreue sehr viel Platz gewidmet habe, die über den bloßen Sex hinausgehen, bedeutet das nicht, daß die Sexualität an sich keine sehr wichtige Rolle spielt. Bei Untreue geht es schließlich im wesentlichen um Geschlechtsverkehr mit einer anderen Person. Gewöhnlich kann eine Frau mit der Freundschaft eines Mannes zu einer anderen Frau gut umgehen. Erst wenn es zu sexuellen Kontakten kommt, wird die Grenze überschritten. Oft ohne zu erkennen, daß größere Probleme dahinterstehen, geben Männer Sex als Grund für ihre Untreue an: »Ich brauche mehr Abwechslung.« – »Meine Frau mag keinen Sex.« – »Ich hatte schon vergessen, daß Sex so aufregend sein kann.« – »Ich habe keine Lust mehr, mit ihr zu schlafen, deshalb muß ich mich anderweitig umsehen.« – »Ich brauche Dinge, die sie widerlich findet.« Viele Untersuchungen zeigen, daß Männer den sexuellen Aspekten einer Ehe mehr Bedeutung beimessen als Frauen.

Da Sex für die Untreue der Männer eine so wesentliche Rolle spielt, müssen Sie ihm in Ihrer Beziehung ein großes Maß an Beachtung schenken. Um Affären zu verhindern, auf sie zu reagieren oder Ihr gemeinsames Leben nach einer Affäre wieder in Ordnung zu bringen, ist es wichtig, genau zu untersuchen, was in der Vergangenheit geschehen ist, und verstehen zu wollen, was heute sexuell in ihm vorgeht.

SEXUELLE »ANNÄHERUNGSVERSUCHE«

In unglaublich vielen Ehen werden sexuell unterschiedliche Bedürfnisse, die schon früh in Erscheinung treten, jahrelang unbeachtet gelassen. Einige Männer und Frauen meinen: »So bin ich nun mal, ich kann doch nichts dafür, daß wir verschieden sind.« Sexuelle Harmonie muß nicht unbedingt nur deshalb zwischen einem Mann und einer Frau existieren, weil sie auch sonst den richtigen »Draht« zueinander haben. Doch man kann viel für sie tun, selbst wenn Sie die Unterschiede lange als gegeben hingenommen haben. Es ist unbedingt erforderlich, daß Sie sich mit diesem Punkt befassen, um seine Untreue zu überwinden und weiteren Seitensprüngen entgegenzuwirken.

Sprechen Sie darüber

Wie in den meisten Angelegenheiten, die Paare betreffen, ist die Thematisierung des Problems ein sehr wichtiger Punkt. Helen Singer Kaplan, die bekannte Sexualtherapeutin, hat einmal gesagt, der Versuch, sexuelle Befriedigung ohne Kommunikation zu erreichen, sei genau dasselbe wie der Versuch, Scheibenschießen mit verbundenen Augen zu lernen.

Zuerst müssen Sie sich gegenseitig zugestehen, daß ein derartiges Problem existiert. Viele Leute sprechen einfach nicht darüber. Und da sie sich nicht darüber austauschen, weiß der eine Partner nichts von der Unzufriedenheit des anderen. So hat Tom Molly nie gesagt, daß er auf sexueller Ebene etwas vermisse. Erst nach seiner Affäre kam er damit heraus, als ihre Beziehung bereits auseinanderzubrechen drohte. »Warum hast du mir das nicht früher gesagt?« rief sie. Molly und Tom bemühen sich nun darum, die Dinge besser zu machen. Sanft versucht Tom, ihr zu helfen, neue Positionen auszuprobieren, und Molly besteht nicht mehr darauf, das Licht auszuschalten. Zusätzlich geht sie zu einem Therapeuten, um ihre Hemmungen abzubauen, die durch eine asexuale Erziehung verursacht worden sind.

Erklären Sie das Problem genau

Sie müssen sicher sein, daß Sie wirklich wissen, was nicht stimmt. Da beklagt sich ein Ehemann, daß seine Frau das Interesse am Sex verloren hat oder als Sexualpartnerin nicht aufregend genug ist, weil sie nicht zum Höhepunkt kommt. Er gibt ihr die Schuld, und sie akzeptiert es. Beide schieben sie das Problem ihr zu. In Wahrheit ist es jedoch ebensogut sein Fehler. Er bemüht sich nicht um ein Vorspiel und erwartet, daß sie allein durch Stöße des

Penis zum Orgasmus kommt, während sie dazu in Wirklichkeit direkte klitorale Stimulation benötigt.

Einige Frauen wissen, wie sie zum Höhepunkt kommen würden, erzählen es aber aus Verlegenheit oder Angst vor der Reaktion des Partners nicht. Andere haben überhaupt keine Ahnung. Wenn Sie es wissen, müssen Sie es ihm sagen.

Wenn Sie nicht wissen, was Sie erregen könnte, müssen Sie die Verantwortung übernehmen, es herauszufinden. Joshua Golden, Leiter des »Human Sexuality Program« an der Universität von Los Angeles, betont, daß viele Menschen »sich nicht sicher sind, was sie wollen. Sie wissen, daß sie nicht zufrieden sind, haben aber keine Ahnung, wie sie ihr Sexualleben verbessern könnten«.

In diesem Fall empfehlen Sexualtherapeuten oft Masturbation, damit Sie ohne Druck und ungestört herausfinden, wie Ihr Körper reagiert und welche Art von Stimulation Sie benötigen. Dies Wissen wird Ihnen und Ihrem Partner helfen. Wenn Ihr Mann eine Affäre gehabt hat, unter anderem, weil er Ihre Sexualbeziehung für unbefriedigend hält, nun aber wirklich zur Monogamie zurückkehren möchte, dann wird er sehr wahrscheinlich mit Ihnen kooperieren wollen, wenn er feststellt, daß eine Änderung seines Verhaltens für Sie notwendig ist, um volle sexuelle Befriedigung zu erlangen.

Therapeuten empfehlen auch gemeinsame Übungen, bei denen die Partner ihre Reaktionen besser kennenlernen, indem sie einander abwechselnd überall berühren und sich dabei erzählen, was ihnen gefällt und was nicht. Ein Bonus ist, daß solche Übungen zu Gesprächen über sexuelle Angelegenheiten führen, die vorher meist von den Partnern vermieden wurden.

Manchmal liegt das, was Sie brauchen, außerhalb des sexuellen Bereichs. Viele Frauen, die in der Anfangsphase der Beziehung jede Menge Zärtlichkeiten vor dem eigentlichen Sex bekamen, müssen feststellen, daß diese Art von Einstimmung verschwindet, sobald sich die Beziehung gefestigt hat. Da sie Sex ohne Vorspiel ablehnen, zeigen sie schließlich keine Reaktion mehr oder verweigern sich ihren Partnern völlig. Sie müssen ihn davon überzeugen, daß das nicht irgendeine verrückte Laune ist, sondern etwas, das Sie brauchen, um sich mit ihm wohl zu fühlen.

Die meisten Männer werden sich nicht dagegen sträuben, sich Zeit für ein Vorspiel zu nehmen, sobald sie es nicht mehr als Laune, sondern als sexuelle *Notwendigkeit* begreifen.

Stellen Sie sich auf sich ändernde Bedürfnisse ein

Manchmal entsteht Unzufriedenheit, weil sich die sexuellen Bedürfnisse im Laufe der Jahre geändert haben. Für einen Mann kann das bedeuten, daß Liebestechniken, die wunderbar funktionierten, als er jünger war, es nun eben nicht mehr tun.

Nach 13 Jahren Ehe mit seiner Frau Iris bekam Bart plötzlich Potenzprobleme. Er war überzeugt, der Grund liege bei ihr, ihr zunehmendes Alter mache sie weniger anziehend für ihn. Er entschloß sich zu einer Affäre mit einer jüngeren Frau. Er war Iris vorher nie untreu gewesen. Zu seinem Ärger war er auch bei der jüngeren Frau impotent.

Bart erkannte nicht, daß sein Problem darin bestand, daß er nicht bekam, was er für eine Erektion brauchte. Obwohl sein Penis in jungen Jahren ohne direkte Stimulation schnell steif geworden war, brauchte Bart nun eine längeres Vorspiel, mehr Streicheln und mehr Zärtlichkeiten. Sein Hausarzt, zu dem er gegangen war, um mit ihm über seine Probleme zu sprechen, wußte ihm die richtigen Hinweise zu geben. Sein Liebesleben mit Iris hat sich seitdem ungeheuer verbessert. Bart und seine Frau haben sich seinen neuen Bedürfnissen angepaßt.

Gerade auch in lang andauernden Beziehungen ist es wichtig zu verstehen, daß Sex nichts Gleichbleibendes ist. Beachten Sie die Möglichkeit von Veränderungen, sprechen Sie über sie, wenn sie eintreten, und ändern Sie gegebenenfalls Ihre Gewohnheiten.

Ein anderes gängiges Beispiel dafür, wie sexuelle Bedürfnisse sich im Laufe der Zeit ändern können, ist ein Mann, der viele Jahre in einer monogamen Beziehung gelebt hat. Er braucht mittlerweile mehr Fantasie oder Abwechslung, um in Stimmung zu kommen und weiterhin das Interesse an Sex zu haben wie früher. Wenn Ihr Mann das nicht versteht, kann er sich einfach sagen, daß der Sex mit Ihnen langweilig geworden ist. Wenn er es aber versteht und Sie auf seine neuen Wünsche mit Empörung,

Verweigerung und dem Vorwurf reagieren, er sei plötzlich verrückt geworden, dann könnten Sie bewirken, daß er zunehmend unzufrieden und unbefriedigt mit Ihnen ist.

Verbannen Sie Anklagen aus Ihrem Sexualleben

Henry gibt Carla die Schuld an seinem miserablen Liebesleben und den daraus folgenden Seitensprüngen. »Nie hat sie Lust, und wenn sie mich alle paar Wochen einmal läßt, ist das so, als würde sie es nur machen, um die Ehe zusammenzuhalten.« Carla gibt Henry die Schuld. »Er hat mir schon in den Flitterwochen, als wir das erste Mal miteinander schliefen, die Lust am Sex genommen«, erinnert sie sich. »Vorher haben wir immer Petting gemacht, und ich habe es genossen. Als wir das erste Mal Verkehr hatten, sprang Henry aufs Bett und wollte es ohne jede Vorbereitung. Es gefiel mir überhaupt nicht. Ich glaube, ich mag einfach keinen Verkehr.« Sex ist bei ihnen zur Belastung geworden. Diskussionen darüber werden zu einem bloßen Austausch von Beschuldigungen und Gegenbeschuldigungen.

Oft beginnen Partner, die sich sexuell nicht vertragen, einander anormale Vorlieben oder unzumutbare Forderungen vorzuwerfen. In Wirklichkeit machen Vorwürfe, Nörgeln und Schuldzuweisungen die Sache nur schlimmer. Statt dessen sollten Sie beschließen, gemeinsam etwas gegen Ihre Probleme zu tun.

Tun Sie etwas für Ihre Figur

Einige Partner sträuben sich gegen Sex und unterdrücken ihre sexuellen Regungen, weil sie sich ihrer Körper schämen. Das ist oft der Grund, warum sie nur im Dunkeln lieben wollen, während ihr Partner lieber das Licht anläßt, oder warum sie sich bedecken, selbst wenn er Nacktheit gern hat. Dunkelheit und Decken können für ihn ein größeres Problem sein, als Sie ahnen, denn damit nehmen Sie ihm eine wichtige Quelle des Genusses und der Erregung. Visuelle Stimulation ist ein wesentlicher Teil männlicher Sexualität.

Wenn Sie sich als Frau vor ihm verstecken, sollten Sie einmal

283

darüber nachdenken, warum Sie beispielsweise dicker geworden sind. Haben Sie zugenommen, um Sex zu vermeiden, oder so auf Probleme in Ihrer Beziehung reagiert? Viele Frauen sollten sich mit den psychischen Gründen ihres Übergewichts genauer auseinandersetzen, eine taugliche Antwort auf zumindest einige sexuelle Probleme liegt sicher in einer Schlankheitskur. Wenn Sie sich in Ihrem Körper wohler fühlen, werden Sie ihn auch lieber zeigen. Genauso kann eine Verschlankung helfen, das sexuelle Interesse Ihres Mannes an Ihnen wieder stärker zu wecken.

Viele untreue Männer beschweren sich über ihre übergewichtigen Ehefrauen. Die einfache Antwort: »Er sollte mich um meiner selbst willen lieben«, reicht da sicher nicht aus. Es gibt Männer, denen es egal ist, wie Sie aussehen – ihre Sexualität ist nicht an irgendwelche ästhetischen Vorlieben gebunden. Genauso viele Männer können jedoch nicht funktionieren, wenn sie zu große Probleme mit Ihrem Aussehen haben.

Sich wieder in Form zu bringen bedeutet oft, daß Sie einfach lernen, sich zu akzeptieren, wie Sie sind. Er hat in aller Regel nichts gegen ein paar Extrapfunde, Sie aber glauben, es sei doch so, oder Sie schämen sich wegen einiger Rundungen oder wegen Ihrer schwellenden Schenkel, so daß Sie Sex, Nacktheit und helles Licht vermeiden. Fragen Sie ihn nach seinen Gefühlen und bitten Sie ihn, vollkommen ehrlich zu sein. Wenn sich zum Beispiel herausstellt, daß Ihre kleinen Rundungen ihn im Gegensatz zu wirklichem Speck nicht stören, dann beginnen Sie, Ihren Körper mit seinen Augen zu sehen – als immer noch anziehend und reizvoll. Gewöhnen Sie sich an, in den Spiegel zu schauen, sehen Sie Ihre guten Seiten, und lehnen Sie Ihren eigenen Körper nicht ab.

Seien Sie flexibel

Zu viele Partner sagen einfach nein zu einer sexuellen Übung oder: »Das ist ja widerlich«, und lassen es dabei bewenden. Sie können keine Harmonie erwarten, wenn Sie immer nur Ihren Kopf durchsetzen wollen.

Ein wichtiger Teil bei der Lösung sexueller Probleme besteht darin zu erforschen, was hinter dem Widerstand gegen die Wünsche des Partners steckt. Sobald Sie verstehen, warum eine Abneigung besteht, können Sie beide Vorschläge machen, um Differenzen zu überwinden. Wenn Sie (oder er) sich oralem Sex verweigern, weil Sie denken, die Genitalien seien unhygienisch, dann könnten Sie mit einem Gynäkologen, Urologen oder Sexualtherapeuten darüber sprechen oder ein Buch darüber lesen, um diesen Irrtum zu widerlegen.

Manchmal haßt eine Frau den Geruch männlicher Genitalien, weil er sich vor dem Verkehr nicht duscht, und verweigert sich deswegen. Erklären Sie ihm Ihre Probleme.

Therapeuten sind auch der Meinung, daß eine »Versuch-es-dann-magst-du-es-vielleicht-Haltung« etwas bewirken kann. Seien Sie einfach einmal einverstanden mit dem, was Ihr Partner möchte, und bleiben Sie der Erfahrung aufgeschlossen. Der Gedanke an etwas Neues erweist sich oft als viel schlimmer als die Sache selbst.

Haben Sie sich jemals zueinander hingezogen gefühlt?

Manchmal passen Partner sexuell deswegen nicht zusammen, weil sie aus Gründen geheiratet haben, die mit Sex nichts zu tun hatten. Menschen heiraten aus Kameradschaft, Sicherheitsbedürfnis oder Statusgründen, manche, weil sie glauben, ihre Partner würden gute Eltern sein, oder einfach, weil sie davon ausgehen, es würde von ihnen erwartet – aber sie hatten niemals ein starkes sexuelles Verlangen nach dem Partner. Die Aufregung während der Zeit vor der Ehe hinderte sie vielleicht daran, den Mangel an sexueller Vitalität wahrzunehmen, der immer vorhanden war, sie erkennen jedoch die Wirklichkeit, sobald sie sich häuslich niedergelassen haben. Und dann sagen sie sich, er (oder sie) erregt mich nicht. Viele dieser Paare lieben sich aber dennoch und wollen trotz allem ihre Ehe aufrechterhalten.

Manchmal läßt erst eine Affäre dieses wichtige Thema zutage treten, das nie vorher angesprochen worden ist. Kehren Sie nichts unter den Teppich. Mit viel gutem Willen können Sie selbst unter diesen Umständen Ihr Sexualleben verbessern, in-

dem Sie beispielsweise Dinge ausprobieren, die für mehr Aufregung und Interesse sorgen – neue Positionen, verschiedene
Techniken, sich auch am Tag statt immer nur nachts zu lieben,
eigene oder gemeinsame Fantasien dazu zu benutzen, um in Stimmung zu kommen, selbst wenn sie andere Leute mit einschließen
(das ist in der Fantasie völlig in Ordnung).

Machen Sie Sex für andere Probleme verantwortlich?

Für Paare ist es oft leichter zu sagen, ihr Problem sei sexueller
Natur, statt zuzugeben, daß ihre ganze Beziehung in Schwierigkeiten ist. Eine Möglichkeit, das wirkliche Problem zu erkennen,
besteht darin, lange und gründlich darüber nachzudenken, wann
Ihre sexuellen Schwierigkeiten angefangen haben. Haben Sie
eventuell damit begonnen, Sex abzulehnen, um Ihre Machtposi-
tion in der Beziehung zu stärken, in der eigentlich Ihr Partner Sie
dominiert? Oder war es möglicherweise so, daß Ihr Partner vor
einiger Zeit einen neuen Job bekam und anfing, bis spät zu
arbeiten, und Sie dadurch mit zwei kleinen Kindern zu Hause die
meiste Zeit auf sich gestellt blieben und sich im Stich gelassen
fühlten?

Selbst wenn Sie an sein jetziges Verhalten denken, fühlen Sie
Wut in sich aufsteigen, eine Wut, durch die Sie bis heute jegliches
Verlangen nach ihm verloren haben, der sich seinerseits in einer
Reaktion auf Ihre Haltung ihm gegenüber mehr auf sich selbst
zurückgezogen hat. Dieses gegenseitige sich voneinander Abwenden wird dann möglicherweise als sexuelles Problem hinge-
stellt: »Die Spannung ist weg.« In Wahrheit ist Ihnen jedoch
deswegen die Lust vergangen, weil sie unbewußt sehr böse
aufeinander waren.

Versteckte Wut ist in Beziehungen oft der Grund für den
Verlust an Verlangen. Darüber zu sprechen, was Sie verrückt
macht, ist meist ein erfolgreicher Weg, diese Art Wut gar nicht
erst aufkommen zu lassen und so auch die sexuelle Vitalität Ihrer
Beziehung nicht in Mitleidenschaft zu ziehen.

Machen Sie sich das Prinzip des Gebens und Nehmens zu eigen. Angenommen, ein Partner will Sex bei hellem Licht, der andere im Dunkeln. Sie schließen einen Kompromiß, indem Sie in der einen Nacht das Licht anlassen und es in der anderen ausschalten. Oder nehmen wir an, er liebt Sex am Morgen, Sie aber am Abend. Sie können den toten Punkt überwinden, indem Sie sich manchmal am Morgen und manchmal nachts lieben. Oder wenn einer von Ihnen fünfmal in der Woche Sex will und der andere eigentlich nur einmal, können Sie eine Lösung finden, indem Sie sich in der Mitte treffen: Sie lieben sich zwei- oder dreimal in der Woche.

Eine andere Möglichkeit besteht darin, nach akzeptablen Alternativen zu suchen. Wenn zum Beispiel ein Mann versucht, eine Frau zu oralem Sex zu überreden, dann kann er einfach mehr Abwechslung und Aufregung wollen. Sie sollten vielleicht ausprobieren, ob verschiedene Positionen, erotische Filme oder der Austausch von Fantasien für Sie beide akzeptable Alternativen zu oralem Sex sein könnten.

Manchmal lassen sich sexuelle Streitfragen lösen, wenn Sie nicht verbissen an ganz bestimmten Dingen festhalten – weder Sie noch er. Möchte Ihr Mann beispielsweise häufiger Sex als Sie, können Sie ihn eventuell auch manuell zum Orgasmus bringen, ohne daß von Ihnen erwartet wird, daß Sie ebenfalls zum Höhepunkt kommen. Natürlich kann ein Mann das auch für eine Frau tun, wenn er selbst keine Lust hat. Eine weitere Alternative bietet die Selbstbefriedigung mit Einverständnis des Partners und sogar, wenn Sie wollen, vor dessen Augen.

LERNEN SIE, WIEDER LUST ZU EMPFINDEN

Zusätzlich zur Lösung sexueller Differenzen, die zu seiner Untreue beigetragen haben können, müssen Sie dafür sorgen, daß Ihr Liebesleben mit ihm in Zukunft etwas von dem enthält, das seine Affäre sexuell so verlockend gemacht hat.

Bringen Sie wieder Erotik und Verführung ins Spiel

Sich sorgsam zu kleiden und eine gleichsam erotische Sprache mögen am Anfang Ihrer Beziehung gestanden haben, aber haben Sie, seit Sie ein festes Paar geworden sind, nicht aufgehört, einander zu verführen? Das passiert vielen Partnern. Verlockung und Verführung spielen in einer Affäre eine wesentliche Rolle. Verleihen Sie Ihrer Beziehung etwas von der erotischen Atmosphäre einer Affäre. Versetzen Sie sich und Ihren Partner zurück in die Zeit Ihres Kennenlernens, und geben Sie Ihrer Beziehung die Erotik zurück, die Sie für Ihren Partner und Ihren Partner für Sie ursprünglich so attraktiv gemacht hat – ein großer Vorteil dabei ist, daß Sie heute noch viel besser über Ihre gegenseitigen Bedürfnisse Bescheid wissen als damals.

Geben Sie Anlaß zur Vorfreude

Zum Spaß einer Liebesaffäre gehört, daß Sie sich fragen, wann Sie Ihren Geliebten wiedersehen, oder daß Sie sich auf ein heimliches Rendezvous freuen. Vorfreude kann sehr erregend sein. Sexuelle Vorfreude können Sie auch in Ihrer Beziehung mit ihm schaffen. Rufen Sie ihn zum Beispiel im Büro an und bitten Sie ihn, zurückzurufen, wenn er einen Moment Zeit hat. Wenn er sich freimachen kann und zurückruft, beschreiben Sie ihm, was Sie am Abend im Bett mit ihm machen werden und was Sie sich von ihm dabei wünschen. Seien Sie einfallsreich – Sie wissen selbst am besten, was Ihrem Partner gefällt.

Sorgen Sie wieder für Romantik

Noch mehr als Sex ist Romantik das, was Affären so anziehend macht. Die Verlockung durch Romantik mit einer anderen Frau wäre nicht so stark, wenn die Romantik in Ihrer Beziehung noch lebendig wäre. Sie müssen sie also neu beleben. Greifen Sie mindestens einmal die Woche auf eine alte Gewohnheit aus Ihrer ersten Zeit zurück, und verabreden Sie ein gut geplantes Rendezvous. Messen Sie Ihrer Zweisamkeit wieder erhöhte Bedeutung bei, und versuchen Sie, sie aus der zur Gewohnheit gewordenen Alltagsroutine herauszuheben. Verwirklichen Sie Ihre/seine romantischen Vorstellungen – mit einem Spaziergang, einer Reise, einem besonderen Abend bei sich zu Hause oder was immer Sie in die richtige Stimmung bringen kann.

Sagen Sie einander, daß Sie sich lieben, lassen Sie Ihre Gefühle nicht zum selbstverständlichen Beiwerk werden. Bemerken Sie, wenn er in seinem neuen Anzug besonders gut aussieht, und achten Sie darauf, daß auch Sie sich auf eine Art und Weise kleiden, die ihm gefällt und ihn anzieht.

Seien Sie kindisch miteinander

Manchmal sind Affären eine willkommene Befreiung von der Notwendigkeit, sich bei der Arbeit, gegenüber dem Partner oder der Familie wie ein verantwortungsbewußter Erwachsener benehmen zu müssen. Männer sind in Beziehungen ohne Bindung viel verspielter. Dadurch machen sie das Sexualleben mit der Geliebten reicher als das mit ihren regulären Partnern, weil sie das Kind in sich nicht auf die gleiche Weise unterdrücken wie in ihren festen Beziehungen.

Einer der weltweit bekanntesten Psychiater, Otto Kernberg, medizinischer Direktor der Westchester Division im New York Hospital, sagte mir, daß ein reiches Sexualleben zum Teil davon abhängt, ob man bei sich und dem Partner kindische Seiten ebenso akzeptiert wie erwachsene. Er erklärte: »Jeder Mensch hat vielgestaltige infantile Neigungen – das heißt exhibitionistische, voyeuristische, sadistische, masochistische und homosexuelle Tendenzen. Diese partiellen Triebe zu akzeptieren bedeutet, daß man z.B. toleriert, sadistische Fantasien zu haben und diesen auf spielerische Weise nachzugeben. Diese Aspekte sollten normalerweise in das sexuelle Verhältnis integriert werden. Es verhilft zu Intensität und mehr Abwechslung.«

Für ein aufregenderes Sexualleben müssen Sie beide lernen, das Kind in Ihnen öfter zum Zuge kommen zu lassen. Albern Sie herum, machen Sie Kissen- und Schneeballschlachten. Versuchen Sie – wie er es vielleicht in seiner Affäre getan hat –, einige

der Dinge, die Kernberg erwähnt, in Ihre Sexualbeziehung ein-
zubringen, sie nachzuspielen oder über sie zu fantasieren. Das
klingt vielleicht verrückt, ist aber ein Weg, sich auf das hem-
mungslose, sinnliche Baby einzustellen, das in jedem von uns
steckt. Ein bekannter Ehetherapeut, Clifford Sager, hat sich mit
Paaren befaßt, die »romantische Situationen durchspielen, Sex an
Orten, wo man Gefahr läuft, entdeckt zu werden, leicht sadomasochistische Spiele, Herr-Sklave-Fantasien, Callgirl-Fantasien,
Don-Juan-, homosexuelle oder Dreiergruppenfantasien ...«
Wenn Sie einige dieser Dinge zusammen mit Ihrem Partner
probieren, können Sie Ihrem Liebesleben noch einige Aspekte
hinzufügen, die Männer oft nur in ihren Affären bekommen.

Machen Sie sich neugierig aufeinander

Natürlich ist der Reiz des Neuen wirklich erregend und eine der
stärksten erotischen Verlockungen einer Affäre. Sie können füreinander nicht wieder zu vollkommen Fremden werden, aber
Sie können frischen Wind in die Beziehung bringen, indem Sie
ihr einiges von ihrer Berechenbarkeit nehmen und Überraschungen in sie einbauen. Wie viele Paare sind Sie sexuell wahrscheinlich in eine gewisse Routine geraten. Sie lieben sich immer in
denselben ein oder zwei Positionen, immer im Bett in Ihrem
Schlafzimmer und immer nachts. Sie sollten neue Dinge ausprobieren. Wenn Sie Schwierigkeiten haben, sich allein etwas auszu-
denken, kaufen Sie sich ein Buch, in dem sexuelle Variationen
beschrieben werden, und greifen Sie sich regelmäßig einige heraus, um mit ihnen zu experimentieren. Lieben Sie sich auch an
neuen Orten – auf dem Rücksitz Ihres Wagens oder auf dem
Wohnzimmersofa oder auf einem Teppich am Boden. Nutzen
Sie Ihre/seine Mittagspause, anstatt immer zu warten, bis die
Sonne untergeht.

Führen Sie neue Dinge ein, die Ihr Liebesleben bereichern.
Versuchen Sie es mit einem Vibrator, wenn Sie es vorher nicht
getan haben. Benutzen Sie eine Feder statt Ihre Hände, um sich
gegenseitig zu streicheln. Parfümieren Sie etwas Öl und reiben
Sie damit genüßlich Ihre Körper ein.

Die wöchentliche nicht-sexuelle Überraschung, die ich empfohlen habe, wird Ihnen helfen, einander mit neuen Augen zu betrachten. Fügen Sie ihr ein oder zwei rein sexuelle Überraschungen hinzu. Versprechen Sie ihm eine Nacht nur für ihn, in der Sie im Bett alles tun, was er möchte – und umgekehrt. Alles, was Ihnen in den Sinn kommt, kann Ihnen als sexuelle Überraschung dienen. Nichts davon ist im allgemeinen lächerlich. Es wird wirklich – und in jedem Alter – für Lust und Aufregung sorgen, wenn Sie sich beide genügend anstrengen, neue Liebespartner zu werden, indem Sie bei dem, was Sie tun, weniger berechenbar werden.

Lassen Sie Sex wieder wichtig werden

Ich versichere Ihnen, daß Sex in seiner Affäre wahrscheinlich höchste Priorität hatte. Mit der Zeit Ihres Zusammenlebens haben Sie Sex auf der Liste Ihrer Prioritäten womöglich um ein paar Positionen nach unten rutschen lassen. Sexualität fand eventuell nur noch dann statt, wenn alles andere erledigt war – Arbeit, Jogging, Sport, Fernsehen, Kinder, Wäsche. Geben Sie der Sexualität wieder einen höheren Stellenwert. Setzen Sie sie nach ganz weit oben. Das bedeutet, daß Sie ihr die beste Zeit widmen müssen – wenn Sie noch frisch sind, nicht bei Tagesende, wenn Sie müde sind. Sie sollten sich auch genügend Zeit nehmen, damit es nicht zum hastigen, einfallslosen Akt wird.

Sorgen Sie für die Ungestörtheit, die Sie brauchen

Es gibt nichts, das für das Gefühl von Freiheit und Spontaneität schlimmer ist als die Angst, belauscht oder gestört zu werden. Wenn Sie Kinder haben und Ihre Schlafzimmertür läßt sich nicht abschließen, kaufen Sie ein Schloß. Erklären Sie, daß es Zeiten gibt, in denen Mama und Papa allein sein müssen. Schicken Sie die Kinder für einen Tag zu Verwandten und nutzen Sie die Zeit, um mit ihm zu schlafen. Lassen Sie sie zu Hause mit jemandem, dem Sie vertrauen können, und fahren Sie für ein Wochenende weg.

Eine Menge Frauen haben nie versucht, ihre eigene Sinnlichkeit zu erforschen. Ein Weg dazu ist es, Ihre erotischen Reaktionen in Ihrem täglichen Leben zu beobachten. Kennen Sie ein Musikstück, das Sie in erotische Stimmung versetzt? Denken Sie, daß der Mann, der auf der Straße an Ihnen vorbeigeht, anziehend aussieht? Fühlt sich Ihre seidene Unterwäsche auf der Haut erregend an? Ist es eine sinnliche Erfahrung, wenn Sie Ihre Hand über den Pelz Ihres Mantels gleiten lassen? Stimuliert Sie eine Passage in dem Buch, das Sie gerade lesen? Träumen Sie davon, an einem ganz besonderen Ort mit ihm zu schlafen?

Einige Sexualtherapeuten empfehlen, ein Tagebuch zu schreiben, in dem Sie Ihre sexuellen Gedanken, Gefühle und Fantasien festhalten. Wenn Sie sich Ihrer erotischen Reaktionen bewußter werden, die Sie vorher weitgehend aus Ihrem Denken ausgeschlossen haben, werden Sie Ihr sexuelles Selbst weiterentwickeln können. Sie können die Dinge, die Sie erregen, bewußt in Ihr Liebesleben einbringen. Teilen Sie Ihre Fantasien mit ihm. Glauben Sie mir, wenn Sie lernen, nach ihnen zu suchen, sind sie da.

Machen Sie Ihre Körper zum Ziel einer aufregenden Entdeckungsreise

Sie werden nicht nur Kleinigkeiten am Körper des anderen entdecken, sondern die »Reise« wird auch eventuelle Spannungen abbauen, die Ihr Sexualleben bei vergangenen Problemen gestört haben mögen. Ebenso bewältigen Sie auf diese Weise Unsicherheiten, die sich durch eine Affäre zwischen Ihnen und Ihrem Partner möglicherweise eingestellt haben.

Stellen Sie den Orgasmus als Ziel während dieser »Reisen« zurück. Stellen Sie statt dessen Erforschung, Entdeckung und körperliche Lust vorne an. Nehmen Sie sich etwa zwei Wochen Zeit, bevor Sie »zurückkehren«.

Tun Sie folgendes: Ziehen Sie sich beide aus, dann legen Sie sich auf den Bauch. Langsam und sinnlich streichelt er nun die gesamte Rückseite Ihres Körpers von Kopf bis Fuß. Drehen Sie sich um, und lassen Sie ihn das gleiche mit Ihrer gesamten Vorderseite tun. Wechseln Sie die Plätze. Nun streicheln Sie ihn auf die gleiche Weise, erst die Rückseite, dann die Vorderseite. Berühren Sie einander überall, *außer* an den Brustwarzen und in den Genitalbereichen, wie Penis, Klitoris oder Vagina. Das gilt für die ersten sieben Tage. In den nächsten sieben Tagen können Sie genitale Berührung dazunehmen, aber nicht bis zum Orgasmus. Necken Sie einander, indem Sie mit den Genitalien spielen, sich von ihnen entfernen, dann wieder zurückkehren. Konzentrieren Sie sich nur auf das, was sich für Sie gut anfühlt, und erzählen Sie dabei dem Partner Ihre Empfindungen. Lassen Sie sich fallen. Es ist wichtig, daß Sie sich nicht nach Vorstellungen darüber richten, was Ihr Partner wohl jeweils von dem denken mag, was da unmittelbar aus Ihnen herauskommt.

Diese Übungen werden Ihnen nicht nur erlauben, sich selbst ohne Druck zu genießen und Ihrer beider Körper neu zu entdecken, sondern werden Sie auch wieder mit eher spielerischen Komponenten vertraut machen, die möglicherweise in Vergessenheit geraten sind.

Was ist, wenn Sie seine Berührungen nach Entdeckung der Affäre nicht ertragen können?

Ich kann diese Gefühle nachempfinden, doch sollten Sie in Ihrem eigenen Interesse versuchen, Ihre Abneigung zu überwinden. Machen Sie nicht den Fehler, ihn aus Ihrem Schlafzimmer und ins Gästezimmer oder aufs Sofa zu verbannen. Das kann jeglichen Groll, den er gegen Sie hegt, noch verstärken. Es kann ihn natürlich auch dazu bringen, zu seiner Geliebten zurückzukehren. Bleiben Sie einfach auf »Ihrer« Seite des Bettes und sagen Sie ihm, daß Ihr Unwille sicher ein vorübergehender Zustand ist.

Zorn und Schmerz sind die Gründe, warum Sie seine Berührungen nicht wollen, und Sie müssen deshalb schnellstens gegen diese Gefühle angehen, so wie ich es in den vorigen Abschnitten dargestellt habe – indem Sie sich darüber mit ihm aussprechen und Ihren Zorn möglicherweise dadurch unter Kontrolle zu bringen versuchen, daß Sie sich allein in ein Zimmer einschließen und all die schlimmsten Dinge über Ihren Partner hinausschreien, die Sie sich denken können, und ein Kissen oder eine Matratze mit einem Tennisschläger oder Handtuch bearbeiten. Natürlich müssen Sie mit ihm zusammenarbeiten, um die Gründe für seine Affäre und Ihre Rolle dabei herauszufinden. Es ist erstaunlich, wie schnell Ihr Zorn verfliegt, sobald Sie verstehen, wie Sie zu seiner Affäre beigetragen haben. Wenn Sie Verantwortung dafür übernehmen, eine Lösung für Ihre Probleme zu finden, hilft das ebenfalls, den Ärger zu vertreiben. Verlängerte sexuelle Verweigerung enthält stets das Element der Rache.

Während Sie noch daran arbeiten, Ihre Wut in den Griff zu bekommen, können Sie vorübergehend zur Überwindung Ihrer negativen Gefühle ein Mittel anwenden, das Sie wieder sexuell auf ihn reagieren lassen wird. Es ist eine Technik, die in der Sexualtherapie bei Leuten angewendet wird, die eine Aversion gegen Sex mit ihrem Partner entwickelt haben. Sie basiert auf der anerkannten Theorie, daß diese Menschen sich in Wirklichkeit von sich selbst abwenden. Wenn das passiert, geschieht es natürlich wie in Ihrem Fall unfreiwillig und unbewußt, aber Sie können lernen, Ihre Reaktion bewußt zu kontrollieren.

Tun Sie folgendes: Wenn Ihr Partner sich Ihnen nähert, registrieren Sie alle Gedanken, die Ihnen automatisch in den Sinn kommen. Sie werden wahrscheinlich negative Bilder mit ihm verbinden, Sie denken an seine Affäre, stellen sich ihn zusammen mit ihr vor, erinnern sich, wieviel Schmerz er Ihnen zugefügt hat oder was für ein treuloser Mensch er ist. Ihre Gedanken sind es, die Ihre sexuellen Reaktionen auf ihn verhindern.

Sie müssen lernen, diese negativen Bilder zu erkennen und zu unterdrücken, sobald sie auftauchen. Bevor Sie mit ihm schlafen, denken Sie an die Eigenschaften, die Sie noch an ihm mögen, oder erinnern Sie sich an einige schöne Dinge, die Sie mit ihm zusammen unternommen und erlebt haben. Nehmen Sie einen dieser vorbereiteten positiven Gedanken und versuchen Sie damit die negativen zu ersetzen, sobald sie auftauchen. Wenn Sie sich auf diese guten Gedanken statt auf die schlechten konzentrieren, werden Sie sexuell wieder reagieren können.

Interessanterweise bewirkt eine Affäre bei vielen Frauen aber genau das Gegenteil: Sie erregt sie. Sehr oft finden gleichsam noch einmal sexuelle Flitterwochen zwischen einem Mann und einer Frau statt, nachdem eine Affäre entdeckt worden ist.

Selbst wenn die Affäre noch nicht beendet ist, fühlen sich einige Frauen seltsam erregt bei dem Gedanken an ihn zusammen mit der anderen Frau. Wenn Sie verborgene masochistische Neigungen haben, ist es gelegentlich der Schmerz des Gedankens, für mehr Frauen ist es jedoch das Gefühl des Konkurrenzkampfs mit der Geliebten, der sie unerwarteterweise erregt. Ausschlaggebend ist allerdings meistens die Spannung, die während oder nach einer Affäre in der Luft liegt. In einer bekannten Studie wurden die erotischen Reaktionen von Menschen untersucht, die man absichtlich furchterregenden Situationen ausgesetzt hatte. Die Forscher stellten fest, daß Angst sexuelle Erregung fördert. Einige Fachleute vertreten sogar die Theorie, daß der sexuelle Reiz einer Affäre zum Teil in der Angst besteht, die durch sie hervorgerufen wird.

Die Angst, die Sie im Moment empfinden, mag folgende Fragen betreffen: Werden Sie ihn dazu bringen können, sie aufzugeben? Wird er zu ihr zurückgehen? Wird er Sie verlassen? Werden Sie ihm verzeihen oder ihn hinauswerfen? Kann irgend etwas zwischen Ihnen jemals wieder in Ordnung kommen? Das sind tatsächlich unangenehme Fragen, doch die Belastung, der Sie ausgesetzt sind, kann Sie seltsamerweise dennoch erregen.

Machen Sie das Beste daraus, wenn es so ist. Versuchen Sie, Ihre sexuellen Gefühle zu reaktivieren, wenn es nicht so ist, und bedenken Sie, daß jeder Zustand, ob hocherregt oder »rühr-mich-nicht-an«, wahrscheinlich vorübergehend ist. Für eine dauerhafte Regelung müssen Sie so vorgehen, wie ich es beschrieben habe, um mehr Verständnis füreinander aufzubringen und Ihre Beziehung und Ihr Liebesleben zu verbessern.

In Ihrer Beziehung können Affären das Ende blinden Vertrauens sein, müssen aber nicht das Ende der Partnerschaft selbst bedeuten. Immer mehr Paare, die die richtigen Schritte unternehmen, stellen heute fest, daß Untreue sogar der Anfang zu einem besseren Zusammenleben sein kann.

»Ich würde mir niemals wünschen, noch einmal dasselbe durchzumachen wie damals, als ich hinter seine Affäre gekommen war«, erklärte mir eine Ehefrau. »Es war die Hölle. Aber ohne die Erfahrung hätten wir nie die Beziehung, die wir jetzt haben.«

Diese Frau und ihr Mann waren bereit, seine Untreue als Sprungbrett zu benutzen, um zu lernen, zu teilen und bessere Wege zu finden. »Ich werde das nie vergessen«, sagt sie über seine Affäre.

Das werden Sie wahrscheinlich auch nicht. Aber wie diese Frau können Sie verzeihen und einen Weg einschlagen, der zu einem reicheren, glücklicheren und erotischeren gemeinsamen Leben führt.

NACHBEMERKUNG

Viele Paare sind sehr erfolgreich bei der Heilung ihrer Wunden, die durch Untreue verursacht worden sind. Manchmal stellen sie jedoch trotz bester Absichten fest, daß sie Schwierigkeiten haben, allein mit den Problemen zurechtzukommen. Sie brauchen eine dritte Person, einen unparteiischen Schiedsrichter, der ihnen auf dem Weg zur Genesung hilft. Obwohl viele der Schritte, die ich in diesem Buch empfohlen habe, auf therapeutischen Verfahren beruhen, stellen Sie vielleicht fest, daß Sie die tatsächliche Anwesenheit eines versierten Fachmanns brauchen, der Ihnen hilft, aus sich herauszugehen und die Dinge wieder geradezubiegen.

Als erste Anlaufstelle mag vielen Hilfesuchenden eine der verschiedenen privaten oder öffentlichen (Familien-)Beratungsstellen dienen, für die Bundesrepublik Deutschland sei hier nur Pro Familia (Dtsch. Gesellschaft für Sexualberatung und Familienplanung e.V., Cronstettenstr. 30, 6000 Frankfurt 1, Tel.: 069/55 09 01) genannt, die Zweigstellen in allen größeren Städten unterhält.

DANK

Mein besonderer Dank gilt Dr. Edward L. Parsons, dessen Anregungen und dessen Wissen mir beim Schreiben dieses Buches eine große Hilfe waren. Mein Dank gilt auch Dr. Shirley Zussman, die mir schon in einem frühen Stadium dieses Buchprojekts mit ihren Einsichten und Gedanken zum Thema wichtige Impulse gab. Es ist unmöglich, mich in gebührender Weise bei all den mutigen Männern zu bedanken, die sich von mir befragen ließen und ihre oft sehr persönlichen Geheimnisse preisgaben, und bei all den betroffenen Frauen, die mir von ihren Gefühlen und Erfahrungen erzählten. Natürlich habe ich, wie versprochen, ihre Namen nicht genannt, aber sie selbst werden sich sicher in diesem Buch wiedergefunden haben. Ich danke ihnen für ihren ungeheuer wertvollen Beitrag. Ebenfalls danken will ich den Frauen, die mir Monat für Monat von ihrem Leid schreiben, und Pat Miller und Stephanie von Hirschberg, die mir den Kontakt zu diesen Frauen ermöglichten. Schließlich geht mein Dank an Nansey Neiman für ihre spontane Begeisterung für dieses Buch, und an Leslie Keenan, die mich, wann immer ich sie brauchte, mit Enthusiasmus und großem Geschick unterstützte. Und wie immer danke ich meiner Agentin Barbara Lowenstein für ihre professionelle Hilfe und ihre langjährige Freundschaft.

ANHANG

DIE HAUPTSTRATEGIEN FÜR EINE »TREUE« BEZIEHUNG IM ÜBERBLICK

1. Tun Sie etwas gegen die Langeweile. Regelmäßige Überraschungen, mit denen Sie oder Ihr Partner nicht rechnen, und ein Plan für besondere Aktivitäten werden verhindern, daß die Beziehung zu eintönig wird. Langeweile kann dazu verleiten, die erfrischende Aufregung einer Affäre zu suchen. Achten Sie darauf, daß Ihre Beziehung lebendig bleibt.

2. Bewahren Sie die Romantik Ihrer Beziehung. Studien haben erwiesen, daß der Wunsch nach Romantik einer außerehelichen Liebesromanze großen Vorschub leisten kann. Besonders monogames Verhalten findet sich demgegenüber bei Männern, die dauerhafte romantische Gefühle für ihre Partnerin hegen. Achten Sie deshalb darauf, daß es in Ihrer Zweierbeziehung immer wieder auch romantische Momente gibt. Erhalten Sie sich etwas von der Atmosphäre aus der Zeit des ersten Kennenlernens, als Sie noch nicht verheiratet waren.

3. Räumen Sie der Sexualität einen hohen Stellenwert ein. Sehr viele Paare weisen dem Sex, je länger eine Beziehung dauert, nur noch einen nachgeordneten Platz auf ihrer Prioritätenliste zu. Sie lieben sich erst am Ende des Tages, wenn alles andere erledigt ist und sie meistens müde und am wenigsten inspiriert sind, oder sie vergessen es völlig. Wenn Sie verhindern wollen, daß außerehelicher Sex zur glänzenden Alternative zu den Vorgängen zu Hause wird, dann nehmen Sie sich jede Woche Zeit, um miteinander zu schlafen, wenn Sie noch frisch sind und ausreichend Fantasie und Enthusiasmus dafür entwickeln können. Bringen Sie Ihren Kindern ruhig bei, daß eine verschlossene Tür »Zutritt verboten« bedeutet.

4. Achten Sie besonders während der Schwangerschaft auf Ihre Beziehung. Leider ist die Zeit im Leben, in der Sie vielleicht am glücklichsten sind, auch die Zeit, in der viele Männer ihre ersten Affären haben. Bleiben Sie in dieser Zeit »in Verbindung«, und sprechen Sie miteinander über Ihre *inneren* Gefühle. Finden Sie vor allem heraus, ob er sich insgeheim nicht irgendwelche Sorgen macht. Kann es sein, daß er sich durch das zukünftige Kind überfordert und zu sehr in der Beziehung gefangen fühlt? Daß er in Ihnen mehr und mehr nur noch die Mutter sieht und nicht mehr seine Sexualpartnerin? Glaubt er irrtümlicherweise, daß während Ihrer Schwangerschaft kein Sex mehr möglich ist?

Werden Sie von Ihrer Schwangerschaft so sehr in Anspruch genommen, daß Ihre Libido sich vorübergehend verabschiedet hat? Ihr Mangel an sexuellem Interesse könnte ihm vielleicht das Gefühl geben, abgewiesen oder nicht mehr geliebt zu werden. Dadurch, daß Sie verborgene Ängste und Gefühle zur Sprache bringen, können Sie sich jeweils in den anderen hineinversetzen, einander beruhigen, Irrtümer aufklären oder Ihr Verhalten, wenn nötig, ändern und somit ein stärkers Band zwischen Ihnen schaffen, anstatt sich voneinander zu entfernen.

5. Achten Sie nach der Geburt von Kindern darauf, daß er genügend Zuwendung bekommt. Auch nach der Geburt von Kindern, wenn die Frau ihrem Nachwuchs den Löwenanteil ihrer Aufmerksamkeit schenkt, geschieht es, daß Männer mit Affären beginnen. In dem Gefühl, eingeschlossen zu sein oder zurückgewiesen zu werden, versuchen sie möglicherweise in den Armen einer anderen Frau mehr Selbstbestätigung zu finden. Vergessen Sie ihren Mann also nicht, egal wie beschäftigt Sie mit den Kindern sind.

6. Sagen Sie ihm, daß Sie ihn schätzen. Viele Eheleute beginnen, ihre Partner als selbstverständlich hinzunehmen, sobald sie verheiratet sind. Obwohl sie daran denken, Kritik zu üben, vergessen sie, Komplimente zu machen. Das kann zu dem Gefühl führen, als Person nicht genügend gewürdigt zu werden. Das macht anfällig für eine Affäre. Äußerungen der Zuneigung, der Anteilnahme und Wertschätzung von Ihrer Seite können ihn davon abhalten, anderweitig nach Bestätigung zu suchen.

7. Sprechen Sie Probleme an, sobald sie auftreten. Affären beginnen oft dann, wenn der Mann das Gefühl hat, daß in der Beziehung etwas fehlt. Aber anstatt der Partnerin davon zu erzählen, geht er auf die Suche nach einer anderen Frau. Wenn Sie die Kommunikation über den Zustand Ihrer Ehe offenhalten, sind Sie in der Lage, entstehende Probleme zu erkennen, über sie zu sprechen und zu versuchen, sie gemeinsam zu lösen. Führen Sie ruhig einen regelmäßigen »Kritiktermin« ein, der Ihnen hilft, die Dinge zur Sprache zu bringen.

8. Achten Sie auf Ihr Äußeres. Studien haben gezeigt, daß viele Männer untreu werden, weil ihre Frau sich zu sehr vernachlässigt. Sie müssen nicht dünn wie ein Fotomodell sein. Ein paar zusätzliche Pfunde sind meist kein Problem, doch wenn Ihr Gewicht bereits an Fettleibigkeit grenzt und Sie wirklich vollkommen Ihre Figur verloren haben, wird es gefährlich. Vielleicht *sollte* er Sie um Ihrer selbst willen lieben, aber das wird ihn nicht davon abhalten, sich von einer anderen, attraktiveren Frau angezogen zu fühlen. Wenn Sie das also nicht zulassen wollen, behalten Sie auch Ihr Äußeres im Auge.

9. Vorsicht bei »runden« Geburtstagen. Wenn Männer bald dreißig, vierzig, fünfzig oder sogar sechzig Jahre alt werden, ziehen sie Bilanz und überlegen, was sie möglicherweise bislang in ihrem Leben versäumt haben. Berufliche Enttäuschungen, das Gefühl, daß einem die Zeit davonläuft, und der Wunsch, jung zu bleiben, erscheinen am Ende eines Lebensjahrzehnts viel stärker als sonst. Die Anfälligkeit für eine Affäre wächst. Sie können eine Menge tun, außereheliche Bedürfnisse aufzufangen, wenn Sie ihm ein Extra an Liebe und Fürsorge zukommen lassen, mehr erfreuliche Dinge mit ihm unternehmen und ihn, wenn möglich, dazu bringen, über seine Gefühle zu sprechen.

10. Verbringen Sie genügend Zeit miteinander. Eine Studie hat gezeigt, daß viele Paare weniger als ein Prozent ihrer Freizeit gemeinsam verbringen. Ohne genügend Zeit, um miteinander in Verbindung zu bleiben, ist es schwierig, eine Beziehung eng und gesund zu erhalten. Wenn Paare sich emotional voneinander entfernen, weil sie nicht genug Zeit miteinander verbringen, steigt die Wahrscheinlichkeit für eine Affäre wesentlich an. Schalten Sie also an einigen Abenden in der Woche den Fernseher aus, machen Sie es sich zur Regel, mindestens einmal pro Woche von der Arbeit früher nach Hause zu kommen, gewöhnen Sie sich an, des öfteren gemeinsam spazierenzugehen. Nehmen Sie sich regelmäßig einen Babysitter, oder schicken Sie die Kinder von Zeit zu Zeit zu Verwandten oder hilfsbereiten Nachbarn, um wirklich Zeit füreinander zu haben.

11. Geben Sie ihm in beruflich schwierigen Zeiten besondere Unterstützung. Wenn ein Mann karrierebedingte Probleme hat, fühlt er sich oft in seiner Männlichkeit bedroht. Als Ausgleich dazu beginnen einige Ehemänner mit Affären. Außerehelicher Sex ist ein Versuch, sich männlicher zu fühlen. Der Gefahr dieser Art von »Problemlösung« können Sie begegnen, wenn Sie sich ihm gegenüber loyal verhalten, ihm, wenn möglich, finanziell unter die Arme greifen und ihm verständlich machen, daß sich an Ihrer Wertschätzung und Liebe für ihn nichts geändert hat.

12. Bleiben Sie ihm auch in Übergangszeiten emotional und physisch eng verbunden. Wenn Sie den Wohnort wechseln, wenn Sie nach einiger Zeit als Hausfrau wieder einen Job annehmen, wenn er die Firma wechselt, wenn die Kinder von zu Hause fortgehen, durchlaufen Sie und Ihr Partner Phasen, in denen die Chancen für eine außereheliche Affäre steigen. Gespräche über die Ängste, die mit großen Veränderungen im Privat- oder Berufsleben verbunden sind, werden ihn erleichtern und den Streß und das Unbehagen, das er vielleicht empfindet, verringern. Affären sind häufig der unbewußte Versuch, mit überdurchschnittlichen Belastungen, die durch große Veränderungen entstehen können, fertig zu werden.

13. Halten Sie sich sexuell fit. Probieren Sie regelmäßig etwas Neues aus, sei es eine andere Position oder sonst eine Ihnen bislang unbekannte sexuelle Technik, die Sie beide erregt. Umarmen und berühren Sie sich auch zwischendurch, ohne wirklichen Verkehr zu haben. Sperren Sie ganz einfach die Langeweile aus Ihrem Sexualleben aus. Versuchen Sie aktiv neue Bereiche für sich zu erkunden. Denken Sie sich dabei abwechselnd etwas Neues aus. Bleiben Sie unbekannten Dingen gegenüber aufgeschlossen. Sexuell auf der Höhe zu bleiben bedeutet auch, falls Sie mit scheinbar nicht zu lösenden Problemen zu kämpfen haben, eventuell einen Sexualtherapeuten aufzusuchen, um Hindernisse zu überwinden. Die Wahrscheinlichkeit einer Affäre sinkt beträchtlich, wenn Sie mit ihm ein harmonisches, befriedigendes und immer wieder interessantes Liebesleben führen.

GÄNGIGE FEHLURTEILE ZUM THEMA SEXUALITÄT UND UNTREUE

(Auch wenn sich die folgenden Fragenkataloge gesondert an Männer und Frauen richten, kann doch jeder durch die »Fehlurteile« seines Partners ebenfalls einiges über die tieferen Zusammenhänge von Treue und Untreue erfahren.)

Was wissen Sie über das Thema Treue und Untreue
in der Partnerschaft? (Für Männer)

1. Es liegt in der Natur des Mannes, unterschiedliche Sexualpartner zu haben.
2. Der familiäre Hintergrund einer Frau hat nichts mit der Untreue ihres Mannes zu tun.
3. Sex ist der Hauptgrund für die Affären von Männern.
4. Andere Männer zu kennen, die ihre Frauen betrügen, macht es für einen Mann wahrscheinlicher, selbst auch untreu zu werden.
5. Eine Beziehung erleidet so lange keinen Schaden, wie die sexuellen Abenteuer eines der beiden Partner nicht ans Licht kommen.
6. Nur wenige Frauen tragen das ihre zur Affäre ihres Mannes bei.
7. Je näher sich ein Mann seiner Partnerin fühlt, desto unwahrscheinlicher ist es, daß er sich auf eine Affäre einläßt.

8. Beruflich erfolglose Männer haben leichter eine Affäre.

9. Sex mit einem außerehelichen Partner ist immer besser als mit der eigenen Ehefrau.

10. Extrovertierte Charaktere haben leichter eine Affäre als introvertierte.

11. Verheiratete Männer haben eher eine Affäre mit ihnen völlig fremden Frauen als mit Frauen, die sie schon lange kennen.

Richtig oder falsch?

1. Richtig. Untersuchungen zeigen, daß das Bedürfnis nach Abwechslung unter Männern größer ist als unter Frauen, die sexuell stärker auf ihnen bekannte Partner reagieren. Männer sind dadurch tendenziell ständig mit sich selbst im Konflikt, da parallel zu ihrem Abwechslungsdrang der Wunsch nach Sicherheit besteht.

2. Falsch. Studien haben gezeigt, daß eine Frau, die aus einer Familie stammt, in der ein Elternteil Ehebruch beging, mit viel höherer Wahrscheinlichkeit einen Mann wählt, der sie betrügt.

3. Falsch. Sex wird von Männern zwar oft als Grund für ein Verhältnis angegeben, doch sind unbewußte Motive, wie das Bedürfnis nach Bestätigung ihrer Attraktivität als Mann, die Schaffung von mehr Freiraum in ihrer Hauptbeziehung, die Vermeidung von Gefühlen des Gefangenseins und die Behauptung ihrer Unabhängigkeit von einem Partner viel verbreitetere Gründe für Untreue.

4. Richtig. Experten stimmen in der Ansicht überein, daß die Wahrscheinlichkeit einer Affäre ansteigt, wenn Männer Bekannte und Freunde haben, die es mit der Treue nicht besonders ernst nehmen.

5. Falsch. Laut Meinung von Therapeuten entsteht unvermeidlich eine gewisse Distanz in der ursprünglichen Beziehung, wenn einer der Partner ein Verhältnis hat. Der Mann verbirgt etwas vor der Partnerin, er wird verschlossener, verbringt weniger Zeit zu Hause, er könnte sogar anfangen, der Partnerin zu grollen, weil sie ihn an seiner Freiheit hindert.

6. Falsch. Eine unbewußte, gleichsam stille Absprache zwischen

den Partnern ist verbreiteter, als man es sich in Fällen von Untreue gewöhnlich vorstellt. Die Ehefrau kann auf indirekte Weise die Untreue ihres Mannes unterstützen, wenn zum Beispiel die Affäre ihrem eigenen Bedürfnis nach Distanz in der Beziehung entgegenkommt oder wenn sie selbst nicht mit Verkehr oder bestimmten Sexualpraktiken behelligt werden will, die der Mann ihr aufzudrängen versucht.

7. Falsch. Bei einigen Männern ist das so, aber für viele bewirkt Nähe genau das Gegenteil. Bewußt oder unbewußt befürchtet er vielleicht, von seiner Partnerin zu abhängig zu werden, er fühlt sich eingeschränkt oder unterdrückt, oder er hat einfach unbestimmte Sorgen, die er nicht definieren kann, obwohl sie in zuviel Nähe ihren Ursprung haben.

8. Richtig. Viele Männer fühlen sich in ihrem männlichen Stolz getroffen, wenn sie einen beruflichen Rückschlag erleben. Eine Affäre kann der »Männlichkeit« da wieder auf die Beine helfen.

9. Falsch. Manchmal trifft das zu, aber nicht immer. In einer Umfrage fand man überraschenderweise heraus, daß die meisten Ehemänner Sex zu Hause insgesamt befriedigender empfinden als Sex bei ihren außerehelichen Begegnungen: 67 Prozent der verheirateten Männer, die Affären hatten, bezeichneten den Sex in ihrer Ehe als »sehr befriedigend«, während nur 40 Prozent ihre Affären so beurteilten.

10. Richtig. H. J. Eysenck hat herausgefunden, daß extrovertierte Männer mehr Sexualpartner und früher als der Durchschnitt Affären haben.

11. Falsch. Meistens ist die »andere« eine Freundin der Familie, eine Kollegin des Mannes, die Ehefrau eines Bekannten, eine Frau, die zunächst selbst nur eine Bekannte war. Nähe hat sich bei der Wahl der Geliebten als der am meisten ausschlaggebende Faktor erwiesen.

Was wissen Sie über das Thema Treue und Untreue
in der Partnerschaft? (Für Frauen)

1. Ein Mann, der vor der Ehe viele Sexualpartner hatte, hat sich die Hörner bereits abgestoßen und wird seiner Frau weniger leicht untreu werden.

2. Die meisten Frauen sind völlig überrascht, wenn sie entdecken, daß ihr Mann ihnen untreu ist.

3. Der familiäre Hintergrund eines Mannes hat viel damit zu tun, ob er eine Affäre haben wird oder nicht.

4. Männer mit Alkoholproblemen werden ihren Frauen leichter untreu.

5. Ein Schürzenjäger hat in der Regel überdurchschnittliche sexuelle Bedürfnisse.

6. Alle Männer haben Sexfantasien in bezug auf andere Frauen.

7. Jede Affäre stellt eine Bedrohung der Ehe dar.

8. Kinder werden von der Affäre ihres Vaters nichts erfahren, solange Sie ihnen nichts davon erzählen.

9. Die »andere« Frau ist in jedem Fall die bessere Sexualpartnerin für Ihren Mann, und sie ist attraktiver als Sie.

10. Einige untreue Männer sind sexsüchtig – so wie andere von Alkohol oder Drogen abhängig sind.

11. Die Entdeckung einer Affäre wirkt sich immer nachteilig auf die weitere Ehe aus.

Richtig oder falsch?

1. Falsch. Studien zeigen, daß Männer, die besonders viele sexuelle Erfahrungen vor ihrer Ehe gemacht haben, sich eher auf eine Affäre einlassen als der Durchschnitt.

2. Falsch. Die Mehrheit der Frauen weiß instinktiv, daß etwas nicht stimmt, da er sich in jedem Fall auf die eine oder andere Weise ungewohnt verhält. Doch viele von denen, die einen ersten Verdacht haben, neigen dazu, den Gedanken daran zu verdrängen. Es ist für viele Frauen zu schmerzhaft oder erschreckend, mit der möglichen Untreue des Mannes konfrontiert zu werden. Also leugnen sie ab, was ihre Intuition ihnen sagt.

3. **Richtig.** Die Wahrscheinlichkeit untreuen Verhaltens steigt beträchtlich an, hatte der Vater des Mannes bereits Affären oder entstammt er einem Umfeld, das Untreue als männliches Privileg betrachtet.

4. **Richtig.** Männer mit erhöhtem Alkoholkonsum neigen stärker zu untreuem Verhalten, nicht zuletzt, da durch Alkoholgenuß bestehende Hemmschwellen beträchtlich herabgesetzt werden können.

5. **Falsch.** Die meisten chronischen Frauenhelden werden eher von einem geringen Selbstwertgefühl getrieben als von der Libido, die mit ihnen durchgeht. Da sie sich als Männer unsicher fühlen, benutzen sie sexuelle Eroberungen dazu, sich zu beweisen, daß sie tatsächlich attraktiv und begehrenswert sind.

6. **Richtig.** Fast alle Männer haben Sexfantasien in bezug auf andere Frauen. Jedoch darf man diese Tagträumereien nicht mit tatsächlicher Untreue gleichsetzen. Auch von Grund auf monogame Charaktere hängen sexuellen Träumen nach.

7. **Falsch.** Zumindest aus der Sicht der Männer nicht. Zwei Umfragen haben ergeben, daß die Hälfte der Männer, die Affären hatten, ihre Ehe für glücklich hält. Die meisten Männer wollen das eine, ohne das andere zu lassen: sie wollen ihre Ehe nicht aufgeben. Einige Ehemänner meinen sogar, daß die Affäre ihnen das Eheleben erleichtert und sie gegenüber ihren Frauen freigebiger macht. Das sind Männer, die sich in ihrer Ehe »gefangen« fühlen. Ein Verhältnis gibt ihnen das Gefühl, weniger eingesperrt zu sein.

8. **Falsch.** Wenn die Affäre zu fortwährenden Auseinandersetzungen zwischen den Eheleuten führt, werden die Kinder immer wissen, daß etwas nicht stimmt. Man erweist ihnen dann einen schlechten Dienst, wenn man ihnen sagt, es sei alles in Ordnung. Erzählen Sie ihnen lieber, daß Sie und Ihr Mann Probleme haben, Sie aber daran arbeiten, sie zu lösen, und daß es Probleme sind, die nur Erwachsene betreffen und nicht von den Kindern verursacht wurden.

9. **Falsch.** Obwohl es fast eine universelle weibliche Reaktion ist, sich selbst im Vergleich zur Rivalin ungünstig zu beurteilen, findet der Mann, daß der sexuelle Reiz mehr auf die Tatsache

zurückzuführen ist, daß sie eine *neue* Partnerin ist, als auf die Tatsache, daß sie erotischer wäre oder besser aussähe.

10. Richtig. Experten sind zu der Erkenntnis gekommen, daß einige Männer ein Sexualleben führen, das nicht mehr ihrer Kontrolle unterliegt. Auch wenn sie es wollen, können sie von ihrem untreuen Verhalten nicht ablassen. Derartig Süchtige empfinden in der Regel durchaus Scham über ihr Verhalten und fühlen sich unglücklich. Dennoch können sie nichts dagegen tun, und oftmals fühlen sie sich in ihrer sexuellen Obsession isoliert.

11. Falsch. Viele Ehefrauen und -männer haben festgestellt, daß die Affäre in Wirklichkeit der Beginn eines besseren Ehelebens war. Vorher vernachlässigte Probleme wurden angesprochen und gelöst und Verständigung und Kooperation nach Bekanntwerden der Affäre verbessert. Die meisten Ehen überstehen Untreue, und einige funktionieren »danach« sogar ausgesprochen gut, wenn beide Partner bereit sind, die Wunden zu heilen.

LITERATUR

Athanasiou, R./Sarkin, R., »Premarital Sexual Behaviour and Postmarital Adjustment«, *Archives of Sexual Behavior* 3, no. 3 (1974): 207–225.

Athanasiou, R./Shaver, P. and Tavris, C., »Sex, a Report to Psychology Today Readers«, *Psychology Today* 4 (July 1970): 39–52.

Barbara, Dominick A., »Neurotic Motives for Sex«, *Medical Aspects of Human Sexuality* (May 1975): 159–160.

Bernard, Jessie, »Infidelity: Some Moral and Social Issues«, in: J. R. Smith/L. G. Smith, *Beyond Monogamy,* Baltimore: Johns Hopkins Press, 1974.

Blumstein, Philip/Schwartz, Pepper, *American Couples,* New York: Morrow, 1983.

Carnes, Patrick, *Out of the Shadows,* Minneapolis: CompCare Publications, 1983.

Cuber, John F./Harroff, Peggy B., *Sex and the Significant Americans,* Baltimore: Penguin, 1966.

Edwards, John N., »Extramarital Involvement: Fact and Theory«, *Journal of Sex Research, vol. 9, no. 3 (August 1973): 210–224.*

Edwards, John N./Booth, Alan, »Sexual Behavior in and out of Marriage: An Assessment of the Correlates«, *Journal of Marriage and the Family* 38 (February 1976): 73–81.

Elbaum, P., »The Dynamics, Implications and Treatment of Extramarital Sexual Relations for the Family Therapist«, *Journal of Marriage and Family Therapy* 7 (October 1981): 489–495.

Ellis, Albert, »Healthy and Disturbed Reasons for Extramarital Relations«, *Journal of Human Relations* 16, no. 4 (1968): 490–501.

Eysenck, H. J., »Hysterical Personality and Sexual Adjustment, Attitudes and Behavior«, *Journal of Sex Research,* vol. 7, no. 4 (November 1971): 274–281.

–, *Sex and Personality,* Austin: University of Texas Press, 1977.

–, »Personality and Sexual Behavior«, *Journal of Psychosomatic Research* 16 (1972): 141–152.

Feldman, Harold, *Development of the Husband-Wife Relationship,* Ithaca: Cornell University Press, 1967.

Gagnon, John H./Simon, William, eds., *The Sexual Scene,* Chicago: Aldine Publishing Co., 1970.

–, *Sexual Conduct: The Social Sources of Human Sexuality,* Chicago: Aldine Publishing Co., 1973.

311

Glass, Shirley P./Wright, Thomas L., »The Relationship of Extramarital Sex, Length of Marriage, and Sex Differences on Marital Satisfaction and Romanticism: Athanasious's Data Reanalyzed«, *Journal of Marriage and the Family* 39, no. 4 (1977): 691–703.

–, »Sex Differences in Type of Extramarital Involvement and Marital Dissatisfaction«, *Sex Roles,* vol. 12, nos. 9/10 (1985): 1101–1120.

Greene, Bernard/Lee, Ronald L./Lustig, Noel, »Conscious and Unconscious Factors in Marital Infidelity«, *Medical Aspects of Human Sexuality,* September 1974: 87–111.

Hansen, Gary L. »Extradyadic Relations During Courtship.« *Journal of Sex Research,* Vol. 23, no. 3 (August 1987): 382–390.

Hedaya, Robert, M. D. »The Womanizer«, *Medical Aspects of Human Sexuality,* January 1985: 113–114.

Hite, Shere, *The Hite Report on Male Sexuality,* New York: Alfred A. Knopf, 1981.

Hoon, P./Wincze, J./Hoon, F., »A Test of Reciprocal Inhibitions: Are Anxiety and Sexual Arousal Mutually Inhibitory?«, *Journal of Abnormal Psychology* 86 (1977): 65–74.

Husted, John R./Edwards, Allan E., »Personality Correlates of Male Sexual Arousal and Behavior«, *Archives of Sexual Behavior,* vol. 5, no. 2 (1976): 149–156.

Johnson, R. E., »Some Correlates of Extramarital Coitus«, *Journal of Marriage and the Family,* vol. 32, no. 2 (August 1970): 449–456.

Kelley, Kathryn/Musialowski, Donna, »Repeated Exposure to Sexually Explicit Stimuli: Novelty, Sex and Sexual Attitudes«, *Archives of Sexual Behavior,* vol. 15, no. 6 (December 1986): 488–489.

Kernberg, Otto, »Mature Love: Prerequisites and Characteristics, *Journal of the American Psychoanalytic Association* 22, no. 4 (1974): 743–768.

Kinsey, Alfred C./Pomeroy, Wardell B./Martin, Clyde, *Sexual Behavior in the Human Male.* Philadelphia: Saunders, 1968.

Klimek, David, *Beneath Mate Selection and Marriage,* New York: Van Nostrand, 1979.

Lasch, Christopher, *The Culture of Narcissism,* New York: W. W. Norton, 1978.

Michael, R. P./Zumpe, D., »Potency in Male Rhesus Monkeys: Effects of Continuously Receptive Females«, *Science* 200 (1978): 451–453.

Neubeck, Gerald/Schletzer, Vera, »A Study of Extramarital Relationships«, *Journal of Marriage and the Family* 24:3 (August 1962): 279–281.

Neubeck, Gerald (ed.), *Extramarital Relations,* Englewood Cliffs: Prentice Hall, 1966.

Newcomb, Michael D., »Sexual Behavior of Cohabitors: A Comparison of Three Independent Samples«, *Journal of Sex Research* 4 (November 1986): 492–513.

Offit, Avodah K., *The Sexual Self,* New York: Congdon and Weed, 1983.

Pietropinto, Anthony/Simenauer, Jacqueline, *Beyond the Male Myth,* New York: New American Library, 1977.

Pittman, Frank S., *Turning Points: Treating Families in Transition and Crisis,* New York: W. W. Norton, 1987.

Richardson, Laurel, *The New Other Woman,* New York: Free Press, 1985.

Roebuck, J./Spray, S. L., »The Cocktail Lounge: A Study of Heterosexual Relations in a Public Organization«, *American Journal of Sociology* 72 (January 1967): 288–295.

312

Rollins, Boyd C./Feldman, Harold, »Marital Satisfaction over the Life Cycle«, *Journal of Marriage and the Family* 32 (February 1970): 20–28.

Sager, Clifford, »The Role of Sex Therapy in Marital Therapy«, *American Journal of Psychiatry* 133, no. 5 (May 1970): 555–558.

Salzman, Leon, *The Obsessive Personality: Origins, Dynamics and Therapy*, New York: Jason Aronson, 1975.

–, »Understanding Adulterous Behavior by Men.« *Medical Aspects of Human Sexuality*, vol. 14, no. 8 (August 1980): 117–118.

Schenk, Josef/Pfrang, Horst, »Extraversion, Neuroticism and Sexual Behavior: Interrelationships in a Sample of Young Men«, *Archives of Sexual Behaviour*, vol. 15, no. 6 (December 1986): 449–452.

Schwartz, Mark F./Brasted, William, »Sexual Addiction«, *Medical Aspects of Human Sexuality*, vol. 19, no. 10 (October 1985): 103–107.

Seidenberg, Robert, *Corporate Wives-Corporate Casualties*, AMACOM, 1973.

Shapiro, David, *Neurotic Styles*. New York: Basic Books, 1965.

Simenauer, Jacqueline/Carroll, David, *Singles: The New Americans*, New York: Simon and Schuster, 1982.

Spanier, Graham/Margolis, Randie, »Marital Separation and Extramarital Behaviour«, *Journal of Sex Research*, vol. 19, no. 1 (February 1983): 23–48.

Spiegal, Penina, *McQueen*. Garden City, New York: Doubleday, 1986.

Strean, Herbert, »The Extramarital Affair: A Psychoanalytic View«, *Psychoanalytic Review* 63 (Spring): 101–113.

Thompson, Anthony P., »Extramarital Sex: A Review of the Research Literature«, *Journal of Sex Research*, vol. 19, no. 7 (February 1983): 1–22.

–, »The Extramarital Sexual Crisis: Common Themes and Therapy Implications«, *Journal of Sex and Marital Therapy*, vol. 10, no. 4 (1984): 239–254.

Vaughan, James and Peggy, *Beyond Affairs*, Hilton Head: Dialog Press, 1980.

Waxman, Harvey/Long, Janis, V. F., »Adultery and Marriage: Three Psychological Perspectives, in: Carol Nadelson/Derek Polansky, *Marriage and Divorce: A Contemporary Perspective*, New York: Guilford, 1984.

Whitehurst, R. N., »Extramarital Sex: Alienation or Extension of Normal Behavior«, in: G. Neubeck, *Extramarital Relations*, Englewood Cliffs: Prentice-Hall, 1969.

Willi, Jurg, *Couples in Collusion*, New York: Aronson, 1982.

Ausgewählte Beiträge in deutscher Sprache

Benard, Cheryl/Schlaffer, Edit, *Männer. Eine Gebrauchsanweisung für Frauen*, Reinbek: Rowohlt, 1988.

Blanck, G./Blanck, R., *Ehe und seelische Entwicklung*, Stuttgart: Klett-Cotta, 1972.

Eichler, Klaus/Habermehl, Werner: *Der RALF-Report. Das Sexualverhalten der Deutschen*, Hamburg: Hoffmann und Campe, 1978.

Kernberg, Otto, *Borderline-Störungen und pathologischer Narzißmus*, Frankfurt: Suhrkamp, 1983.

Lasch, Christopher, *Das Zeitalter des Narzißmus*, München: Bertelsmann, 1982.

Nitzschke, Bernd, *Sexualität und Männlichkeit. Zwischen Symbiosewunsch und Gewalt*, Reinbek: Rowohlt, 1988.

–: *Männerängste, Männerwünsche*, München: Matthes & Seitz, 1980.

Schmidt, Gunter: *Das große DerDieDas. Über das Sexuelle*, Reinbek: Rowohlt, 1988.

Willi, Jürg: Koevolution. *Die Kunst gemeinsamen Wachsens*, Reinbek: Rowohlt, 1985.

–: *Die Zweierbeziehung*, Reinbek: Rowohlt, 1975.

–: *Therapie der Zweierbeziehung*, Reinbek: Rowohlt, 1978.

REGISTER

315